Sextropolis

Armin Fuhrer

SEXTROPOLIS

Anita Berber und das wilde Berlin der Zwanzigerjahre

BeBra Verlag

INHALT

Kapitel 1

SKANDAL IN WIEN

Die Aufregung ist groß, die Spannung greifbar, das Konzerthaus seit langem restlos ausverkauft. Seitdem Wochen zuvor bekannt wurde, dass Anita Berber in der Stadt ist und am 14. November gemeinsam mit ihrem Partner Sebastian Droste ihr neues Programm, die *Tänze des Lasters, des Grauens und der Ekstase,* aufführen wird, ist sie in diesem Jahr 1922 das beherrschende Thema des Boulevards. Endlich ist wieder etwas los in Wien, freuen sich die Zeitungen. Denn seit die Inflation in Österreich gestoppt wurde, durchlebt die Stadt eine Krise – die Touristen strömen jetzt noch mehr als ohnehin schon nach Berlin, die im doppelten Sinne des Wortes billige Hauptstadt des Deutschen Reiches. Hier reißt die Inflation alles mit sich, lässt zugleich aber Besucher mit ausländischen Devisen zu Königen werden, denn alles ist für ein paar Dollar, Pfund oder Gulden zu haben: Antiquitäten, Wohnungen, Nächte in den nobelsten Hotels, verruchte Unterhaltung in den zahllosen Nachtclubs, Frauen. Berlin gilt als die »Hure Babylon«, das Zentrum des Lasters und der Lust. Und dieses Zentrum hat eine Herrscherin, eine Königin: Anita Berber.

Viele Geschichten ranken sich um diese gerade einmal 23 Jahre alte Frau, die als Schauspielerin in Skandalfilmen wie *Prostitution* und *Anders als die Anderen* mitgewirkt hat und deren Auftritte als Nackttänzerin in den berühmtesten Lokalen der Metropole an der Spree inzwischen legendär sind. Tänzerin – ja, eine gute vermutlich sogar. Aber dass sie stets von einem Nebel von Kokain, Morphium und Alkohol umgeben sein soll, ihr Gesicht hinter einer Maske aus Schminke verbirgt, ihre bisexuellen Neigungen offen auslebt und ihre sexuellen Fantasien unbekleidet auf der Bühne tanzt, erhöht ihr Ansehen gerade beim bürgerlichen Publikum nur noch weiter. Laster – Sehnsucht des Bürgers! Wohlwollend, fast dankbar vermerkt der Journalist Karl Tschuppik alias Kajetan, dass es Anita Berber als Einziger gelinge, das Wunder zu vollbringen, den größten Saal Wiens, das *Konzerthaus* mit seinen 1800 Sitzen, bis auf den letzten Platz zu füllen.

Die Berliner Königin der Nacht hat sich schon seit einigen Wochen in Wien niedergelassen und probt, gemeinsam mit ihrem nicht minder geheimnisvollen Partner Sebastian Droste, ihre *Tänze des Lasters, des Grauens und der Ekstase*. Ist es nicht geradezu eine Ehre, dass sie sie hier, in Wien, aufführt, und nicht in Berlin? Dass Berber und Droste ihr Programm zuerst an der Donau zeigen, ist allerdings ein Irrtum. Tatsächlich tanzen sie ihr Programm bereits Anfang Oktober, also sechs Wochen vor dem Auftritt im Konzerthaus, im *Blüthner-Saal* in Berlin. Aber der Auftritt, obwohl ebenfalls ausverkauft, findet in den Zeitungen praktisch keinen Widerhall, und wenn doch, dann eher spöttischen. Mit Berlin sind Anita und Sebastian in diesem Herbst 1922 erst einmal durch. Dort wird sie nur noch als »Nackttänzerin« gesehen. Aber ihr Anspruch ist ein ganz anderer. Sie will vom seriösen, anspruchsvollen Publikum wahrgenommen werden, und der Schlüssel zu diesem Erfolg sollen die *Tänze des Lasters, des Grauens und der Ekstase* werden. Wien ist der Versuch eines Neuanfangs für Anita Berber, die erst seit wenigen Wochen mit ihrem neuen Partner auftritt.

In Wien ist Berber keine Unbekannte, denn hier hat sie mit dem Regisseur Richard Ostwald eine Reihe von erfolgreichen Filmen gedreht und hier ist sie auch schon mehrmals aufgetreten – allerdings galt sie damals noch nicht als verruchte, skandalumwitterte Tänzerin, sondern als Talent seriöser Kunst, als vielversprechendes Nachwuchstalent des expressionistischen Ausdruckstanzes.

Doch Publikum und Kritiker haben jetzt, bei ihrer Rückkehr, kein großes Interesse an Anitas und Sebastian Drostes künstlerischen Versuchen. Allein die Tatsache, dass die beiden beim Tanzen sicher auch ihre Hüllen fallen lassen werden, ist *die* Sensation. Wien ist bei weitem nicht so wild, so enthemmt, so verzweifelt, verzagt und großmäulig wie Berlin. Im Vergleich wirkt es eher provinziell und spießig. Aber verruchte Schönheit weiß man auch hier zu schätzen, zumindest ein Teil des Publikums. »Mag sein, daß die Menschen im allgemeinen und die Wiener im besonderen die nackte Wahrheit nicht hören wollen, aber sehen, sehen wollen sie sie alle … wenn sie Anita Berber heißt«, schreibt die *Wiener Mittags-Zeitung*.

Bis heute wird immer wieder behauptet, Sebastian Droste und Anita Berber hätten den Skandal, der sich in den Wochen nach dem Auftritt im *Konzerthaus* vor den Augen eines fasziniert-abgestoßenen Publikums abspielt und von den Zeitungen breitgetreten wird wie kaum ein anderer, bewusst inszeniert, nachdem der erhoffte Erfolg der Aufführung ausgeblieben sei. Doch das ist kaum glaubwürdig, denn alles beginnt bereits kurz nach der Ankunft des Paares an der Donau, Wochen vor dem Auftritt. Schon Drostes erster Schritt in Wien wirkt keineswegs so, als unternehme er ihn in der Hoffnung auf Publicity. Sebastian Droste, der unter seiner Herkunft aus einem wohlhabenden Elternhaus leidet, weil er dadurch die Authentizität seiner Kunst gefährdet sieht, braucht Geld – viel Geld. So versucht er, sich bei einem Juwelier fünfzig Millionen Kronen zu beschaffen. Er legt dem Mann eine gefälschte Unterschrift eines Bekannten, des Prinzen von Taxis, vor. Der Schwindel fliegt auf, kommt zur Anzeige – und die Behörden verfügen Drostes Ausweisung mit anschließendem fünfjährigen Einreiseverbot. Urkundenfälschung ist eben mehr als ein Kavaliersdelikt. Aber er bekommt eine Schonfrist; er darf bleiben, bis die angekündigte Aufführung seines und Anita Berbers Tanzabends stattgefunden hat. Zu groß wäre wohl die Aufregung, wenn das Ereignis, dem die Wiener Kulturszene wie das Bürgertum entgegenfiebern, wegen des kriminellen Vergehens eines der beiden Akteure nicht stattfinden könnte.

Lehren zieht Droste daraus nicht. Am Morgen nach der Aufführung steht die Polizei vor seinem Hotelzimmer und verhaftet ihn. Diesmal soll er zwei adeligen Damen aus Deutschland Schmuck und eine beträchtliche Summe Geld, die Rede ist von 200 Millionen Kronen und 70.000 Lire, gestohlen haben. Anita Berber muss ihren Partner herauspauken und für ihn bürgen; ob die Vorwürfe stimmen, lässt sich nicht belegen. Der behördlichen Ausweisung kommen die beiden nicht nach, obwohl der Tanzabend im Konzerthaus inzwischen vorüber ist. Das Paar bleibt Stadtgespräch, die Journalisten mutmaßen, wann es wohl zur Abschiebung kommen werde. Wien sonnt sich in der Anwesenheit der bekannten Skandaltänzerin und ihres nicht minder verruchten, wenn auch noch nicht so bekannten Partners, es wird geklatscht und getratscht, die Boulevardblätter spekulieren, wie es weitergeht. Berber und Droste wollen in Wien bleiben und suchen neue Auftrittsmöglichkeiten. Sicher ist, dass die große Aufmerksamkeit eine gute Werbung ist, fraglich aber, was stärker wiegt: der Wunsch, in Wien zu bleiben, oder die Hoffnung, aus dem Klatsch Kapital zu schlagen. Es ist durchaus möglich, dass Droste mit seinem Sinn für Marketing erkennt, dass es sich auszahlen könnte, wenn das Paar die Sensationslust der Wiener Szene kitzelt. Die Kehrseite aber ist, dass die Auftritte selbst in den Hintergrund rücken. Sie sind keine Kunst-, sondern gesellschaftliche Ereignisse.

Auf der Suche nach neuen Auftrittsmöglichkeiten trifft Droste auf Moritz Rosner, den Leiter des Etablissements *Ronacher*. Der ist begeistert von der Aussicht, dass die berühmte Anita Berber auf seiner Bühne tanzt, und bietet dem Paar einen Vertrag für den Monat Dezember an.

Nun gibt es nur eine Hürde – die drohende Ausweisung durch die Polizei. Moritz Rosner klärt die Angelegenheit mit einem Trick. Er behauptet, Droste könne seine Schulden in Wien durch das Geld, das er im *Ronacher* einnimmt, wenigstens zu einem Teil begleichen. Und so genehmigen die Behörden eine Verlängerung des Gastspiels für den Dezember. Rosner freut sich auf die Aufführungen mit seinen illustren Bühnenstars, die ihm Geld in die Kasse spülen sollen, doch schon kommt es zum nächsten Skandal. Es wird bekannt, dass Droste auch Verträge mit dem *Apollo-Theater* und dem Kabarett *Tabarin* abgeschlossen hat. Rosner ist empört und ruft die Internationale Artistenorganisation an. Die entscheidet eindeutig: Anita Berber und Sebastian Droste müssen ihre Verträge mit dem *Apollo-Theater* und dem *Tabarin* kündigen und dürfen nur im *Ronacher* tanzen. Bei Missachtung droht der Ausschluss aus der Artistenorganisation, was einem Auftrittsverbot auf fast allen europäischen Bühnen gleichkäme. Doch Regeln haben Anita Berber noch nie interessiert, der Regelbruch hat sie berühmt gemacht. Sebastian Droste hat seine kriminellen Neigungen bereits offenbart und sich als halbseidener Geschäftspartner erwiesen, dem vertragliche Vereinbarungen egal sind. Also treten beide einfach weiter auf den verbotenen Bühnen auf.

Jetzt ist der öffentliche Skandal perfekt und überlagert jegliche künstlerische Wertschätzung. Die Wiener verfolgen die Vorgänge atemlos, die Zeitungen berichten in großer Aufmachung. »Ganz Wien ist über die Affären der Tänzerin Anita Berber furchtbar aufgeregt. Ganz Wien fragt sich: Tanzt sie oder tanzt sie nicht?«, schreibt die *Illustrierte Kronen Zeitung*. Und wenige Tage zuvor, am 6. Dezember, weiß das *Prager Tagblatt* zu berichten: »Die bekannte Tänzerin Anita Berber hält seit Wochen das Interesse Wiens gefangen. Sie hat bei ihrem ersten Auftreten im großen Konzertsaal mit einem Nackttanz große Sensation hervorgerufen. Seither tanzte sie allabendlich in den großen Vergnügungsetablissements, im Tabarin und gab überdies zwei Abende im großen Konzertsaal, die völlig ausverkauft waren.«

Am Abend vor dem Erscheinen dieses Artikels allerdings wird der Auftritt im *Tabarin* verboten. Berber und Droste finden sich trotzdem ein und werden vom Publikum gefeiert – auch ohne zu tanzen. Was für ein herrlicher, aus Berlin importierter Skandal, so etwas hat man in der ehemaligen K.-u.-k.-Hauptstadt lange nicht mehr erlebt. Auch für die Zeitungen ist die Sache ein Fest. Dass die Aufmerksamkeit der Öffentlichkeit Grenzen habe, wie die *Volks-Zeitung* am 10. Dezember meint, davon kann keine Rede sein.

Das Publikum strömt zu den Aufführungen, aber kaum mehr jemand interessiert sich wirklich für die Tanzdarbietungen auf der Bühne, es geht um nackte Haut und um das exzentrische Gebaren der Berliner Stars. Aber wenn Berber und Droste diesen Skandal um des Skandals willen bewusst inszenieren, tun sie sich letztlich damit keinen Gefallen. Angesichts der Ambitionen, mit denen sie nach Wien gekommen sind, in der Hoffnung, dass ihre Kunst hier wahrgenommen und geschätzt und die *Tänze des Las-*

ters, des Grauens und der Ekstase ihnen wieder den Zugang zum künstlerisch interessierten Publikum verschaffen würden, ist der große Skandal, der über Wochen Wien erschüttert, absolut kontraproduktiv. Er katapultiert sie endgültig von den Bühnen der hohen Kunst auf die des Kabaretts. Da hilft es nichts, dass Anita Berber in einem Interview darauf besteht, keine Nackttänzerin, sondern Künstlerin zu sein.

Einigen wenigen Journalisten gelingt es, bis in ihr Hotelzimmer vorzudringen und im wahrsten Sinne des Wortes hautnah zu berichten. So zwei Mitarbeiter der Zeitung *Der Montag,* die von Anita Berber offenherzig empfangen werden. Als die beiden Journalisten zum vereinbarten Zeitpunkt an der Tür des Hotelzimmers klopfen, öffnet ihnen Droste. Anita liegt noch im Bett. Im Artikel heißt es: »Wir sitzen beim Bette der Berber. Sie ist stark geschminkt, trägt derzeit kurz geschnittene rote Haare (früher einmal war blondes Haar die Mode), eine rohseidene Hemdbluse und eine Seidendecke. Die Hemdbluse steht vorne an der Brust – offenbar aus Zerstreutheit – offen und gewährt dem Beobachter eine nicht uninteressante Perspektive … Im Zimmer selbst sitzen drei gut gekleidete junge Leute herum, die gierig jedem Blick und jeder Bewegung der Künstlerin folgen. Der eine, Herr Droste, spricht mit einer gelangweilten Miene über den großen Skandal der vergangenen Tage. Wir wenden uns an Anita Berber und bitten sie, die Geschichte ihrer Verhaftung zu erzählen.« Damit spielt der Autor auf eine kurzzeitige Verhaftung Berbers und Drostes durch die Wiener Polizei wenige Tage zuvor an.

Auch der weitere Verlauf des Skandals wird begleitet von einer breiten, oft süffisanten Berichterstattung in den Zeitungen. Trotz des Verbots und der Drohung der Artistenorganisation tanzen Anita und Sebastian wieder im *Apollo-Theater* und im *Tabarin*. Das zuständige Gericht verurteilt die beiden zu einer zehntätigen Arreststrafe, die erst im letzten Augenblick durch einen Vergleich vermieden werden kann. Auch darüber wissen die Zeitungen zu berichten, mit allen pikanten Details. Aber dann scheint sich die Sache doch noch gütlich regeln zu lassen, denn Anita Berber und Sebastian Droste versichern, dass sie künftig nur noch im *Ronacher* tanzen werden. Doch getreu ihres Mottos, dass Vereinbarungen getroffen werden, um sie zu brechen, treten sie prompt auch noch in den *Kammerspielen* auf. Ihre Begründung lautet, dass das Verbot sich nach ihrer Auffassung ausschließlich auf Varietés erstrecke, nicht aber auf Theater, wie es die *Kammerspiele* sind. Erneut von einer Verhaftung bedroht, versichert Anita Berber, überhaupt nicht mehr auf irgendeiner Bühne Wiens zu tanzen, nur um am Abend desselben Tages wiederum in den *Kammerspielen* auf der Bühne zu stehen.

Nun hat die Polizei genug und nimmt das Paar am nächsten Abend, vermutlich am 26. Dezember, vor dem angekündigten Auftritt in Arrest. »Eine Zeitlang wurde sie täglich in den Nachtstunden verhaftet. In der Früh musste ich dann immer für sie intervenieren. Die Polizei ist stets bös auf sie gewesen. Sie hat in ihr ein Geschöpf gesehen, das gegen jede Ordnung ist. Sie nahm nämlich auch bei der Polizei oder bei der Behörde überhaupt nie ein Blatt vor den Mund. Sie randalierte dort genauso wie in der Garderobe oder im Nachtlokal. Sie machte Lärm, weil sie sich nur in Skandalluft wohlfühlte«, erinnert sich später der Theaterproduzent Siegfried Geyer von den *Kammerspielen*. Anita Berber hat offensichtlich jedes Maß verloren und sieht sich in einem Wettstreit mit den Behörden. Zudem stachelt sie sicher der tägliche Konsum von Kokain an. Zu einem Nachgeben ist sie nicht bereit, das ist etwas für Schwächlinge, und schwach, das ist sie gewiss nicht.

Und tatsächlich, ihre Hartnäckigkeit zahlt sich aus. Berber und Droste kommen mit der Zahlung eines Bußgeldes davon und dürfen weiter in den *Kammerspielen* tanzen. Was die Wiener Behörden zu diesem Entgegenkommen veranlasst, muss dahingestellt bleiben. Fraglos bringt der Skandal der Stadt überregionale Publicity. Zugleich aber gehen die Wiener Behörden im Herbst 1922 gerade verstärkt gegen den stark ansteigenden Konsum von Drogen wie Morphium und Kokain vor. Da macht es sich nicht eben gut, wenn zwei Stars, die im öffentlichen Rampenlicht stehen wie kaum jemand sonst, sich in aller Öffentlichkeit Morphium spritzen oder Koks konsumieren. So haben sie vor allem von Sebastian Droste die Nase dann doch gestrichen voll und weisen ihn nach Ablauf des Engagements in den *Kammerspielen* am 5. Januar 1923 aus Wien und Österreich aus. Die Polizei bringt ihn zur ungarischen Grenze, von wo er nach Budapest weiterreist.

Anita Berber bleibt nach Drostes Abschiebung zunächst in Wien. Aber auch ihre Zeit hier ist abgelaufen. Sie tritt allein im *Tabarin* auf. Im Gespräch mit dem Autor

Lothar Fischer erinnert sich die Journalistin Grete Müller Jahrzehnte später an einen Abend nach einem dieser Auftritte: »Wundervolle Sensationen für ein grausam-lüsternes Publikum. Sie saß an einem der Tische in einer jener erhöhten, versteckten Logen; über dem engen hochgeschossenen Kleid brannte ihr weißes Gesicht mit den roten Haaren und den großen Augen, in denen das Entsetzen schrie. Zwei Herren redeten in sie hinein. Da warf sie die Arme plötzlich hoch, und den Oberkörper über den Tisch, und weinte, weinte, dass die roten Haare nur so flogen. Armer Teufel, armer, armer Teufel ...«

Arm – ja, und das auch in finanzieller Hinsicht. Irgendwann müssen auch Berbers Geldsorgen erdrückend geworden sein, denn sie nutzt ihren letzten Soloauftritt im *Tabarin* rund eine Woche nach Drostes Abreise dazu, Gäste zu bestehlen. Sie versucht, Wertgegenstände aus der Garderobe mitgehen zu lassen, und überredet zwei Bekannte, Kleidungsstücke unter ihren Mänteln aus dem Haus zu schmuggeln. Doch die Sache fliegt auf, als der Portier sie und ihre Helfer am Ausgang nach ihren Passierscheinen fragt, wie es Vorschrift ist, wenn jemand das Gebäude mit Paketen verlassen will. Anita Berbers Antwort? Sie schlägt dem Mann die Faust ins Gesicht. Der fackelt nicht lange und schlägt zurück. Die Folge ist eine wilde Rauferei, in die sich auch mehrere Gäste stürzen und die um sich schlagende Berber festhalten. Als sie schließlich vom Chef des Hauses persönlich vor die Tür gesetzt wird, läuft sie zur nächsten Polizeistation, um Anzeige zu erstatten. Doch ihre Angaben werden von mehreren Zeugen widerlegt. Schlimmer noch, bei ihr wird auch eine Tasche gefunden, die Droste einer deutschen Gräfin gestohlen hat. Ein neuer Skandal, auf den sich die Wiener Blätter einmal mehr mit Lust stürzen. Am nächsten Tag wird auch Anita Berber aus Wien und Österreich ausgewiesen. Den schriftlichen Bescheid zerreißt sie vor den Augen der Polizisten, die ihn ihr überreichen, aber das nützt nichts – sie muss aus Wien verschwinden. Der Sturm dieses neuesten und letzten Skandals an der Donau wird weit über die Grenzen der Stadt hinaus wahrgenommen und erreicht auch die Boulevardpresse in Berlin. Anita Berber habe ihre Rolle als Nackttänzerin in Wien damit ausgespielt, urteilt die *BZ am Mittag*. Zu Recht.

Vor dem Hintergrund des versuchten Diebstahls mutet das Mitleid, das die Journalistin Grete Müller mit Anita zeigt, merkwürdig an. In dem bereits erwähnten Interview gibt sie zu Protokoll: »Man ertanzt sich die Pelze, die Toilette und Brillanten nicht, nicht diesen Luxus, an den sie doch so gewöhnt gewesen, der allein das Gesicht des Lasters erträglich, ja anziehend macht, und den sie umso mehr liebte, da sie ihn mit dem Mann ihres Herzens teilen wollte. Eine ganze Meute hetzte diese Armen immer tiefer – bis ins Gefängnis.« Aber ist Anita Berber nicht vielmehr ein Mensch, der sich den Luxus nicht mehr leisten kann, aber glaubt, ein Anrecht auf diesen Luxus zu haben? Während andere nicht wissen, wie sie sich und ihre Kinder ernähren oder, um in Anitas Milieu zu bleiben, wie sie ihren nächsten Schuss, ihre nächste Nase Kokain finanzieren sollen, lebt sie in Saus und Braus, wohnt im teuren

Adlon und anderen Nobelhotels, trägt Pelze und Seidenschuhe. In Wien hinterlassen Sebastian Droste und Anita Berber hohe Schulden. In Budapest, wohin sie sich nach dem Wien-Debakel zunächst flüchten, gelangen sie laut dem Journalisten und Autor Leo Lania, der mit Anita befreundet ist, an Geld, indem sie die Unterschrift von Sebastians wohlhabendem Vater auf Wechseln fälschen – jetzt rettet Droste seine Herkunft aus reichem Hause, unter der er doch so leidet.

In Wien wird gegen beide ein Aufenthalts- und Auftrittsverbot ausgesprochen. Anitas Versuche in den folgenden Jahren, bei den Behörden eine Aufhebung zu erreichen, scheitern. Der Skandal, den sie in der Stadt ausgelöst hat, ist so groß, dass Polizei und Justiz glauben, die Bevölkerung vor ihr schützen zu müssen. Die offizielle Begründung für die Ausweisung sind aber nicht ihre *Tänze des Lasters, des Grauens und der Ekstase,* und sie liegt auch nicht in ihren Vertragsbrüchen. Offiziell wird sie ausgewiesen, weil sie unbekleidet zur Musik von Ludwig van Beethoven getanzt hat – das habe dem Ansehen des großen Meisters geschadet, urteilt das zuständige Gericht. In Europas Hauptstadt der klassischen Musik, die Wien noch immer ist, ein unverzeihlicher Fauxpas.

Kapitel 2

ZWEI ERSTE MALE

In Berlin nimmt man die Wiener Eskapaden der Berber gelassener zur Kenntnis. Hier in der Vier-Millionen-Metropole ist das Leben rasanter, die Sitten sind rauer als im vergleichsweise gemütlichen Wien. Und ohnedies ist Anita Berber längst zu einer bekannten Figur in dieser von den Wirren der Nachkriegszeit – Hunger, Massenelend, Hyperinflation hier, Schiebertum und Inflationsgewinner da – erschütterten Stadt geworden. Seit dem Winter 1914/15 lebt Anita in Berlin, in einer Fünf-Zimmer-Wohnung in der Zähringerstraße 13 in Wilmersdorf, gemeinsam mit ihrer Mutter Lucie, ihrer Großmutter und zwei Tanten. Inzwischen 23 Jahre alt, hat sie sich einen Namen als Tänzerin und Schauspielerin gemacht und gilt als eine Art Königin des Nachtlebens. Und auch wenn ihre Karriere als skandalumwitterte Erscheinung noch am Anfang steht, dürfte mancher Berliner und manche Berlinerin kaum sonderlich überrascht über ihr Verhalten in Wien gewesen sein.

Früh hat die am 10. Juni 1899 in Leipzig geborene und in Dresden aufgewachsene Anita ihre Leidenschaft für den modernen Tanz entdeckt und Unterricht genommen. Das künstlerische Talent ist ihr in die Wiege gelegt, schließlich ist Vater Felix Berber ein bekannter Violinvirtuose und Mutter Lucie eine gefragte Chansonnière, die in Kabaretts in Berlin und Hamburg auftritt. Allerdings nehmen beide Eltern wenig Einfluss auf die Tochter. Sie trennen sich schon kurz nach ihrer Geburt, Felix Berber zieht nach München, Lucie Berber widmet sich ihrer Karriere und ist oft monatelang nicht zu Hause, die Tochter in der Obhut der Tanten. Anitas Wunsch, auf den großen Bühnen zu tanzen, wird übermächtig, und so bewirbt sie sich, zunächst ohne Wissen ihrer Mutter, 1916 in der Schauspielschule von Maria Moissi. Die 42 Jahre alte Moissi hat ursprünglich als Schauspielerin gearbeitet, sich aber früh von der Bühne zurückgezogen. 1910 hat sie den wohl berühmtesten Schauspieler seiner Zeit geheiratet, Alexander Moissi, und kurz darauf eine Schauspielschule für Mädchen und junge Frauen gegründet. Schauspielschule ist ein großes Wort – tatsächlich unterrichtet sie ihre Schülerinnen gegen Honorar in ihrer privaten Villa im feinen Berliner Grunewald. Hier lernt Anita unter anderem die ein Jahr jüngere Bernhardine Katharina Anna Schneider kennen, die sich seit ihrer Hochzeit 1918 Dinah Nelken nennt. Nelken gehört Jahrzehnte später zu den letzten Zeitzeugen, die Anita Berber persönlich kannten und von Lothar Fischer noch Anfang der Achtzigerjahre befragt werden.

Eines Tages taucht die Tänzerin Rita Sacchetto im Unterricht von Moissi auf und verkündet, dass junge Schauspielerinnen unbedingt auch Unterricht im Tanz benötigen. Dagegen hat niemand etwas einzuwenden und Anita schon gar nicht, denn der Tanz ist ja ihr eigentliches

Ziel. So gibt sie Sacchetto eine Kostprobe ihres Könnens, immerhin hat sie bereits ab 1912 zu den Elevinnen des berühmten Tanzlehrers Émile Jaques-Dalcroze in Dresden gehört. Das wirkt auf Sacchetto überzeugend, schließlich gehört Jaques-Dalcroze zu den Pionieren des modernen Tanzes, von denen sie selbst beeinflusst ist.

Sacchetto gilt längst als eine Protagonistin des avantgardistischen Ausdruckstanzes. Der Ausdruckstanz, der seinen Ursprung in Deutschland hat, saugt die Einflüsse eines kulturellen Umbruchs und Aufbruchs auf, der sich in Europa seit Beginn des neuen Jahrhunderts bemerkbar macht. Anita wechselt zu Sacchettos Studio, bei der sie sich gut aufgehoben fühlt. Inspiriert von ihren beiden Brüdern, die überlebensgroße Bilder malen, will Sacchetto tanzende Bilder erschaffen. Der aufgeschlossene Teil des Publikums ist begeistert, und das nicht nur in Deutschland, sondern auch in anderen westeuropäischen Ländern und in den USA, inklusive der *Metropolitan Opera* in New York. In der Saison 1909/10 füllt Rita Sacchetto große Konzertsäle, ihr Tanz gilt gerade in Amerika als der letzte Schrei. Schnell macht der Begriff Ausdruckstanz die Runde, auch *New German Dance* genannt. Besonders erregt die Gemüter – positiv wie negativ –, dass die Tänzerinnen und die wenigen androgyn wirkenden Tänzer fast unbekleidet auf der Bühne agieren. Es geht darum, die dunklen Seiten der menschlichen Psyche offenzulegen – wie sollte das in den traditionellen Gewändern des herkömmlichen Balletts funktionieren?

Sacchetto hat ihre Tanzschule in Berlin-Grunewald Anfang 1915 eröffnet. Die Rekrutierung der jungen

Elevinnen bei Maria Moissi ist also sicher nicht einzig der Kunst geschuldet. Sacchetto braucht Schülerinnen für ihre neue Schule, und so ist ihr Besuch bei Moissi letztlich eine Werbeveranstaltung. Sie steht noch am Anfang und ist sehr sparsam, beispielsweise färbt und bleicht sie die Schleier für ihre Schülerinnen selbst, wie Dinah Nelken sich 1982 erinnert. Nelken schreibt später einen Roman, in dem auch ihre Hauptdarstellerin in einer Schule tanzt, bei deren Beschreibung sie die Schülerinnen von Sacchetto vor Augen hat: »Jung, schön, tapsig wie die Kälber, stellten wir in babyrosa, giftgrünen oder himmelblauen Seidenschleiern lebende Bilder, die die Begeisterung des Publikums sowie die Aufmerksamkeit der Sittenpolizei erregten.« Auf dem Unterrichtsplan stehen Tänze wie *Dantes Begegnung mit Beatrice* und *Frühlingsreigen* nach Botticelli. Neben Berber und Nelken gehören zu den Schülerinnen unter anderem Hansi Burg, die später Hans Albers heiratet, und Charlotte Schulz, die eine gefragte Schauspielerin des Stumm- wie auch des Tonfilms wird. Neben harmlosen Filmen ohne politische Bedeutung wirkt sie auch in dem antisemitischen Streifen *Jud Süß* mit und wird 1944 in die »Gottbegnadetenliste« von Reichspropagandaminister Joseph Goebbels aufgenommen.

Anita Berber lässt in Sacchettos Schule alle Reize spielen. Nichts scheint von ihrer früheren Unsicherheit als Vierzehnjährige geblieben zu sein, als sie noch glaubte, ihr Busen sei zu klein. Jetzt fällt ihr schlanker, knabenhaft wirkender Körper auf, vor allem jungen Männern. Dinah Nelken erinnert sich an ein Wochenende, an dem die

Schülerinnen zu Übungszwecken nach Eberswalde fahren und auch drei junge Schauspieler mit dabei sind. »Anita setzte sich bei jedem auf den Schoß, mit naivem Charme. Sie war ganz unschuldig und reizend. Sie war von Natur aus ein heiterer Mensch. Anita war sehr spontan und hemmungslos … Bei aller Vorliebe für Flirts hatte sie einen unglaublichen Liebreiz, ohne ordinär zu wirken. Ihr Wesen faszinierte nicht nur die Männer, sondern brachte ihr auch gleichermaßen die Sympathie der Frauen ein.«

Zu den Schülerinnen an Sacchettos Institut stößt schließlich noch eine exzentrische Tänzerin, die ein paar Jahre älter ist als die anderen Mädchen und schon wegen ihres Aussehens – sie ist eigentlich zu robust gebaut für eine Tänzerin – aus dem Rahmen fällt. Doch Maria Moissi hält große Stücke auf Valeska Gert, und auch Rita Sacchetto engagiert sie gemeinsam mit deren Freundin Brigitte Riha für ihre Tanztruppe. Schnell ist Gert der Mittelpunkt. Sie empfindet die von Sacchetto entworfenen Kostüme als langweilig und schneidert sich ein in damaligen Zeiten grotesk wirkendes Outfit. Fast könnte man meinen, sie trüge einen mit Luft gefüllten Sack, der ihr von den Hüften bis knapp über die Knie reicht.

Am 14. Februar 1916 steht endlich der erste Auftritt der jungen Sacchetto-Truppe bevor. Getanzt werden soll im *Blüthner-Saal* in der Genthiner Straße 11, nicht weit entfernt vom Potsdamer Platz. Aufgeregt ist Anita an diesem Tag, aber nicht aus Angst, sie könnte ihren Auftritt, den ersten vor Publikum, verpatzen. Vielmehr kann sie es kaum erwarten, dass es endlich losgeht. »Angst? Wovor?«, sagt sie zu ihrer Mutter, als die sie fragt. So ungeduldig ist sie, dass die Mutter sie kurz vor dem Beginn davon abhalten muss, schon auf die Bühne zu stürmen und loszutanzen. Auch Sacchetto ist aufgeregt. Valeska Gert lockert die Atmosphäre auf, indem sie ihr Grimassen schneidet.

Dann signalisiert ein Läuten, dass es endlich so weit ist. Der Schriftsteller und Journalist Leo Lania, der mit Anita befreundet war und kurz nach ihrem Tod 1929 einen biografischen Roman über sie veröffentlicht, hat diesen ersten Auftritt ausführlich beschrieben, und da er bei seiner Schilderung besonders auf ihre Gefühle und Empfindungen eingeht, ist anzunehmen, dass er sich auf ihre eigenen Schilderungen berufen konnte. Vom ersten Moment dieses Auftritts an, so berichtet er, habe Anita nicht gewusst, was mit ihr geschah. »Licht flammte, Schwarz fiel drüber her, Stimmen wisperten ringsum, ein paar Sekunden Stille, die so laut ist, dass man meint, das Trommelfell müsse platzen, und aufatmet, wenn endlich die ersten Takte der Musik die unerträgliche Spannung zerreißen.«

Es kommt ihr vor, als sähe sie das weite Meer unter sich, als würfe sie mit ihren Kleidern auch ihre Furcht und Scheu ab und stürze sich jauchzend in die Brandung. Anita springt auf die Bühne, wird vom Rampenlicht geblendet, aber das merkt sie nicht. Sie spürt, wie sich ihre Muskeln anspannen, wie sie mit jeder Bewegung Sicherheit gewinnt. Es fühlt sich an, als schwimme sie mit sicheren Stößen, ein Strudel wirbelt sie um sich selbst, kann ihr aber nichts anhaben, es geht in die Tiefe und wieder nach oben. »Dann erlahmen ihre Kräfte, da stockt das Herz, da lässt sie sich

Anita Berber (stehend) als Tänzerin der Sacchetto-Truppe

sinken, schließlich schlagen die Wellen über ihrem Kopf zusammen und sie fühlt sich geborgen. Wie weh das tut: sinken – sinken – und doch: welch herrliches Gefühl, sich so treiben zu lassen, sich preiszugeben, fühlen, wie die Musik von einem Besitz ergreift, jeden Widerstand bricht, einen fortspült ins Unendliche ... Da zerschellt der Traum, da streckt sich eine riesige Faust aus der Tiefe ihr entgegen, greift nach ihr, eine grinsende Fratze taucht aus dem Wasser, fahl, leichenfahl – nur weg, nur fort!

Kein Entrinnen. Sie kämpft, sie spannt alle Kräfte an, schnellt sich vorwärts, rascher, rascher – aussichtsloses Bemühen! Kein Ausweg, keine Rettung, die Hand umklammert ihre Füße, krümmt ihren Leib nach hinten – roter Schaum spritzt ihr ins Gesicht. Und dahinter immer wieder die grinsende Fratze, immer näher, gelbe Zähne, zottige Mähne, jetzt wälzt es sich über sie, jetzt greift die Faust nach ihrer Kehle – nicht schreien, nicht schreien: lachen! Sich ihm schenken, ihm gehören, zusammen in die Tiefe stürzen, vergehen – ver-gehen ...«

Folgt man dieser Beschreibung Lanias, ist Anita völlig in ihre Rolle, in ihren Tanz versunken, bis sie geendet hat und der tosende Applaus des Publikums sie wieder in die wirkliche Welt zurückholt. Langsam richtet sie sich auf, wirkt jetzt glücklich wie ein kleines Kind. Nach einer kurzen Pause muss, nein darf sie ein zweites Mal auf die Bühne. Wieder Applaus. Sie hat sich in Trance getanzt, sich ausgeliefert. Doch eben durch dieses Ausgeliefertsein erobert sie sich das Publikum, nimmt es in Besitz. »Schade«, lautet ihre erste Reaktion, »schade, dass es vorbei ist.«

Dinah Nelken sieht den Auftritt im Nachhinein deutlich kritischer. Keines der Mädchen habe wirklich tanzen können, schreibt sie. »Wir waren alle nur ausnehmend hübsche, junge Mädchen, und der erste Abend verlief recht erfolgreich.« Auch Valeska Gert sieht im Rückblick Anitas Darbietung kritisch, weil sie sie als zu »süß« empfindet, und berichtet von ihrem Konkurrenzverhältnis zueinander: »Anita Berber tanzte: Rose und Diana mit Pfeil. Ich brannte vor Lust, in diese Süßigkeit hineinzuplatzen. Voll Übermut knallte ich wie eine Bombe aus der Kulisse. Und dieselben Bewegungen, die ich auf der Probe sanft und anmutig getanzt hatte, übertrieb ich jetzt wild. Mit Riesenschritten stürmte ich quer über das Podium, die Arme schlenkerten wie ein großes Pendel, die Hände spreizten sich, das Gesicht verzerrte sich zu frechen Grimassen.«

Für Anita aber ist dieses erste Mal auf der Bühne ein voller Erfolg. Ein anderes erstes Mal, zu dem es eine Woche vor dem Auftritt im *Blüthner-Saal* kommt, fällt dagegen zwiespältig aus. Ihr erster Liebhaber, reduziert man das Wort auf den sexuellen Akt, tritt just in dem Moment in ihr Leben, als sie auch auf der Bühne ins Rampenlicht tritt, und das ist kein Zufall. Anita hat beschlossen, dass sie zu ihrer Premiere einen Begleiter braucht, der ihr wie ein Bewunderer Blumen in die Garderobe bringt. Doch woher nehmen? Sie schaut sich im Bekanntenkreis ihrer Mutter um und entscheidet sich für Karl Walter. Genau genommen tritt dieser Mann nicht in ihr Leben, sondern sie in seins, und das ziemlich überraschend. Ihr Auftreten diesem Mann gegenüber zeigt bereits die ganze Chuzpe, die ihr zu eigen ist und die sie berühmt und auch berüchtigt machen wird. Karl Walter ist 43, Schweizer, Autor von Kriminal- und historischen Romanen mit mittelmäßigem Erfolg. Und ein ehemaliger Liebhaber ihrer Mutter Lucie, zu dem diese noch immer freundschaftlichen, wenn auch nicht sehr engen Kontakt hält.

Anita findet Walters Adresse Unter den Linden heraus und begibt sich zu ihm. Die beiden kennen sich flüchtig, das letzte Mal, dass sie sich gesehen haben, liegt zwei Jahre zurück. Damals war Anita noch ein Mädchen, ohne Reiz für einen älteren Mann. Doch inzwischen ist sie sechzehn, ihr Körper hat sich verändert, ihre Augen sind groß und unergründlich, die Haut weiß, wie es dem Geschmack der Zeit entspricht. Und sie legt einen atemberaubenden Charme an den Tag.

Älter muss der Mann sein, der sie begleiten beziehungsweise bewundern darf. Vielleicht reizt sie gerade der Altersunterschied, vielleicht die Tatsache, dass Walter zwar keine echte Berühmtheit ist, aber mit einigen Theaterstücken doch Erfolge auf den Bühnen errungen hat, die ihm einen Namen und Beziehungen und auch Geld verschaffen. Vielleicht liegt in ihrem forschen Vorgehen auch eine Art Machtstreben – sie, das junge Mädchen, verführt und dominiert den deutlich älteren Mann, der zudem bei Frauen größere Erfolge feiern soll als im Theater.

Leo Lanias Schilderung dieses Besuchs von Anita Berber bei Karl Walter kann eigentlich nur die Auskunft seines Schriftstellerkollegen zugrunde liegen, der ihm seine Verwirrung, seine Überrumpelung offenbart hat. Um eine

Überrumpelung handelt es sich allemal. Wenige Tage vor ihrer Premiere im *Blüthner-Saal* klingelt sie an der Wohnungstür des verblüfften Walter, der sie mit den Worten begrüßt: »Grüß dich Gott, wie geht es der Mama?« Nach kurzem Geplänkel fragt er sie nach dem Zweck ihres Besuchs. Darauf die sechzehnjährige Anita, während sie einen Faden vom Ärmel ihres Kostüms schnippt, bestimmt und sachlich: »Ich möchte Sie besitzen.« Walter verblüffen nicht nur diese Worte, sondern auch die absolute Selbstsicherheit, mit der sie das Mädchen ausspricht. »Was – möchten Sie?«

»Sie gefallen mir. Ich bin im Ballett jetzt, müssen Sie wissen, und nicht wahr, ohne Verhältnis – aber es ist nicht deswegen, weil Sie berühmt sind – es ist unerlässlich, nicht wahr …« Die Frage, die Walter daraufhin stellt, wirkt angesichts der Tatsache, dass die beiden sich seit Jahren nicht gesehen haben und sich nur flüchtig kennen, absurd wie die ganze Szene: »Lieben Sie mich denn?« Von dieser Frage scheint sich Anita regelrecht gekränkt zu fühlen. Sie antwortet: »Das weiß ich doch noch nicht.« Und fügt hinzu: »Nun müssen Sie mich küssen!«

Karl Walter beginnt das Gespräch unheimlich zu werden. Aber es fasziniert ihn zugleich und zieht ihn an. Von seinem inneren Zwiespalt scheint Anita nichts zu bemerken. Sie gibt ihm einen Kuss, ganz sachlich und so, als ob sie den nächsten Punkt ihres Plans abhake. Und verführt ihn, als wenn sie seit vielen Jahren nichts anderes getan hätte. Sie lässt alle Hüllen fallen, legt sich ausgestreckt auf sein Bett – und hat spätestens in diesem

Augenblick gewonnen. Walter ist hoffnungslos in ihrem Netz gefangen.

Selbst wenn Karl Walter bis dahin im Kopf gehabt hat, wie jung Anita ist, dass er sie eigentlich nicht kennt, dass sie die Tochter einer ehemaligen Geliebten ist, so spricht für ihn in diesem Augenblick nichts mehr dafür, sich Anitas Verführung – oder ist es ein Angriff? – zu verweigern. Wie auch, setzt sie doch alle ihre Reize ein, und das auffallend gekonnt für eine Sechzehnjährige. Walter verfällt der fast dreißig Jahre Jüngeren. Er weiß, dass falsch ist, was er tut, aber er kann sich nicht wehren. Anita wirkt teilnahmslos, während er mit ihr schläft, aber sie hat ihr Ziel erreicht: Sie »besitzt« ihr Opfer. Neben ihrem schlanken jungen Körper ist ihre Unbekümmertheit gepaart mit dieser überwältigenden Dreistigkeit ihre schärfste Waffe. Gefühle spielen dabei kaum eine Rolle. Nein, sie spielen gar keine Rolle.

Als sie an diesem Februarnachmittag mit Karl Walter schläft, ist es ihr erstes Mal. Eigentlich ein Augenblick, der Bedeutung haben sollte. Doch Anita Berber setzt dieses erste Mal zum Erreichen eines bestimmten Ziels ein. Sie gibt sich dem Mann hin und bindet ihn so an sich. Das war ihr Plan, und diesen Plan hat sie umgesetzt. Ihr Körper ist ihre Waffe, ihr kindlich-unschuldiges Gemüt und ihre zielorientierte Abgeklärtheit machen sie unbesiegbar. Viele werden sich später fragen, woher diese Abgeklärtheit kommt, diese Gefühllosigkeit. Auch Karl Walter gelingt es nicht, hinter ihre Fassade zu blicken. Er weiß nur eins: Er ist ihr innerhalb kurzer Zeit verfallen. Natürlich verspricht er ihr, zur Premiere zu kommen.

Und er hält sein Versprechen. Er kann gar nicht anders, ihr überraschender Besuch in seiner Wohnung hat sein Begehren geweckt. Er will diese so unschuldig und dabei durchtrieben wirkende Anita haben, weiß aber zugleich, dass sie auf Dauer für ihn unerreichbar sein wird. Sie hat ein Feuer in ihm entzündet, das ihn lichterloh verbrennt. Am 14. Februar 1916 sitzt er mit einem Blumenstrauß im Publikum des *Blüthner-Saals* und begibt sich nach dem Ende der Aufführung in die Garderobe. Als er den Raum betritt, ist Anita vollkommen unbekleidet, doch stört sie seine Anwesenheit in keiner Weise. Diese Unbekümmertheit und der Anblick des nackten Körpers treiben Walter das Blut in den Kopf. Als auch Lucie die Garderobe betritt, ist Walter peinlich berührt, doch Mutter und Tochter finden an der Situation nichts Ungewöhnliches. Als er Lucie stammelnd fragt, ob sie ein Verhältnis der beiden erlaube, blickt diese ihn erstaunt an. Was für eine Frage! Als ob sie ihrer Tochter etwas erlauben oder verbieten würde. »Wie soll ich so etwas verbieten oder gestatten? Anita ist doch kein Kind mehr.« Anita trinkt Champagner, später begleitet sie Walter in seine Wohnung. Ihre gierigen Küsse und ihre innere Teilnahmslosigkeit bringen ihn aus der Fassung. Auch an dieser Stelle geht Lanias Erzählung vermutlich auf Walters Erinnerung zurück: »Die Kälte stieß Walter in einen wilden Taumel. Ein peinigendes Gefühl des sich-nie-sättigen-, des sich-nie-ausschöpfen-könnens: er meinte zu verdursten, seine Zähne knirschten; ihr weh tun, sie schlagen, fühlt er – nur so konnte er sie besitzen. Und fühlte, dass er nie, nie die

Kraft dazu haben würde. Ich liebe sie zu sehr. Unerreichbar! fühlte Walter.«

Anita hat keine Gefühle für den Mann, mit dem sie die zweite Nacht verbringt. Er ist für sie ein Mittel zum Zweck. Für sie gehört es einfach dazu, dass nach ihrer Premiere ein Mann da ist, der sie anbetet, ihr zu Füßen liegt. Es geht um sie und um sonst niemanden. Über die Gefühle des Liebhabers macht sie sich keinerlei Gedanken; es kommt ihr gar nicht in den Sinn, darüber nachzudenken, was sie bei dem anderen anrichtet. Sie ist kalt, aber diese Kälte ist mit Gedankenlosigkeit und Naivität gepaart. Karl Walter versinkt für sie bald im Vergessen. Er ist der Erste in einer langen Reihe von Männern und Frauen, denen Anita Berber den Kopf verdreht, die sie aus der Fassung bringt, die sie heißkocht, dann langsam abkühlen und schließlich fallen lässt. Anita Berber zerstört andere, ohne es zu merken.

Der Abend im *Blüthner-Saal* ist ein voller Erfolg. Die Kritiker loben die Aufführung, und besonderes Augenmerk fällt auf die bis dahin völlig unbekannte sechzehn Jahre alte Tänzerin Anita Berber mit ihrem anmutigen Körper und ihren anmutigen Bewegungen. Doch längst nicht alle im Publikum sind dieser Meinung; eine ganze Reihe von Zuschauerinnen und Zuschauern verlässt den Saal empört und schockiert. Zu viel entblößte Haut, zu viele anzügliche Bewegungen. Kurz: einfach obszön, was die Tänzerinnen aufgeführt haben, und das, obwohl sie noch so jung sind. Prompt erreichen am nächsten Tag Beschwerden und Anzeigen wegen Unsittlichkeit den zustän-

Selbstbewusst: die aufstrebende Anita Berber 1922 zu Beginn ihrer Karriere

digen Polizeibeamten, und Karl Gustav von Glasenapp, der Chef der Theaterabteilung des Berliner Polizeipräsidiums, interveniert. Ihm kommt eine immens wichtige Rolle für die Zensur nicht nur in Berlin, sondern in ganz Deutschland zu. Da viele wichtige Theaterstücke in der Hauptstadt ihre Uraufführung haben, ist Glasenapp der Erste, der sie bewertet – und für gewöhnlich halten sich die Polizeibehörden anderer Städte an seine Entscheidungen. Obwohl einem alten pommerschen Adelsgeschlecht entstammend, gilt von Glasenapp Neuem gegenüber als aufgeschlossen, und seine Fairness wird von allen Seiten gerühmt. Nun liegt es in seiner Hand, weitere Aufführungen der Tanzgruppe zu verbieten. Das wäre ein schwerer Schlag für Rita Sacchetto, deren wirtschaftlicher Bestand von den geplanten Aufführungen in anderen Städten abhängt, aber auch für die Tänzerinnen, die monatelang geprobt haben.

Die Mädchen reagieren entrüstet, als Sacchetto ihnen am Tag nach der Premiere mitteilt, dass sie sich einer Überprüfung unterziehen müssen. Glasenapp hat angeordnet, dass sie ihm ihr Programm vorführen, damit er entscheiden kann, ob es dem Publikum zugemutet werden darf. »Ich trete vor diesem Idioten nicht auf«, ruft Anita empört in die Runde. Dinah Nelken erzählt später, dass die Mädchen zu einer List greifen, indem sie beschließen, ihr Programm zu entschärfen: »In der ersten Reihe saßen die Männer, die über unser Programm zu befinden hatten. Wir wickelten die Schau aber ganz auf zahm und züchtig ab, wobei wir uns übertrieben geziert und langsam bewegten. Fazit: Wir bekamen die Erlaubnis, auch den zweiten Abend veranstalten zu dürfen. Anita Berber amüsierte sich zusammen mit den anderen köstlich.« Es kann also weitergehen mit Rita Sacchettos Schau.

Kapitel 3

EIN NEUER STERN AM HIMMEL

Schon vor dem Ersten Weltkrieg hat Berlin eine lebendige kulturelle Szene. Die Stadt ist, lange bevor die Zwanzigerjahre sie auf der ganzen Welt berühmt machen, bekannt für ihre avantgardistischen Kunstbewegungen. Doch hat der Krieg erhebliche Auswirkungen auf das kulturelle Leben in der Millionenstadt. Viele Künstler melden sich zum Kriegsdienst oder werden eingezogen, was einen empfindlichen Entzug von kreativem Potenzial bedeutet. Theater- und Musikveranstaltungen werden eingeschränkt, Tanz- und Vergnügungsveranstaltungen schließlich vollständig verboten, weil die Behörden es unpassend finden, dass sich die Menschen amüsieren, während die Soldaten an der Front massenhaft sterben oder als Krüppel in die Heimat zurückkehren. Aber trotz der schwierigen Umstände gibt es in Berlin kulturelle Oasen, die dem Krieg trotzen. Kabaretts und Varietés bleiben geöffnet, und sie bieten ihren Besuchern eine Flucht vor der Realität des Krieges. Allerdings muss man die Zeit, die Muße und das Geld haben, sie besuchen zu können.

Die Menschen sind verunsichert, verstört, ängstlich; die Stimmung ist düster oder auch fatalistisch – aber zusehends bricht sich auch Wut auf »die da oben« Bahn. Künstler suchen nach Ausdrucksmöglichkeiten für die Kriegstraumata, die gesellschaftlichen Veränderungen und die Belastungen des Kriegsalltags. Der Ausdruckstanz erweist sich gerade in diesen Jahren als ein kraftvolles Medium, um die Emotionen und Ängste der Zeit auszudrücken. Er zeigt, dass Tanz mehr sein kann als nur ästhetische Bewegung, vielmehr auch ein Mittel zur Selbstentfaltung und zur Kommunikation von Emotionen und Ideen. Doch bleibt er auf ein bürgerliches Publikum begrenzt.

Vor diesem gesellschaftlichen und kulturellen Hintergrund finden Anitas erste Auftritte statt. Sie debütiert in einer neuen, revolutionären Zeit des Tanzes, und sie hat das Zeug, eine der prägendsten Persönlichkeiten dieser Entwicklung zu werden. Beste Voraussetzungen für eine großartige Karriere. Die Möglichkeiten sind zumindest vorläufig noch durch den Krieg eingeschränkt, aber das Publikum lechzt nach Ablenkung vom schwierigen Alltag. Der erste Auftritt der Sacchetto-Truppe ist ein voller Erfolg. Im Mittelpunkt der positiven Kritik stehen die ein wenig pummelige Valeska Gert und die gertenschlanke, knabenhafte Anita Berber.

Das Sterben an der Front geht weiter, als Rita Sacchetto mit ihren Mädchen eine Tournee durch Deutschland und Österreich-Ungarn beginnt. Leipzig, Frankfurt am Main, Hannover, Hamburg sind einige der Stationen. Anitas Leben ändert sich schlagartig und radikal. Hotels, Bühnen, immer unterwegs mit dem Zug, Ankunft an Bahnhöfen – in welcher Stadt ist sie eigentlich gerade? Männer umschwirren sie, aber noch hat Karl Walter nicht aufgegeben und schreibt ihr Briefe, die sie unberührt lassen. Sie gibt Interviews, und die Journalisten berichten, als lebe man in den harmlosesten Friedenszeiten. Anita geht auf Empfänge, lernt viele Menschen kennen, wichtige und unwichtige, interessante und uninteressante. Das Publikum giert nach Ablenkung vom grauen Kriegsalltag, und die Sacchetto-Truppe bietet sie.

Die Tänzerinnen tragen auffallende Kostüme, die Vorführungen beinhalten »getanzte Gedichte«. *Gotische Frauen* ist eines, ein anderes das orientalische Drama mit dem Titel *Verstoßen*, in dem es um die Gefühle einer Sklavin geht, die vergeblich versucht, die Gunst ihres Herren zu gewinnen. *Indisches Märchen* ist ein weiterer Programmpunkt. Das Publikum tobt und verlangt Zugaben. Einigen Kritikern aber erscheinen die Darbietungen zu kühl, zu künstlich, nicht glaubhaft, wohl auch schwülstig. Dem *Berliner Börsen-Courier* etwa gefällt nur die Tänzerin, die einen Schmetterling gibt: Anita Berber. Positiv von der Kritik aufgenommen wird auch ein Chopin-Walzer, nach dem sie tanzt. Und ihre Figur eines Harlekins.

Rita Sacchetto beobachtet zunehmend skeptisch, dass Anita die Aufmerksamkeit mehr und mehr auf sich zieht und nicht sie selbst, die doch der eigentliche Star sein will. Sie hat hohe künstlerische Ansprüche an sich und ihre Mädchen, stets soll eine richtige Geschichte auf der Bühne getanzt werden. Doch es mehren sich die Stimmen, die meinen, dass dieser Anspruch nicht wirklich erfüllt wird; die Kritik wird lauter, die schönen Kostüme reichen auf

Dauer nicht aus. Auch einige der Mädchen werden unzufriedener mit dem Programm. Als Erste steigt schließlich die selbstbewusste Valeska Gert aus – eine junge Frau, die weiß, was sie will und was nicht. Sie startet gemeinsam mit ihrer Freundin, der Tänzerin Grit Hegesa, ihr eigenes Programm: der Beginn einer Karriere als Tänzerin, Schauspielerin, Pantomimin und Kabarettistin. Ihr Name hallt bis heute nach.

Auch Anita Berber ist nicht zufrieden mit dem, was sie mit der Sacchetto-Truppe auf die Bühne bringt, und sie wächst zugleich über die anderen jungen Tänzerinnen hinaus. Sie will mehr – für ein Mädchen, das kaum einen Namen als Tänzerin hat, über wenig Erfahrung verfügt und noch viel lernen muss, eine selbstbewusste Einstellung. Sie beginnt darüber nachzudenken, was als nächstes folgen könnte, wie ihre Optionen aussehen. Die Zeitschrift *Die Dame* macht ihr das Angebot, für zwei Fotoserien zu modeln. Natürlich sagt Anita zu. Die Zeitschrift aus dem Ullstein-Verlag sucht stets neue Gesichter, das ist damals nicht anders als heute. Und sie bietet eine gute Möglichkeit, sich bekannter zu machen. Anita posiert als Tänzerin und für Modefotos. Im Mai 1918 fotografiert Waldemar Titzenthaler das neue Gesicht für eine dritte Serie für *Die Dame*. Das darf Anita durchaus als Ehre verstehen, denn Titzenthaler ist ein bekannter Fotograf, dem viele Prominente erlauben, sie in ihren privaten Gemächern abzulichten. Auch die *Elegante Welt* druckt Fotos von Anita; im Januar 1918 posiert sie außerdem für ein Theater-Magazin und arbeitet als Modell für das Porzellan-Studio von Philipp Rosenthal. Sie genießt diese Arbeit. Sie kann sich präsentieren und steht im Mittelpunkt der Aufmerksamkeit.

Entdeckt wird sie auch von dem Fotografen Alexander Binder, der eine Postkartenserie mit Fotos von ihr aufnimmt. Binder, elf Jahre älter als Anita, hat 1913 in der Schöneberger Motzstraße sein erstes kleines Fotostudio eröffnet und kann zwei Jahre später an den mondänen Kurfürstendamm gleich an der Kaiser-Wilhelm-Gedächtniskirche umziehen. Als er Anita 1918 fotografiert, ist er dabei, sich einen hervorragenden Namen als Porträtfotograf zu machen, der in seinem Studio die Stars ablichtet. In den Zwanzigerjahren holt er unter anderem Greta Garbo und Willy Fritsch vor die Kamera. Viele dieser Fotos veröffentlicht er in den populären Serien des Ross-Verlages. Binder stirbt 1929, nur wenige Monate nach Anita Berber. Seine Frau und seine Töchter machen das Atelier nach seinem Tod zum größten Fotostudio Europas.

Schon im Winter 1917 kommt Anita Berber auch in Berührung mit einem neuen Medium, das noch weitgehend in den Kinderschuhen steckt, von vielen sehr kritisch gesehen wird, dem andere aber eine große Zukunft voraussagen: dem Film. Noch sind die Filme stumm, aber das schadet seiner wachsenden Beliebtheit nicht. Der junge Regisseur Louis Neher, der nur drei Jahre älter ist als Anita und auch schon selbst als Schauspieler vor der Kamera gestanden hat, dreht einen Film mit dem Titel *Die Nixenkönigin*. Gesucht wird eine Tänzerin für eine Szene, und da Rita Sacchetto neben Fritz Delius die Hauptrolle spielt, kommt der Kontakt vermutlich über sie zustande. Anita spielt eine

Anita Berber fotografiert von Alexander Binder, 1918

tanzende Elfe. Es ist eine kleine Nebenrolle, aber sie ist von der Arbeit vor der Kamera begeistert. Dass sie keine Ausbildung als Schauspielerin hat, ist unerheblich, da sie ja nur tanzt. Ihr kleiner Auftritt reicht, um andere Regisseure auf sie aufmerksam zu machen.

Nicht zuletzt auch wegen ihrer Erfahrungen beim Modeln und beim Film wächst Anita Berber über die Sacchetto-Truppe hinaus, und so liegt es nahe, dass sie bald ein Soloprogramm auf die Bühne bringen will. Im März 1917, ein Jahr nach ihrem ersten Auftritt im *Blüthner-Saal*, performt sie ihren ersten Soloabend im Theatersaal der Berliner Hochschule für Musik. Sie wirkt wie befreit vom künstlichen Schwulst und von den Vorgaben Sacchettos. Nichts sei mehr zu spüren vom »Weihe-Ernst der Kulturmission«, schreibt der begeisterte Kritiker des *Börsen-Couriers*.

Anita Berber tanzt für sich selbst, setzt bewusst und selbstbewusst ihren Körper, ihre Grazie, ihre Elastizität ein. Als ihr zugetragen wird, dass Sacchetto über sie gesagt haben soll, sie sei wie ein Schlangenmensch, versteht Anita das nicht als die böse Kritik, als die es gemeint ist, sondern als Kompliment. In ihrem Soloprogramm zeigt sie, warum. Der Autor des Artikels im *Börsen-Courier* ist sichtlich beeindruckt und schreibt über die »Tänzerin voll Frische und lebendigen Glücks«: »Einmal ist sie so ›Diana‹, zu Chopins Musik, vom kraftstolzen Jägerschritt getragen, sie tummelt sich mit dem Spieß, mit dem Bogen – nein, jetzt ist sie ein Dolch, gefährlich ist sie und kampftoll – doch plötzlich ist sie nicht mehr die Penthesilea und ist nur noch Übermut, und ein schmeichelnder Finger winkt und lockt.

Jetzt scheint sie verlegen und scheu und sehnsüchtig, aber du, der du Mitleid empfindest, nimm dich in Acht, denn dieser Walzer heißt ›Valse coquette‹ und gleich wird man sich in einem jubelnden Sprung über deine Leichtgläubigkeit lustig machen. Denn man ist sehr beredt, dieser sehr lebendige Arm, dieser viel erfahrene Fuß kann viele Sprachen sprechen.«

Noch sind nicht die wilden frühen Jahre der Nachkriegszeit angebrochen, aber schon verspricht der begeisterte Kritiker, das Publikum dürfe nichts stilistisch Gebundenes erwarten, mit anderen Worten: etwas ganz Neues. Und er rät dem Zuschauer: »Er hat sich bloß zu freuen, dass er dabei ist und noch eine boshafthübsche kleine Geste zum Dank erhält, zu der das Programm gar nicht verpflichtet.«

Auch der bekannte und einflussreiche Kritiker Oscar Bie zeigt sich begeistert. Bie, Leiter der Theater-Zeitschrift *Die neue Rundschau* und zugleich Autor für den *Börsen-Courier* und die *Weltbühne,* schreibt: »Das Stärkste wird in reiner Akrobatik erreicht, in groteskem Zittern, Verschlingen, Schlagen, Überschneiden. Aber nicht varietéhaft an sich, sondern als gespielte und bewusste Kunst.« Er ist begeistert von Anitas *Koreanischem Tanz,* den sie in einem selbst entworfenen Kostüm vorführt, und einer Darbietung nach der Musik von Jan Sibelius, fasziniert von ihrer »schlangenhaften{n), wesenhaften{n}, affenartigen{n}« Eigenart.

Doch nicht allen gefällt, was sie sehen. Der bekannte Schriftsteller Erich Mühsam zum Beispiel, ein Idol des Naturalismus gerade unter jungen Leuten, empfindet das Dargebotene offenbar eher als albern, vor allem aber als unglaubwürdig. Er hält die junge Tänzerin für zu unerfahren, um Spirituelles nahtlos mit dem höchst individuellen Ethos des Expressionismus auf der Bühne zu verschmelzen, wie er schreibt – in seinen Augen sind die emotionalen Verkörperungen der Tänzerin meist nur vorgetäuscht. Mühsam urteilt streng über eine noch nicht einmal achtzehn Jahre alte Künstlerin, aber Anitas Ansprüche sind hoch, sie tanzt sie gewissermaßen ohne Sicherheitsnetz. In seinem im April 1918 in seinem Blatt *Kain: Zeitschrift für Menschlichkeit* erschienen Artikel bezieht er sich allerdings auf ihren Auftritt einen Monat zuvor noch mit der Sacchetto-Truppe, bei dem sie unter anderem *Die Rose* und *Diana, die Jägerin* vorgeführt hat. Anita Berber ist verunsichert, als sie die harsche Kritik liest. Sie schreibt Mühsam einen Brief, in dem sie die Berechtigung seiner Kritik eingesteht, aber ihn zugleich bittet, ihr für die Zukunft eine Chance zu geben. Sie mag selbstbewusst sein, was ihr Tanzen angeht, doch vermessen ist sie nicht. Kritik erreicht sie, aber es ist das Grundsätzliche in Mühsams Worten, das sie verunsichert. Sie weiß, dass sie noch lernen muss. Und vermutlich wird ihr bereits zu diesem frühen Zeitpunkt klar, dass sie niemals alle Kritiker überzeugen kann. Ahnt sie vielleicht, dass sie Publikum und Kritik bald spalten wird?

Der Kritiker Paul Nikolaus bezeichnet Anita Berber in seinem 1919 erscheinenden Buch *Tänzerinnen* als »erdgebundenes Faksimile des jenseitigen Expressionismus«. Weiter schreibt er, das jugendliche Verlangen und die Sehnsucht der Tänzerin nach Abenteuern würden aufrichtig, aber letztlich unvollständig und psychologisch uninteressant dargestellt. Ein wesentlicher Teil ihrer Persönlichkeit sei szenisch nicht erkennbar, befindet er, nachdem er sie auf der Bühne gesehen hat, ihr fehle der emotionale Kern einer wahren Künstlerin. Eine Neunzehnjährige könne eben nicht auf Erfahrungen von totaler Erfüllung oder echtem Scheitern zurückgreifen. Wie Mühsam scheint auch Nikolaus der Ansicht zu sein, es sei schlicht unglaubwürdig, wenn eine so junge Tänzerin so viel Ausdruck in ihre Bewegung legt. Ist Anitas Anspruch einfach zu hoch, könnte weniger vielleicht mehr sein? Zweifellos ist hier der Einfluss von Rita Sacchetto zu spüren, den sie noch nicht abwerfen kann oder will.

Paris und London, Anita Berbers Sehnsuchtsstädte, bleiben ihr zwar wegen des immer noch währenden Krieges als Auftrittsorte verwehrt, aber immerhin ist sie von Mitte September bis Mitte Oktober 1918 für eine Tournee durch die neutrale Schweiz gebucht. In der Zeitschrift *Das Programm – Artistisches Fachblatt* schreibt die Agentur G. Amadel aus Berlin-Charlottenburg, die sie offenbar engagiert hat, über sie als »der neue Tanzstern«, der seine neuesten originalen Tanzschöpfungen darbieten werde. Anita hat also ihr eigenes Programm mit eigenen Tänzen zu selbst gewählten Themen ausgearbeitet – bemerkenswert für eine gerade mal neunzehn Jahre alte Künstlerin, die zudem auch ihre Kostüme selbst entwirft. An Selbstbewusstsein mangelt es ihr nicht, und so wirbt die Anzeige der Agentur mit den Begriffen »Jugend! Eleganz! Schön-

Haus des Blüthner-Saals in der Genthiner Straße in Berlin, Aufnahme um 1920

heit! Kunst!« Laut dieser Annonce ist Anita Berber nach ihrer Schweiz-Tournee in Deutschland und Österreich-Ungarn unterwegs, natürlich nur in »erstkl. Etablissements«, und bis Ende Februar des kommenden Jahres ausgebucht.

Der von Mühsam kritisierte Auftritt ist der letzte, den Anita als Mitglied der Sacchetto-Truppe absolviert hat. Wie zuvor Valeska Gert, so hat sie sich entschieden, sich von Sacchetto zu trennen und zukünftig auf eigenen Füßen zu stehen. Von nun an geht sie ihren eigenen Weg. Sie probt in dem bekannten Tanzstudio von Helene Grimm-Reiter in der Budapester Straße 6, nahe dem Zoologischen Garten in Berlin. Hier werden Elevinnen ausgebildet, die von einer großen Karriere als Tänzerin träumen. Berber gilt unter ihnen schon fast als Berühmtheit. Im Spätsommer 1918 stimmt sie der Bitte der Schulleiterin zu, an einem Tanzabend im *Blüthner-Saal* teilzunehmen, und bereitet sich darauf vor. Doch drei Tage vor der Aufführung erkrankt sie an Grippe – vermutlich an der Spanischen Grippe, die gegen Ende des Ersten Weltkriegs in fast allen Teilen der Welt wütet und, je nach Schätzung, zwischen zwanzig und hundert Millionen Menschen das Leben kostet. In Deutschland wird bis zu ein Viertel der Bevölkerung von dem Virus befallen, rund 260.000 Menschen fallen ihm zum Opfer. Anita ist so schwer erkrankt, dass sie ihren Auftritt im *Blüthner-Saal* kurzfristig absagen muss.

Damit droht der ganze Abend ins Wasser zu fallen, doch dann bietet eine andere Schülerin an, sie zu ersetzen. Sie habe Anita schon seit längerem beobachtet, ihre Bewegungen nachgeahmt, ihre Tänze einstudiert, behauptet das

Mädchen, das noch einmal drei Jahre jünger ist als Anita Berber. Ihr Name: Leni Riefenstahl. In den Zwanzigerjahren wird sie eine bekannte, wenn auch nur mäßig begabte Schauspielerin, in den Dreißiger- und Vierzigerjahren dann eine berühmt-berüchtigte Regisseurin, die Propagandafilme über die Parteitage der NSDAP in Nürnberg und zwei Filme über die Olympischen Spiele in Berlin und Garmisch-Partenkirchen dreht. Und eine Vertraute Adolf Hitlers, seine »Scheinwerferin«, wie sie ein Historiker nennen wird. Doch davon ist jetzt noch keine Rede. Die Sechzehnjährige kann Schulleiterin Grimm-Reiter davon überzeugen, dass sie gut genug ist, um für den Star des Abends einzuspringen. Das Sprungbrett zur erhofften Karriere als Tänzerin wird der Abend jedoch nicht. Leni Riefenstahl behauptet später, eine Verletzung habe das verhindert, doch Beobachter gehen davon aus, sie habe schlicht nicht das nötige Talent gehabt. Über Anita Berber äußert sich Riefenstahl in ihren Memoiren wie folgt: »Anita Berber, ein faszinierendes Wesen mit einem knabenhaften Körper, war durch Nackttänze auf kleinen Bühnen und in Nachtclubs schon sehr bekannt. Ihr Körper war so vollkommen, dass ihre Nacktheit nie obszön wirkte.« Wie so vieles in Riefenstahls Memoiren ist auch diese Aussage falsch: Im Spätsommer 1918 tanzt Anita noch keineswegs nackt auf der Bühne. Und es ist auch eher unwahrscheinlich, dass Leni Riefenstahl sie jemals bei einem ihrer Nacktauftritte gesehen hat.

Nach ihrer Genesung fährt Anita gemeinsam mit ihrer Mutter nach Zoppot, wo sich beide schon bei Ausbruch des Krieges aufgehalten haben. Sie singen gemeinsam vor Verwundeten, anschließend geht es in das Generalgouvernement Warschau, also in den von den Deutschen besetzten Teil Polens, der bis zum Einmarsch der kaiserlichen Truppen zu Russland gehörte. Auch hier treten Mutter und Tochter gemeinsam vor deutschen Soldaten auf. Im Generalgouvernement trifft Anita einen alten Bekannten wieder – den Hofprediger Johannes Kessler aus Dresden, der sie konfirmiert und ein besonderes Vertrauensverhältnis zu dem jungen Mädchen entwickelt hat. Er erlebt eine ganz andere Anita als die strahlende junge Frau, als die sie in Berlin und auf ihrer Tournee allen erscheint. Als er sie in ihrem Hotel besucht, fällt sie ihm um den Hals und weint bitterlich, schildert Kessler in seinen Memoiren: »Unter Schluchzen beschwor sie mich: ›Glaube es mir, ich bin nicht schlecht, ich bin nicht gemein; ganz gewiss nicht! Aber bisweilen kommt der Teufel über mich, und dann kenne ich mich selbst nicht wieder!« Sie stopft Kessler Geld in die Manteltaschen, für die Armen in seiner Gemeinde – eine Geste, die ein wenig wie der Ablasshandel im Mittalter anmutet, als Gläubige sich gegen Geldzahlungen an die katholische Kirche von ihren Süden reinzuwaschen hofften. Kessler erinnert sich an ein Gefühl, dass er früher hatte: »Meine Frau und ich waren uns darüber einig, dass Anita ein Kind mit genialer Begabung, warm fühlendem Herzen, aber auch mit großen Gefahren war.«

Doch warum kommt es bei der Begegnung in Polen zu diesem Ausbruch? Warum hat Anita Berber ein solch schlechtes Gewissen beim Anblick des Pfarrers? Ist sie hin-

und hergerissen zwischen ihrem früheren und ihrem jetzigen Leben? Das neue Leben bedeutet Alkohol, Drogen, sexuelle Freizügigkeiten, Ausschweifungen, eben die Versuchungen des »Teufels«, wie sie sie zu dieser Zeit noch versteht. Doch das Verbotene ist anziehend und abstoßend zugleich. Jeden Abend geht es nach der Aufführung auf eine Gesellschaft; eine ganz neue Welt für Anita, in die sie begeistert eintaucht und die sie zugleich abschreckt. Dieses neue Leben muss sie erst einmal verarbeiten. Weiß sie eigentlich, welches Leben sie will? Sie »ist glücklich, jeden Abend tanzen zu können, und unglücklich, jeden Abend tanzen zu müssen«, gibt ihr Biograf Leo Lania ihre damalige Stimmung wieder. Sie reist in ganz Deutschland und Österreich herum, lernt Dutzende von Städten kennen, ohne sich auch nur an eine erinnern zu können, und immer übernachtet sie scheinbar im selben Hotel. In Wien erinnert sie sich nur an eine junge Frau, in Frankfurt an ein Fest, in Budapest an eine sehr schmutzige Straße. Und war Prag nicht die Stadt mit dem lauten Bahnhof?

Sie wird von Männern umschwärmt, von denen sie in Ruhe gelassen werden will, und von anderen nicht beachtet, von denen sie geliebt werden möchte. So beschreibt Leo Lania ihren Gemütszustand während dieser Zeit, die Anita wie ein einziger Tumult vorkommen muss. Sie will träumen, wie es junge Mädchen tun – aber, so Lania: »Der Traum ist alles, sein Inhalt ebenso unwichtig wie sein Anlass.« Sie hat einen guten Blick für Menschen. Zwar kann sie sich Namen nicht merken, aber sie speichert jedes Gesicht in ihrem Gedächtnis ab, und das, obwohl sie kurzsichtig ist und eigentlich eine Brille tragen müsste. Sie beobachtet die Menschen, denen sie begegnet, scharf, mehr noch: kritisch. Sie sei aufgestachelt von dem Wunsch, in jedem Mitmenschen sofort den schwachen Punkt zu entdecken, schreibt Lania.

Auf ihr Umfeld wirkt Anita Berber sehr selbstbewusst, selbstsicher, überlegen, geradezu einschüchternd, obwohl sie doch erst neunzehn ist. Das gilt vor allem für die Bühne, wenn sie tanzt. Aber ihr freches, oft schnoddriges Auftreten, das jedem sogleich klarmacht, dass es nur um eine Person geht, nämlich sie, hat bei Gesellschaften, Partys, Empfängen die gleiche Wirkung. Zugleich strahlt sie eine sexuelle Lockerheit, ja Anzüglichkeit aus, die sie auch als Waffe einzusetzen weiß.

Und doch ist das nur die eine Seite, Anita Berbers Wirkung nach außen. Tatsächlich ist ihr Auftreten ein Panzer, ein Schutzschild. Denn in Wahrheit ist sie unsicher, vermutet hinter jedem Gespräch anderer eine üble Nachrede gegen sich, sieht in jedem Mann einen potenziellen Feind, in jeder Frau eine potenzielle Feindin. Fürchtet stets, nicht ernst, nicht für voll genommen zu werden. Woher diese Unsicherheit kommt, bleibt ein Rätsel, immerhin ist sie mittlerweile eine gefeierte Tänzerin. Aber diese Furcht wird sie auch später nicht loslassen. Dass sie sich durch Kritik angegriffen und verunsichert fühlt, zeigt der Brief an Erich Mühsam – welche Künstlerin, welcher Künstler schreibt seinem Kritiker einen solchen Brief, um sich zu rechtfertigen und um eine neue Chance zu bitten? Und woher nimmt sie gleichwohl dieses vermeintlich über den Dingen stehende Auftreten, mit dem sie ihre Schwäche verbirgt und nach außen hin so stark wirkt? Ein älterer Freund hat ihr geraten, sie solle frech sein, den Menschen ins Gesicht spucken, sie werde schon sehen, dass die anderen angekrochen kämen. Diesen Rat befolgend, spielt sie auch im Leben eine Rolle, schlüpft in ein Kostüm, das ihr wahres, ihr unsicheres Ich verbirgt. So lernt niemand die wahre Anita Berber kennen. Und wir wissen nicht, wer sie gewesen ist.

Die Partys und Gesellschaften faszinieren sie, langweilen sie, schrecken sie ab. Wild geht es zu auf solchen Veranstaltungen, in denen sie stets einer der Mittelpunkte ist. Und umso mehr das zutrifft, desto auffälliger führt sie sich auf. Erst fallen die Hemmungen, dann die Hüllen. Der Champagner fließt, Männer und Frauen begehren sie und sonnen sich in ihrem Licht, lassen sich von ihr demütigen. Viele wollen sie haben, aber, das erkennt Anita, es geht nicht um sie, nicht um ihre Persönlichkeit. Es geht um ihre Hülle, ihr Ansehen – wer mit dieser verruchten jungen Frau, als die sie bald bekannt ist, beim Plaudern, beim Küssen oder bei noch mehr gesehen wird, steigt im Ansehen der anderen. Anita Berber wird zur Trophäe. Persönlichkeit scheinen viele ihr nicht zuzubilligen. Sie selbst fördert dieses Bild durch ihr ungezügeltes Auftreten, die Konkurrenz um ihre Person durch ihr Verhalten, das Hoffnungen macht und demütigende Zurückweisungen erteilt. Lania beschreibt eine Abendgesellschaft, auf der sich alle anderen in eine Art Rausch steigern, den Anita und ihr ungezügelt sexuelles Verhalten auslösen. Bis sich die Anspannung entlädt; distanziert man sich dann von ihr, gilt sie als die »perverseste Frau« überhaupt.

Anita Berber genießt die Aufmerksamkeit und auch den Skandal. Schon als Mädchen war das so. Einmal zerstört sie eine Puppe, nur um von der Mutter, die sie wegen ihrer Beziehungen zu Männern vernachlässigt, eine Strafe und so zumindest auf diese Weise Zuwendung zu bekommen. Ein anderes Mal tanzt sie vor dem Spiegel in ihrem Kinderzimmer und schreit plötzlich los, sodass die Köchin, Lucie und ihr männlicher Besucher erschreckt zu ihr laufen, weil sie glauben, es sei etwas passiert. Doch Anita lacht die Erwachsenen nur aus. Wieder hat sie das gewonnen, was sie sucht: Aufmerksamkeit.

Daran hat sich nichts geändert, im Gegenteil. Insgeheim aber sehnt sie sich auch nach Wärme, nach Zuneigung. Nur: Beides erlangen zu können, erscheint ihr unmöglich. In gewisser Weise ist sie noch immer das kleine Mädchen, das den abwesenden Vater vermisst und sich von der Mutter vernachlässigt fühlt – und laut schreit, um auf sich aufmerksam zu machen. So ist auch jetzt ihr Verhalten ein Schrei nach Zuwendung. Noch immer ist sie auf der Suche, nur dass sich der Ort und die Gelegenheiten geändert haben. Zugleich fühlt sie in sich eine Teilnahmslosigkeit und Kälte, die sie sich selbst nicht erklären kann. Nicht einmal die sexuelle Lust der anderen färbt auf sie ab. So bleibt sie unbefriedigt, geistig und sexuell, fühlt sich einsam, ausgesperrt, missachtet. Versuche, den Rausch zu erzwingen, müssen zwangsläufig fehlschlagen und enden damit, dass sie sich ekelt vor sich selbst. Selbst als sich ihr 1918 in Wien, wo sie sich für ein paar Auftritte aufhält, ein schüchterner Kadett der kaiserlichen und königlichen Armee nähert und es offenbar ernst mit ihr meint, kann sie nicht von ihrer Rolle lassen. Als er ihr sagt, dass er am nächsten Tag an die Front muss, und sie zu küssen versucht, antwortet sie ihm zum Abschied: »Na, denn auf Wiedersehen im Massengrab.«

Dass dieser junge Mann namens Hans Neumann dann doch ihr erster wirklicher Liebhaber wird, hängt vermutlich mit Anitas Wunsch zusammen, aus ihrer neuen Welt auszubrechen. Und vielleicht macht es ihn in ihren Augen gerade attraktiv, dass er ihr eigentlich nichts von dem zu bieten hat, was sie nun beinahe allabendlich erlebt. Er lässt sie in eine Welt blicken, in die der Absprung noch möglich scheint. Als Jugendliche war sie eine Weile fasziniert davon, ein Leben als Köchin zu führen, ein ganz normales, langweiliges Leben wie eine ganz normale durchschnittliche Frau.

Hans Neumann hat Glück, denn sein Marschbefehl wird am nächsten Tag zurückgenommen. Es ist der 3. September 1918, der Krieg dauert noch zwei Monate. Anita und er treffen sich zwei Tage später zufällig auf der Kärntner Straße wieder. Er verliebt sich in die zwei Jahre jüngere Tänzerin. Sie fühlt durchaus etwas für ihn, aber von Liebe kann man wohl nicht sprechen. Sie sucht Nähe, fühlt sich aber zugleich davon auch abgestoßen. Hans Neumann muss begreifen, dass sie in verschiedenen Welten leben, gesellschaftlich ebenso wie emotional. Er versucht, den Panzer zu durchdringen, mit dem sie sich umgeben hat, es gelingt ihm, Beulen hineinzuschlagen. Aber mehr nicht. Schließlich muss er, obwohl er zu verstehen scheint, dass Anita innerlich mit sich kämpft, einsehen, dass er nicht zu ihr vorzudringen vermag, und gibt auf. Die beiden trennen sich. Anita verlässt Wien und reist weiter.

Schließlich will sie ja ihre Karriere verfolgen. In Berlin hat sich im Sommer die Chance für ein Engagement im *Apollo-Theater* geboten, ein Ort eher leichter Unterhaltung in der Friedrichstraße. Vielleicht ist hier schon das Muster zu erkennen, das Anita Berber weiterverfolgen wird: Sie tritt immer wieder in Theatern und Etablissements auf, die nicht zu ihrem eigenen hohen Kunstanspruch passen. Ein Missverständnis zwischen Tänzerin, Veranstaltern und Publikum. Dass es ihr um Kunst geht, betont sie auch in einem Interview mit der Zeitschrift *Das Organ der Varieté-Welt* im Oktober 1918. Die Menschen sollten sie nicht nach den Orten beurteilen, an denen sie auftritt, sondern nach ihrer choreografischen Arbeit, fordert sie. Aber so einfach ist das nicht, wie sie später bitter erkennen muss.

Andererseits scheinen ihr die Lösung von Rita Sacchetto und die Proben bei Helene Grimm-Reiter gut getan zu haben. *Die Elegante Welt* lobt ihren Auftritt im *Apollo-Theater.* Man sehe, dass sie die Zeit nicht ungenutzt habe verstreichen lassen, ihr Auftritt sei glänzend gewesen: »Von aller Süßlichkeit weit entfernt, wirkt Anita Berber immer ein wenig ›knabenhaft‹, und man möchte ihr wünschen, dass es ihr gelänge, sich diese herbe Schlankheit der Erscheinung und vor allem der Empfindung zu erhalten.« Noch im selben Jahr bucht Rudolf Nelson sie ein zweites

Mal, und Anita darf im *Wintergarten* auftreten, einem der hervorragendsten hauptstädtischen Veranstaltungsorte, gleich am Bahnhof Friedrichstraße gelegen. Allerdings ist auch der *Wintergarten* kein Ort der hohen Kunst.

Kapitel 4

VOR DER KAMERA

Doch noch einmal zurück in das Frühjahr und den Frühsommer dieses letzten Kriegsjahres. Nachdem Anita Berber eine kleine Rolle als tanzende Elfe in Louis Nehers *Die Nixenkönigin* gespielt hat, kommt ein anderer Regisseur auf sie zu. Und Richard Oswald hat ganz andere, größere Pläne mit ihr, er will sie zum Filmstar machen und bietet ihr eine Hauptrolle an. Später behauptet er, dass er sie als Schauspielerin entdeckt habe. Von nun an pendelt Anita Berber zwischen Bühne und Filmkamera – auch das ein Grund dafür, dass ein Teil des Publikums und der Kritiker sie nicht als Vertreterin der Tanzkunst sehen, sondern als Vertreterin des Varietés. Der Film gewinnt zwar mehr und mehr Anhänger, aber noch gilt er gerade dem anspruchsvollen Publikum als billige Unterhaltung für die Massen, nicht als Kunstform.

Ein Blick auf die Entwicklung des Films aber macht deutlich, dass es in diesen letzten Jahren des Kaiserreichs kulturelle Strömungen gibt, die bereits auf die Explosion hindeuten, die sich in den Jahren der Weimarer Republik in allen Sparten der Kunst ebenso wie in vielen Bereichen der Gesellschaft überhaupt ereignen wird. Der Aufbruch in die Moderne beginnt um 1900, und vieles, was wir heute der Weimarer Republik zuschreiben, hat seine Ursprünge bereits in der Zeit vor dem Ersten Weltkrieg. Das gilt für die expressionistische Literatur, die Malerei, die Bildende Kunst, die Musik. Der Historiker Frank-Lothar Kroll hat in seinem Buch *Die Geburt der Moderne* zu Recht darauf hingewiesen, dass es in sämtlichen Künsten nahezu zeitgleich keinen bloßen Stilwechsel gegeben, sondern dass ein fundamentaler Epochensprung stattgefunden hat. Es habe sich bis zum Weltkrieg eine künstlerische Avantgarde entwickelt, die das sich abzeichnende Ende der Vorherrschaft bürgerlicher Normen und Wertvorgaben spiegelte, auch wenn diese Ideale den Kulturbetrieb noch bestimmten. Besonders manifestiert sich dieser Wandel just auf den zwei Feldern, auf denen Anita Berber sich engagiert: dem Tanz, vor allem bald dem hüllenlosen Tanz, und dem Film.

Der deutsche Film steckt wie überall auf der Welt in den ersten Jahren des neuen Jahrhunderts noch in den Kinderschuhen. Die ersten deutschen Produktionen sind oft kurze dokumentarische Aufnahmen des täglichen Lebens. Pioniere wie Georges Méliès in Frankreich inspirieren deutsche Regisseure, mit Spezialeffekten und Fantasy-Elementen zu arbeiten. Filme wie *Die Pest in Florenz* (1912) von Otto Rippert zeigen erstmals die Fähigkeiten deutscher Filmemacher im Bereich des Trickfilms, die sie bald berühmt machen sollen. Die Zeit zwischen 1910 und 1918 markiert den Aufstieg des Spielfilms. Regisseure wie Paul Wegener und Ernst Lubitsch erlangen internationale Anerkennung und schaffen einige der ersten Spielfilme in

Deutschland. Wegeners *Der Student von Prag,* kurz vor dem Krieg gedreht, ist ein frühes Beispiel für den Expressionismus, der in den kommenden Jahren einen entscheidenden Einfluss auf den Film haben sollte.

Ein wichtiger Schritt ist die Gründung der Deutschen Bioscop GmbH im Jahr 1912. Das Unternehmen spielt eine entscheidende Rolle bei der Entwicklung des deutschen Films und macht das Land zu einer der führenden Nationen der Filmproduktion in Europa. Der Ausbruch des Ersten Weltkriegs 1914 aber hat erhebliche Auswirkungen auf die Filmindustrie. Viele Filmschaffende werden zum Kriegsdienst eingezogen, was Produktion und Kreativität stark beeinträchtigt.

Dennoch beginnen sich während des Krieges im deutschen Film neue künstlerische Strömungen herauszubilden, die das kulturelle Klima der Zeit widerspiegeln. Der Expressionismus, dem es darum geht, innere Emotionen und psychologische Zustände der Figuren zu betonen, beginnt überall in der Kunst eine wichtige Rolle zu spielen. Das gilt gerade auch für das Kino. Hier liegen die Wurzeln für die großartigen Leistungen des Films in den Jahren der Weimarer Republik. Ein Meilenstein des Expressionismus wird 1920 *Das Cabinet des Dr. Caligari* von Robert Wiene, der den Einsatz von surrealen Sets und Verzerrungen einführt, um die psychische Verfassung der Figuren darzustellen. Er gilt als eines der einflussreichsten Werke der Filmgeschichte und etabliert den Expressionismus als wichtige Strömung im deutschen Kino. Obwohl der Erste Weltkrieg für die Filmindustrie Schwierigkeiten und Einschränkungen bringt, behält der Film seine kreative Energie, von der er in den Jahren nach dem Krieg so stark profitieren wird.

Das letzte Kriegsjahr 1918 ist ein produktives für die deutsche Filmbranche, auch für Richard Oswald. Geboren 1880 in Wien, entwickelt er schon in frühen Jahren ein Interesse am Theater, als junger Mann beginnt er, aus ärmlichen Verhältnissen stammend, sich für das neue Medium zu begeistern. Seine ersten Schritte unternimmt er in Berlin, dem unbestrittenen Zentrum des deutschsprachigen Films, wo er anfangs versucht, als Schauspieler Fuß zu fassen. Schnell aber erkennt er sein Talent für die Regie und beginnt, eigene Filme zu drehen. Bereits in dieser Phase seiner Karriere zeigt sich Oswalds Fähigkeit, Geschichten visuell erfahrbar zu machen und Emotionen auf der Leinwand zu transportieren.

Er entwickelt sich zu einem vielseitigen Regisseur, der sich in verschiedenen Genres versucht. In den 1910er Jahren inszeniert er eine beeindruckende Bandbreite von Werken, darunter Dramen und Komödien. Das zeugt von seinem Talent, sich in verschiedene Stoffe und Stile einzuarbeiten. In diese Reihe gehört beispielsweise der Film *Die Faust* von 1917, der auf Johann Wolfgang von Goethes Drama *Faust* basiert. Oswalds Interpretation dieses Klassikers wird von Kritikern für seine visuelle Kraft und innovative Regie gerühmt. Bis zum Ende des Krieges hat sich Richard Oswald einen festen Platz in der aufstrebenden deutschen Filmindustrie erarbeitet. Seine modernen Ansätze zur visuellen Erzählung und seine Fähigkeit, verschiedenartigste Geschichten zu erzählen, machen ihn zu einem der gefragtesten Regisseure. Oswald sei seiner Zeit voraus gewesen, schreibt der Schauspieler Rudolf Forster später in seinen Erinnerungen; ein Pionier des Stummfilms, stets mit neuen Projekten beschäftigt. »In Berlin horchten wir auf«, so Forster. Nicht zuletzt versteht Oswald, was das eher junge, oftmals aus der Arbeiterschaft stammende Publikum am Film fasziniert – eine gewisse Theatralik und Sensation. Und dieser Mann, der unter anderem auch einen der ersten deutschen Superstars des Films, Conrad Veidt, entdeckt, legt Anfang 1918 sein Augenmerk auf ein Mädchen ohne jede schauspielerische Ausbildung – auf Anita Berber.

Niemals unterwirft sich Oswald dem Diktat der Kamera oder der Technik, die Schauspieler und Schauspielerinnen, ihre mimischen und künstlerischen Fähigkeiten, stehen bei ihm immer im Vordergrund. Umso erstaunlicher ist es, dass er sich so für Anita Berber interessiert, der es an jeder schauspielerischen Erfahrung mangelt. Wahrscheinlich reizt ihn ihre Unbekümmertheit, mit der sie vor die Kamera tritt. Und da auch er selbst bald herkömmliche moralische Grenzen überschreitet und auf bürgerliche Konventionen keine Rücksichten nimmt, ist sie genau die richtige Darstellerin für ihn.

Irgendwann im Frühjahr 1918 kontaktiert Oswald die Tänzerin und macht ihr das Angebot, in seinem neuen Film *Dida Ibsens Geschichte,* für das er das Drehbuch geschrieben hat, Regie führt und als Produzent auftritt, mitzuwirken. Und zwar in der Hauptrolle. Das ist angesichts ihrer Unerfahrenheit gewagt, aber vielleicht ist ein Grund, dass es sich bei dem Stoff um ein Werk handelt, das viele als moralisch anstößig empfinden. Da erscheint in Oswalds Augen ein frisches Gesicht die richtige Wahl – möglicherweise möchten sich auch andere Schauspielerinnen einfach nicht die Finger verbrennen? Wie dem auch sei, Anita Berber sagt begeistert zu. Und Oswald hat sich nicht getäuscht, er wird zufrieden sein mit ihrer schauspielerischen Leistung.

In dem Film, dem ein Roman von Margarete Böhme zugrunde liegt, geht es um eine junge Frau, die nach ihrem Glück sucht, ins gesellschaftliche Abseits gerät, am Ende aber von ihren Eltern wieder aufgenommen wird. Anita Berber spielt die Hauptrolle an der Seite von Conrad Veidt und Werner Krauß, beide damals schon arrivierte Schauspieler. Die Aufnahmen finden im Mai 1918 in Wien statt. Anita erfüllt die Erwartungen, die Oswald an Dida hat. Sie gibt eine junge Frau, die eher unschuldig erscheint, aber einem sadistischen Mann ausgesetzt ist. Werner Krauß spielt ihren älteren Ehemann, der ihr eine giftige Schlange um den Hals legt und sich an der Angst Didas sexuell ergötzt. Doch im Verlauf der Handlung wird klar, dass beide ein sadomasochistisches Verhältnis haben, bei dem Didas Ehemann der unterwürfige Part ist. Als der Film am 12. Dezember 1918, also bereits nach dem November-Umsturz, im Berliner *Marmorhaus* am Kurfürstendamm uraufgeführt wird, hat die Zensur ihn nur für Erwachsene freigegeben – er ist den Zensurbehörden schon im September vorgelegt worden, als noch das alte Regime herrschte. Neben der sadomasochistischen Szene dürfte auch eine

Rolle gespielt haben, dass Werner Krauß als unterwürfiger Hausherr manche Beobachter optisch an Kaiser Wilhelm II. erinnert. Einige Kritiker sind begeistert. So beschreibt die *Neue Kino Rundschau* das Werk als einen »vom ersten bis zum letzten Bilde spannenden Film«. Aber es gibt auch andere Stimmen, sie reichen von Empörung bis zu blankem Entsetzen. Für konservative Kritiker und sensiblere Gemüter ist der Film nicht viel mehr als Pornografie, der Sadomasochismus und sexuelle Zügellosigkeit glorifiziert.

In *Das Dreimäderlhaus*, von Oswald nach *Dida Ibsens Geschichte* gedreht, spielt Anita nicht die Hauptrolle, sie gibt eine kokette Tänzerin. Die *Neue Kino Rundschau* lobt ausdrücklich die schauspielerischen Leistungen: »Es ist viel Liebe verwendet worden bei der Schaffung dieses Werkes und dass die reichsdeutschen Künstler dem Wienertum so viel Wärme zu leihen vermochten, sei ihnen dankend anerkannt.« Der Film löst ebenfalls gegensätzliche Reaktionen aus, spaltet aber die Gemüter nicht so stark wie *Dida Ibsen*. 1921 wird er mit einem Jugendverbot belegt.

Im Oktober 1918, unmittelbar vor den revolutionären Ereignissen des Novembers und mitten in der Endphase des Krieges, dreht Oswald mit Anita in Wien noch einen weiteren Film: *In 80 Tagen um die Welt*, nach dem Roman von Jules Verne. Der Streifen ist eine harmlose humoristische Verfilmung, aber dass Oswald ausgerechnet das Buch eines französischen Autors verfilmt, mag mancher deutsche Patriot als Provokation empfinden. Die Hauptrolle des Phileas Fogg verkörpert Conrad Veidt. Anita Berber spielt die indische Schönheit Aouda, die Tochter eines reichen Kaufmanns, die mit ihrem verstorbenen Mann verbrannt werden soll, aber von Fogg gerettet wird. Der Film kommt im März 1919 zur Uraufführung.

Dass Anita die Filmkritiken, die auf Verstöße gegen die herkömmlichen sexuellen Moralvorstellungen hinweisen, beeindrucken, ist unwahrscheinlich. Ob sie sich aber die Folgen für ihre Karriere als Tänzerin vor Augen führt? Ohne Frage werfen die Reaktionen auf Filme, in denen sie mitwirkt, auch ein Licht auf sie, und dieses Licht beeinträchtigt den Blick auf die Tänzerin, die sich der Kunst verschrieben hat. Sie tanzt auf zwei Bühnen: der des Ausdruckstanzes mit seinen hohen Anforderungen an Choreografie und Perfektion, und der des Erfolgs oder Untergehens im schnellen Filmgewerbe. Es ist weder dem Publikum noch den Kritikern klar, wo sie eingeordnet werden soll. Kaum hat sie erste Erfolge als Ausdruckstänzerin gefeiert, versucht sie schon, im Filmgewerbe zu reüssieren. Aber beides passt nicht zusammen, und so fehlt es ihr an Authentizität als Künstlerin.

Anita Berber in »Das Dreimäderlhaus«, 1918

Kapitel 5

UMWÄLZUNGEN

Noch immer ist Krieg und die große weite Welt bleibt Anita verwehrt. Immerhin wird sie im Oktober 1918 in Budapest engagiert, wo sie im berühmten *Orpheum* tanzt. Auch in Österreich-Ungarn sind die Menschen müde vom Krieg, sie sehnen sich nach Abwechslung. Das Publikum liegt Anita zu Füßen, sie wird verehrt, herumgereicht, verdient viel Geld und leistet sich Pelze und teure Schuhe. Ihre Tante ist als Anstandsdame dabei, aber sie ist nicht mehr als ein gutgemeintes Anhängsel. Doch Anita beendet ihr Engagement abrupt und reist überstürzt ab. Der Grund ist ein Ereignis, das Budapest und die K.-u.-k.-Hauptstadt Wien ebenso ereilt wie das ferne Berlin: Hier wie dort werden die Herrscher und damit die kaiserlichen Systeme durch eine Revolution binnen weniger Tage hinweggefegt.

In Deutschland wird eine Entscheidung der Seekriegsleitung vom 24. Oktober zu einer Welle, die sich zu einem Sturm entwickelt, ohne dass das ursprünglich geplant war. Ein Befehl, die Hochseeflotte in eine letzte Schlacht gegen die britische Royal Navy zu führen, löst den bitteren Unmut der Matrosen aus. Der Befehl ist militärisch sinnlos, denn der Krieg ist bereits verloren; er dient nur dazu, die Ehre der deutschen Kriegsmarine hochzuhalten – oder besser gesagt das, was die führenden Militärs unter »Ehre« verstehen. Tatsächlich handelt es sich faktisch um den Befehl zum Selbstmord. Doch die Matrosen verweigern sich und begehren gegen ihre Offiziere auf. Was zunächst lediglich als Maßnahme gegen einen Befehl gedacht ist, entwickelt sich zu einem Flächenbrand, der zunächst Kiel und dann weitere Marinestützpunkte erfasst, ehe er sich auf die Hauptstädte der deutschen Länder und auch auf die Reichshauptstadt Berlin ausbreitet. Überall fallen die Fürstentümer – erstaunlicherweise ohne Gegenwehr.

Kaiser Wilhelm II. weigert sich abzutreten, doch sein Reichskanzler Prinz Max von Baden stellt ihn vor vollendete Tatsachen, indem er ohne Wissen des Monarchen dessen Abdankung verkündet. Wilhelm muss still und heimlich ins Exil nach Holland fliehen. Am 9. November ruft in Berlin der SPD-Politiker Philipp Scheidemann ebenso die Republik aus wie der Kommunist Karl Liebknecht. Ein Rat der Volksbeauftragten, paritätisch besetzt von den beiden Arbeiterparteien MSPD und USPD, übernimmt die Regierung, zerstreitet sich aber rasch an der Frage, ob Deutschland zukünftig eine parlamentarische Republik oder eine Räterepublik nach russischem Vorbild sein soll. Am 19. Januar 1919 findet die Wahl zu einer vorläufigen Nationalversammlung statt, die zu einem Sieg der republikanischen Parteien SPD, Zentrum und DDP führt. Die Demokratie scheint sich durchgesetzt zu haben, allerdings verlieren die Republikaner diese Mehrheit schnell wieder; die Weimarer Republik bleibt stets eine schwache Demokratie, die von links- wie rechtsextremen Kräften unter Beschuss genommen wird. Gerade in den ersten Monaten der jungen Republik kommt es zu Aufständen von rechts wie links, zu politischen Morden, Demonstrationen und Streiks.

Auch Budapest, wo sich Anita Berber gerade aufhält, wird von den revolutionären Ereignissen ergriffen. Ende Oktober übernimmt ein revolutionärer Soldatenrat die Budapester Garnison. Einheiten besetzen strategische Punkte der Stadt, zum Teil folgen sie den Anordnungen des Nationalrates, zum Teil gehen sie eigenständig vor. Die Soldaten wenden sich gegen ihre Offiziere und setzen sie fest. Zudem befreien sie politische Gefangene. Als der mit königlicher Vollmacht ausgestattete Joseph August von Österreich am 31. Oktober 1918 die umstrittene Ernennung János Hadiks zum Ministerpräsidenten, die erst wenige Tage zuvor verkündet wurde, zurückzieht und Mihály Károlyi, dem Vorsitzenden der linken, bis dahin oppositionellen »Unabhängigkeits- und 48er-Partei« diesen Posten überlässt, flauen die Unruhen ab.

Anita, die in Begleitung ihrer Tante im noblen *Hotel Hungaria* mit Blick auf die Donau, den Gellértberg, die Kuppel und die Türme der Königsburg wohnt, erlebt die Ereignisse hautnah mit. Dass das militärische Ringen für die Mittelmächte verloren ist, steht inzwischen fest, und die Massen gehen in der ungarischen Hauptstadt auf die Straßen, weil sie genug haben vom Krieg. Überall empörte, friedensbewegte Menschen. Anita ist mittendrin und mischt sich in Pelz und Seidenschuhen unter die schlecht gekleideten und unterernährten Volksmassen. Die Stimmung ist explosiv, die Menschen aggressiv und gereizt, zugleich aber auch froh und optimistisch. Sie hoffen auf eine bessere Zukunft. Für Anita hingegen ist das alles eher ein Spaß. Sie singt mit den Menschen die *Marseillaise*. Was für ein schönes Lied! Sie tanzt mit zwei jungen Arbeitern über die Andrássystraße.

Doch plötzlich taucht Polizei zu Pferde auf, macht Jagd auf die Demonstranten. Schüsse fallen, Verwundete liegen auf dem Pflaster. Ein Mann zerrt Anita in einen schützenden Hauseingang. »Warum tragen Sie so einen komischen Hut«, fragt sie ihren erstaunten Retter. Als sich die beiden aus der Deckung wagen, sehen sie einen sterbenden Verwundeten in einer Blutlache auf der Straße, einen jungen Mann. Erst im Angesicht des Blutes begreift Anita, was gerade passiert. Es ist mehr als ein Spiel und ein Spaß, es ist bitterer Ernst.

Aber schon am nächsten Tag scheint vergessen, was geschehen ist, und Anita grämt sich darüber, dass sie so teilnahmslos ist. Leo Lania versucht, ihre Gedanken wiederzugeben: »Da stürmt von allen Seiten Schicksal auf mich ein, jeder Tag bringt neue Erlebnisse, und keines vermag ich festzuhalten. Je tiefer ich sie ausschöpfen will, desto grundloser erweisen sie sich … Ist es, weil diese Erlebnisse so tief sind oder weil sie so seicht sind? Wenn ich doch einmal sehr sehr sehr unglücklich wäre!« Anita Berber berauscht sich an der Vorstellung von einem außerordentlichen Erlebnis, einer großen Liebe, einer nicht erfüllten Leidenschaft, an der sie leiden könnte und die ihr Leben trägt. Sie ist unglücklich, nicht unglücklich sein zu können.

Als sie diesen trüben Gedanken nachhängt, sitzt sie bereits im Zug nach Wien. Auch Wien ist von der Revolution erfasst, die Stadt erscheint ihr in diesen trüben Novembertagen dunkel, trostlos, gefährlich. Ist Wien ursprünglich nur als kurze Zwischenstation gedacht, bleibt sie nun länger. Denn während um sie herum Revolution gemacht wird, Reiche und Herrscher fallen, Menschen sterben, leiden und hoffen, erlebt sie ihre eigene, innere Revolution. Eine Revolution der Gefühle.

Überall stößt man in Wien auf Soldaten, die von der Front zurückgekehrt sind und darauf hoffen, bald nach Hause zu kommen. Auch in Wien bricht das alte System sang- und klanglos zusammen. Für die epochalen Ereignisse scheint Anita wenig Interesse aufzubringen. Die neuen Freiheiten werden zwar die Grundlagen ihrer Karriere und ihres zukünftigen Lebens sein, aber erkämpfen sollen sie doch bitte andere. Sie hat ihren kurzen Spaß auf den Straßen von Budapest gehabt, ehe sie lernen musste, dass eine Revolution eine blutige, eine tödliche Angelegenheit sein kann. Und doch bleibt sie zunächst in Wien: Sie verbringt die Tage dort mit der Gattin eines Offiziers der K.-u.-k.-Armee und deren fünfzehn Jahre alten Tochter im mondänen *Hotel Bristol*. Sie hat die beiden während der Zugfahrt kennengelernt und in der Mutter Gelüste erweckt, gegen die diese sich bislang verwahrt hat – und die Tochter wird in das Spiel miteinbezogen.

Von Männern hat Anita zumindest vorerst genug. »Sie waren ihr widerlich«, schreibt Leo Lania. Dass sie sich von Frauen mindestens genauso angezogen fühlt, ist ihr bereits bewusst, aber jetzt lebt sie diese Seite ihrer Sexualität erstmals aus. Sie fühlt eine reine und harmlose, eine jungfräuliche Liebe zu der fünfzehnjährigen Elsie. Und sie hat sexuelle Gelüste in Bezug auf Gerda, die Mutter, die bald zu einem Spiel von Macht und Unterwerfung werden. Anita übernimmt dabei die Rolle der Überlegenen, der sich die weit Ältere hemmungslos unterwirft. Nach einem Streit kommt es zu einer körperlichen Auseinandersetzung, während der Anita Gerda mit einer Reitpeitsche züchtigt und sie zwingt, ihre Füße zu küssen. Doch kaum hat sie ihren Sieg errungen, ist sie von sich selbst angewidert, wirft die Mutter hinaus und holt sich die Tochter ins Bett. Sie lebt ihre Sehnsucht nach romantischen Küssen, nach romantischer Liebe mit dem Mädchen aus, während Gerda im Zimmer nebenan im Bett liegt und um ihre Aufmerksamkeit bettelt. »Sie war besessen von der Lust, Anita zu dienen, sich ihr aufzuopfern, hemmungslos«, schreibt Lania und beruft sich dabei vermutlich auf Anitas Erzählung. Doch die steckt in einem Zwiespalt: »Anita liebte die Tochter und quälte die Mutter. Aber sie kam von dieser nicht los, das Abenteuer hielt sie fest, die Gier, sich immer wieder bestätigt zu fühlen, Machtwille, Herrschsucht, Zerstörungswahn.« Die Affäre endet damit, dass Gerda Schlafmittel schluckt und allem ein Ende machen will. Sie kann gerettet werden. Endlich erscheint ihr Gatte und entreißt Anita Frau und Tochter.

Anita Berber hat zwei Gesichter, und keins davon ist eine bloße Maske. Beide sind echt, es sind zwei Persönlichkeiten in ihr, die miteinander ringen. So wird es ihr Leben

Anita Berber 1918, Fotografie von Waldemar Titzenthaler

Straßenkämpfe im Berliner Zeitungsviertel, Januar 1919

lang bleiben. Die eine Persönlichkeit, die rücksichtslose, selbstbezogene, brutale, kalte, teilnahmslose, leidenschaftslose und hemmungslose, hat es leichter, sich durchzusetzen, denn sie ist nur auf ihr eigenes Ich bezogen. Andererseits wird Anita auch immer wieder schmerzlich bewusst, dass sie zu Leidenschaft und großen Gefühlen nicht in der Lage ist.

Was sie anderen Menschen stark erscheinen lässt, begreift sie selbst als ihre größte Schwäche – zumindest in hellen Momenten beziehungsweise dunklen Augenblicken. Und so werden stets beide Anitas miteinander kämpfen. Niemand ist eine Insel in einem weiten Meer, niemand kann auf jegliche Wärme und Zuneigung verzichten. Auch nicht Anita Berber.

Während die Gesellschaft sich vom Althergebrachten befreit und sich Freiheit erkämpft, stößt auch sie das Alte von sich und schafft sich neue Freiheiten. Oder das, was sie dafür hält. Sie löst sich von allen bürgerlichen Konventionen, in denen sie bisher gefangen war oder an denen sie festgehalten hat. Sie löst sich von ihren Zwängen, glaubt, sich freizumachen. Aber es ist gefährlich, sich kopflos in die Freiheit zu stürzen, denn der Umgang mit ihr will gelernt sein. Zügellose Freiheit kann zur Gefahr für Leib und Seele werden. Freiheit kann genauso gefährlich sein wie Unterdrückung, wenn es keine Regeln gibt. So wie die Gesellschaft durch die Revolution, so hat auch Anita Berber sich von althergebrachtem Ballast befreit, hat ihn abgeworfen und lebt ein neues Leben. Sie kostet ihre Freiheit aus, ohne Rücksicht auf sich und andere.

Vermutlich im Dezember 1918 bricht Anita ihren Aufenthalt in Wien ab. Zurück in Berlin, fühlt sie sich als ein anderer Mensch. Was sie von all den aufwühlenden Ereignissen in der Stadt bewusst wahrnimmt, ist nicht überliefert, aber die Revolution ist für sie ein Spiel, das sie kurz erregt und sehr schnell seinen Reiz verliert, als sie mit der brutalen Realität konfrontiert wird. Anita Berber ist eine junge Frau und gerade dabei, sich einen Namen als Tänzerin, Schauspielerin und Model zu machen. Was interessiert sie da etwas so Profanes wie Politik?

Wenn auch das Berlin dieser Tage aufgewühlt ist, bleiben doch die meisten Gegenden außerhalb des unmittelbaren Zentrums von den Schießereien und Barrikadenkämpfen verschont. Und selbst im Zentrum läuft vieles weiter ganz wie gewohnt. Nicht einmal das kulturelle Leben ist unterbrochen. So berichtet der Schriftsteller und Journalist Emil Ludwig in seinem Buch über die Revolutionswochen in Berlin mit dem Titel *An die Laterne*, dass er Anfang Januar 1919 einem Konzert in der Singakademie beiwohnt, während draußen Maschinengewehrsalven zu vernehmen sind, und dass er mit Hunderten anderen Berlinern in der U-Bahn durch das Zentrum fährt, während über ihnen gekämpft wird. Ähnliche Beobachtungen schildert Harry Graf Kessler, der Bohemien und Diplomat, bekannt als »Flaneur der Weimarer Republik«, in seinen Tagebüchern.

So ist anzunehmen, dass es auch in der Zähringer Straße im bürgerlichen Wilmersdorf ruhig bleibt. Neben den Tanten, der Mutter und der zurückgekehrten Anita wohnt zu dieser Zeit auch der Schauspieler und Conférencier Fritz Grünbaum, ein Bekannter Lucies, mit seiner Frau in der Wohnung, sodass es trotz der fünf Zimmer vermutlich recht beengt zugeht. Aber auch geistig und emotional muss Anita das Leben hier eng vorkommen. Sie sucht einen Ausweg. Und lernt ihn bald kennen.

Kapitel 6

HUNGER, LEID, ELEND

Während Anita Berber an ihrer Karriere arbeitet und Erfolge feiert, stürzen die revolutionären Ereignisse um sie herum Deutschland und seine Hauptstadt in eine politische und soziale Krise. Die Lage ist auch nach der Wahl zur vorläufigen Nationalversammlung im Januar 1919 unsicher. Bei der Wahl zum ersten Reichstag gewinnt die antirepublikanische Rechte stark an Stimmen. Aufstände und politische Morde von rechts und links erschüttern das Land. Ihnen fallen die Kommunisten Rosa Luxemburg und Karl Liebknecht ebenso zum Opfer wie der Außenminister Walther Rathenau und der Zentrumspolitiker Matthias Erzberger.

Millionen Soldaten kehren von der Front zurück, oft traumatisiert von dem, was sie in den Schützengräben erlebt haben, oder als körperliche Krüppel. Die Versorgungslage ist extrem schwierig, weil die alliierten Siegermächte die Blockade aus dem Krieg zunächst aufrechterhalten. Viele Deutsche sind erschüttert angesichts der unerwarteten Niederlage. Als dann die harten Bedingungen des Friedenvertrages bekannt werden, das »Diktat von Versailles«, geht ein Aufschrei der Empörung durch das Land, den die rechten Gegner der Republik erfolgreich in ihrer Propaganda aufgreifen.

Für viele Berlinerinnen und Berliner sind die kommenden Jahre eine Frage des nackten Überlebens. In der Stadt, die mit der Zusammenlegung mit den sie umgebenden Gemeinden am 1. Oktober 1920 zu »Groß-Berlin« mit vier Millionen Einwohnern entsteht – Berlin ist damit die bevölkerungsmäßig drittgrößte und flächenmäßig zweitgrößte Stadt der Welt –, sind Hunger, Leid, Elend und Krankheit alltägliche Begleiter.

Die Inflation wird zwar erst im Herbst 1922 zur Hyperinflation mit unvorstellbaren Ausmaßen, aber schon seit dem Ende des Krieges spüren die Menschen einen ungewöhnlichen Wertverlust der Reichsmark. Das macht Brot, Milch, Fleisch und andere Lebensmittel teurer und teurer, sodass sich die von der schleichenden Inflation besonders Betroffenen bald stark einschränken müssen oder Hunger leiden.

Zu diesen Menschen zählen anfangs alle diejenigen, die von Honoraren und ähnlichen Zahlungen leben, weil diese nicht an die Geldentwertung angepasst werden. Darunter fallen Ärzte, Handwerker, freie Journalisten, die es zuhauf in der Hauptstadt gibt, Schriftsteller und Künstler und überhaupt alle freiberuflich Tätigen. Auch Empfängern staatlicher Leistungen geht es immer schlechter, weil die Renten und Unterstützungsgelder nicht ausreichend angehoben werden. Für Kriegsinvaliden, Angehörige von gefallenen Soldaten, Empfänger von Unterstützungszahlungen wird der Alltag mehr und mehr zum Überlebenskampf, und das lange vor der eigentlichen Phase der Hyperinflation. Verlierer sind auch Vermieter, denn der

Während der Hyperinflation werden Nahrungsmittel für viele Menschen unerschwinglich

Staat legt fest, dass die Mieten nicht an die Geldentwicklung angeglichen werden dürfen. Das kommt einer faktischen Enteignung vieler Hausbesitzer gleich. Wer gespart hat, steht ohnedies auf der Verliererseite, denn die Spareinlagen verlieren rapide an Wert. Ganze Lebensentwürfe brechen in sich zusammen. Vor allem der Mittelstand ist anfangs betroffen, die Arbeiter haben die Gewerkschaften hinter sich, die zumindest für einen teilweisen Ausgleich der Kaufkraftverluste kämpfen. Schließlich jedoch wird die Lage so dramatisch, dass es gerade den Ärmsten der Armen noch schlechter geht. Aber wer schon ganz unten ist, kann nicht mehr so tief stürzen.

Die Wohnungsnot in Berlin ist groß, und die 4000 Wohnungen, die der Magistrat zwischen 1919 und 1923 bauen lässt, sind nicht einmal ein Tropfen auf dem heißen Stein. Zehnköpfige Familien leben in zwei Zimmern und müssen sich die Schlafgelegenheiten teilen – die einen nutzen sie nachts, die anderen am Tag. Viele Haushalte vermieten ihre Betten tagsüber an Menschen, die sich selbst keine Wohnung leisten können. Die Zahl der Wohnungslosen steigt rasant, denn viele können nicht einmal mehr die Miete für solche zeitweiligen Schlafstätten aufbringen, ganz zu schweigen von der Miete für ihre schäbigen Behausungen. Eine neue Wohnung zu finden ist praktisch unmöglich oder funktioniert, wenn überhaupt, nur mit Tricks. Bestechungen von Beamten werden alltäglich. Andere nutzen die »Bräutebörse«: Wer heiraten möchte, hat ein Vorrecht auf eine Wohnung, und wenn die Braut auch noch werdende Mutter ist, steigen die Chancen weiter. So bieten sich zahlreiche junge schwangere Frauen an, um mit Wohnungssuchenden zum Wohnungsamt zu gehen und zu behaupten, sie seien die Braut des Mannes und eine Hochzeit stehe unmittelbar bevor. Hat er den Zuschlag für eine Wohnung bekommen, trennen sich »Braut« und »Bräutigam« wieder, gegen Zahlung eines Entgeltes an die Frau.

Doch selbst wer eine Wohnung hat, aber nicht in den vornehmeren und bürgerlichen Gegenden Berlins wohnt, sondern in den Arbeitervierteln wie Wedding und Prenzlauer Berg, lebt oft in Häusern, deren Beschreibung allen Vorstellungen spottet. Der Putz bröckelt, die Wohnungen sind feucht und voller Schimmel, Ratten breiten sich aus, sodass ab 1921 allgemeine Rattenbekämpfungstage durchgeführt werden. Weil die Vermieter mit den staatlich gedeckelten Mieten Verluste machen, haben sie kein Interesse an Reparaturen und Sanierung.

Dass sich Armut, Wohnungsnot, die ständige Sorge ums Überleben, steigende Preise bei sinkenden Reallöhnen auf die Gesundheit der Menschen auswirken, liegt auf der Hand. Zumal es auch an ausreichender Ernährung mangelt – von einer guten, vitaminreichen Kost gar nicht zu reden. Die Folgen sind Unterernährung, körperliche Beschwerden, Depressionen, eine allgemeine Schwäche und eine zunehmende Minderung der Leistungsfähigkeit. So nimmt es nicht wunder, dass die Zahl der Selbstmorde rasant steigt. Allein von September bis Dezember 1922 nehmen sich 502 Berlinerinnen und Berliner das Leben, und das ist nur die offizielle Zahl der registrierten Fälle. Für viele Passanten wird es eine alltägliche Erfahrung, morgens auf dem Weg zur Arbeit im Landwehrkanal oder in der Spree eine Leiche zu sehen. Im Kabarett *Wilde Bühne* wird gesungen: »Es liegt eene Leiche im Landwehrkanal / lang' se mal her / aber knautsch se nich' so sehr«. Es kommt auch zu Hungertoten; ihre Zahl ist unbekannt, denn Hunger wird nicht als Todesursache verzeichnet.

Niemand leidet unter den dramatischen Entwicklungen so sehr wie die Kinder und Jugendlichen. Den schlechten körperlichen Zustand vieler Kinder offenbaren die schulärztlichen Untersuchungen. Im Berliner Bezirk Schöneberg wird 1922 nur bei 15,8 Prozent der Schulanfänger eine »gute« Konstitution festgestellt – im Jahr 1913 waren es dreimal so viel, und auch das war schon eine niedrige Zahl. In Lichtenberg leiden 1921 unter den Volksschülerinnen und Volksschülern 29 Prozent an Unterernährung, in Prenzlauer Berg sind es ein Jahr später bei einer Untersuchung unter 450 Kindern im Vorschulalter 90 Prozent. Viele Babys und Kleinkinder bekommen keine Milch mehr. Aber am auffälligsten sind die gesundheitlichen Folgen der Mangelernährung bei den jugendlichen Schulabgängern. Im Bezirk Pankow gelten 22 Prozent der Jungen und 25 Prozent der Mädchen gemessen an ihrem Alter als zu klein und untergewichtig. Rund ein Drittel der Jugendlichen ist aufgrund des schlechten körperlichen Zustands nicht in der Lage, eine Arbeit aufzunehmen.

Berlin wird von einer Streikwelle erfasst, wie es sie noch nie gegeben hat. 1919 gibt es 117 Streiks mit ausschließlich sozialen und wirtschaftlichen Zielen, von denen 6000 Betriebe betroffen sind; zwei Jahre später sind es sogar 151. Verzweifelte und wütende Menschen, Angestellte, Arbeiter, Arbeitslose, Frauen, Männer und Kinder ziehen aufs Land, um die Felder zu plündern, denn sie werfen den Landwirten vor, ihre Erzeugnisse bewusst zurückzuhalten. Die Bauern bewaffnen und wehren sich. Sie bilden Wachkommandos, es kommt zu Schießereien mit Toten und Verletzten. Ebenso zu Krawallen empörter Hausfrauen, die Verkaufsstände in Markthallen stürmen und plündern, weil sie nach mehrstündigem Warten feststellen müssen, dass die Ware ausverkauft ist, wenn sie endlich an der Reihe sind.

Auch in der Berliner Unterwelt tut sich einiges. Nach dem Krieg kommt es zur Gründung neuer sogenannter »Ringvereine«. Das Phänomen ist nicht neu, sondern existiert schon seit einigen Jahrzehnten, aber jetzt sprießen sie aus dem Boden wie das frische Unkraut im Frühling. Auch wenn sie sich harmlos klingende Namen wie »Immertreu«, »Männergesangverein Nord 1891« oder »Liebe, Glaube, Hoffnung« geben, handelt es sich doch um kriminelle Vereinigungen. Die Vereine wählen sich Vorsitzende wie Muskel-Adolf, Kavalier-Fritze oder Juwelier-Paul, richten sich in ihren Stammlokalen Geschäftsstellen ein und stellen feste Regeln auf. Fehlverhalten wird streng bestraft, dafür werden Angehörige von Mitgliedern, die hinter Gittern gelandet sind, finanziell unterstützt. Das oberste Gebot lautet: Solidarität. Das gilt trotz der Konkurrenz untereinander; wenn ein Mitglied eines Ringvereins vor Gericht steht, sagen auch Mitglieder anderer Vereine für ihn aus. Zeugen werden eingeschüchtert, sodass Angeklagte nicht selten freigesprochen werden müssen. Die Vereine sind auf vielen Feldern aktiv, das wichtigste aber ist die Prostitution. Die Polizei schwankt zwischen Verfolgung und Nachsicht. Zwar handelt es sich bei den Ringvereinen zweifelsfrei um organisierte Kriminalität, aber Polizeibeamte pflegen Kontakte in ihre Reihen, die für die Aufklärung von anderen Verbrechen genutzt werden können. Das gilt zum Beispiel für Morde, denn Mord ist für die Mitglieder der Ringvereine tabu. Als eine Art Nachwuchsorganisationen der Ringvereine gelten vielen die »Wilden Cliquen«. Dabei handelt es sich um kriminelle Jugendbanden, die in Berlin aktiv sind. Die geschätzte Zahl ihrer Mitglieder schwankt deutschlandweit zwischen 16.000 und 30.000 Jugendlichen.

Die Polizei, notorisch unterbesetzt, kommt gegen die hohe Kriminalität in der Hauptstadt kaum an. Sie setzt unter anderem auf Razzien im Nachtleben, und das immerhin nicht ganz ohne Erfolg. Dabei werden ganze Straßenzüge abgesperrt und jeder, den man aufgreift, wird mit auf das Revier genommen. Die allermeisten Personen müssen wieder laufen gelassen werden, aber immer wieder gehen bei solchen Aktionen Kriminelle ins Netz. Auch einzelne Lokale versucht die Polizei auszuheben. Ein schwieriges Unterfangen, denn die Gastwirte verfügen über ein ausgefeiltes Sicherheitsnetz, das nahezu jede verdächtige Bewegung rund um das Lokal sofort registriert und meldet.

Es herrschen Armut und Not. Die Situation in Deutschlands größter Stadt ist explosiv.

Kapitel 7

AUFSTIEG

In diesem Berlin bewegt sich die neunzehn Jahre alte Anita Berber, eine junge Frau, die Karriere machen und aus der Obhut von Mutter, Großmutter und Tanten ausbrechen möchte. Bei so viel weiblicher Präsenz scheint nur ein Mann einen Ausweg bieten zu können. Wo und wann Anita Eberhard von Nathusius kennenlernt, ist nicht überliefert. Wahrscheinlich trifft sie ihn bei Dreharbeiten, und vermutlich verliebt er sich Hals über Kopf in sie, ein Schicksal, das viele Männer, jüngere wie reifere, teilen. Diese Frau scheint genau das zu verkörpern, was sich Nathusius, Drehbuchautor, von einem Star, der die von ihm geschaffenen Figuren verkörpert, erhofft. Und Anita erinnert ihn an seine erste Frau, die Schauspielerin Gilda Langer. Sie ist am Berliner Residenztheater engagiert und dreht Filme mit Fritz Lang; ein neuer Höhepunkt ihrer Karriere soll die Hauptrolle in *Das Cabinet des Dr. Caligari* werden. Doch weil sie durch andere Projekte für die Zeit der Dreharbeiten verhindert ist und ihre Filmfirma das Drehbuch an eine andere Gesellschaft verkauft, bekommt Lil Dagover die Rolle. Langer stirbt im Januar 1920 im Alter von gerade einmal 23 Jahren an einer Lungenentzündung, vermutlich eine Folge der Spanischen Grippe. Eberhard von Nathusius fühlt sich durch die Art, wie Anita sich als Schauspielerin versteht, an Gilda erinnert – beide spielen eigentlich sich selbst, nicht die Rolle, die ihnen das Drehbuch zuschreibt.

Der vier Jahre ältere Nathusius taucht gerade zur rechten Zeit in Anitas Leben auf. Sie langweilt sich in der weiblichen Wohngemeinschaft in der Zähringer Straße, und die Aussicht, bald mit Großmutter und Tanten allein dort zu wohnen, gefällt ihr erst recht nicht. Ihre Mutter schickt sich an, wieder bei Rudolf Nelson aufzutreten, und Anita kann sich an den Fingern einer Hand abzählen, dass Lucie Berber dann kaum noch Zeit für sie haben wird. Eberhard von Nathusius bietet in ihren Augen einige Vorteile: Er hat gute Umgangsformen, sieht passabel aus und, vor allem, ist als Enkel des Politikers und Gutsbesitzers Philipp von Nathusius-Ludom wohlhabend. So gibt die Verbindung mit ihm ihr die Möglichkeit, sich aus der Zähringer Straße in ein freieres Leben zu verabschieden. Das Paar heiratet im Januar 1919, während Berlin von Schießereien und Barrikadenkämpfen heimgesucht wird. Liebe? Romantik? Wohl kaum. Diese Ehe ist für Anita von Anfang an eine Zweckgemeinschaft, mit der sie kein anderes Ziel verfolgt, als die beengten Verhältnisse, die ihr nach ihren Erlebnissen in Wien vorkommen wie ein Gefängnis, zu verlassen. Es ist anzunehmen, dass von Nathusius das anders sieht. Die böse Überraschung für ihn lässt nicht lange auf sich warten.

Es scheint, als könnten die Bedingungen für die Karriere einer jungen Tänzerin und Schauspielerin kaum ungünstiger sein. Politische Unruhen, wirtschaftliche Turbulenzen, soziale Not – wer denkt da an die schönen

Künste, an das Kino? Doch der Schein trügt. Die Menschen in Berlin, ja in ganz Deutschland sind geradezu vergnügungssüchtig. So bietet gerade diese wilde Zeit die beste Ausgangslage für eine aufstrebende junge Künstlerin, die sich nicht darum schert, was andere von ihr denken, und die hemmungsloser alle hergebrachten Konventionen von sich wirft als jeder oder jede andere.

Durch ihre Heirat mit Eberhard von Nathusius ist Anita finanziell abgesichert und kann an ihrer Karriere arbeiten. Trotz der tumultuösen Zeit in diesem Herbst und Winter probt sie weiter fleißig. Ende Januar 1919, am 23. und am 29., gibt sie ihre ersten beiden abendfüllenden Solo-Auftritte im *Blüthner-Saal,* also dort, wo ihre Karriere vor zwei Jahren begonnen hat. Sie tanzt einen *Valse-Impromptu* nach der Musik von Franz Liszt, eine *Pritzel*-Figur und *La Masque,* einen *Valse Triste* sowie einen *Caprice Espagnol* und die Pantomime *Heliogabal.* Ihre Kostüme sind brav, dem Abend fehlt irgendwie die eindeutige Richtung. Nur das letzte Stück fällt auf: Sie gibt darin einen römischen Kaiser, eine Figur, die die Geschlechtergrenzen bewusst überschreitet – ein Vorgeschmack auf ihre Zukunft als »queerer« Star.

Anita Berber tanzt, wird aber 1919/20 in erster Linie durch ihre Filme bekannt, die sie zumeist weiter mit Richard Oswald dreht. Im Frühjahr 1919 erleben binnen weniger Wochen zwei Oswald-Filme ihre Premiere in Berlin. Zunächst kommt es aber zur Uraufführung von *In 80 Tagen um die Welt* im Berliner *Marmorhaus.* Auch wenn Oswald den Film exotischer inszeniert, als es der Romanautor Verne im Sinn gehabt haben dürfte, geht es auf der Leinwand gesittet zu, und der Streifen durchläuft im Sommer auch eine Nachzensur. Ärger gibt es später aber dennoch, weil Vernes Erben sich über die Übernahme des Titels beschweren, sodass der Film 1921 in *Die Reise um die Welt* umbenannt wird.

Weit aufsehenerregender sind die anderen beiden Oswald-Filme, die im zensurfreien Jahr 1919 in die Kinos kommen: zunächst im Mai der erste Teil des insgesamt vier Stunden langen Zweiteilers *Die Prostitution* mit dem Untertitel *Das gelbe Haus*, der zweite Teil mit dem Untertitel *Die sich verkaufen* wird ab 30. August gezeigt. Der erste Teil, der im *Marmorhaus* gezeigt und auf dem Filmplakat als »sozialhygienisches Werk« bezeichnet wird, erzählt das Schicksal junger Frauen, die einen sozialen Abstieg erleben und sich der Prostitution hingeben. Eine schafft es, sich mit Hilfe eines anständigen jungen Mannes aus diesen Verhältnissen zu lösen, und so hat der Film ein hoffnungsvolles Ende. Im zweiten Teil geht es um ein Ehepaar, das unlautere Geschäfte betreibt und am Ende auffliegt. In beiden Filmen urteilt ein fiktives Weltgericht über die Protagonisten.

Oswald hat den Streifen mit seinen Hauptdarstellern Veidt, Schünzel, Berber sowie der Leinwand-Debütantin Gussy Holl kurz nach dem Ende des Krieges gedreht, also nur wenige Wochen nach dem Abschluss der Arbeiten an *In 80 Tagen um die Welt*. Es wirkt nicht so, als nehme der Regisseur Anteil an dem, was um ihn herum passiert – und das gilt sicher auch für Anita Berber. Das Thema Prostitu-

Anita Berber in »Irrlichter der Tiefe«, 1923

tion interessiert ihn mehr als die Politik, doch immerhin holt er sich mit dem bekannten Arzt und Sexualforscher Magnus Hirschfeld einen gesellschaftlich engagierten wissenschaftlichen Berater an die Seite.

Die Kritiken sind gemischt. Das liberale *Berliner Tageblatt* schreibt: »Die Handlung vermeidet jede Rührseligkeit ebenso wie den belehrenden Ton, den manche andere dieser Filme anschlagen, und gerade deshalb wirkt er eindringlicher als diese.« Kurt Tucholsky verdammt unter seinem Pseudonym Ignaz Wrobel das Werk in der *Berliner Volkszeitung* sechs Tage nach der Premiere als »Kinokitsch« und schreibt: »Diese gesamten Aufklärungsfilme, von denen einige schon in den Vorstellungen für Kinder auftauchten, sind ein öffentlicher Skandal. Sie haben nichts, nichts, nichts mit Aufklärung oder irgendwelchen ethischen Zwecken zu schaffen: sie dienen lediglich dazu, die Leute zu kitzeln. Den angehängten Moralspruch liest kein Mensch, und wenn das arme Opfer der sozialen Verhältnisse unter Harmoniumbegleitung zu Grabe getragen wird, dann schnupft befriedigt das ganze Parkett. Die Wirkung aber ist diese: Die Sehnsucht unverdorbener junger Mädchen nach ein bißchen Paprika wird hier auf das trübste befriedigt – die anständigen Frauen lernen dies und lernen das, und die Ausgekochten grinsen freudig, denn sie wissen es alles besser und können es nach der Praxis erklären und ergänzen. Das Ganze aber ist eine Anreißerei schlimmster Sorte und jenen Kolportageromanen vergleichbar, die, mit der Flagge des Patriotismus versehen, den üblichen Rinaldo Rinaldini verbreiteten.

Der Film hat mit der Kunst nichts zu tun … Diese Filme aber sind Schund. In der ›Prostitution‹ zum Beispiel hat die, wie der Prospekt besagt, wissenschaftliche Mitarbeit des Doktors Magnus Hirschfeld nicht vermocht, einen orthographisch richtigen Kinobrief herzustellen, und die Inneneinrichtung eines Bordells hätte man schließlich auch ohne diesen berliner {sic!} Gelehrten gut und sicher getroffen. Was man aber ohne ihn nicht getroffen hätte, das ist diese schmierige Mischung von Sentimentalität und wissenschaftlicher Phrase, von Rohheit und ethischen Schlagworten, von Scheinaufklärung und Detektivroman. Mit euch, Herr Doktor, zu spazieren, ist ehrenvoll und bringt Gewinn.« Sonderlich anders lesen sich auch die Verrisse in den konservativen Blättern nicht.

Der *Kinematograph* hat eine andere Gefahr vor Augen als die sexuelle Verrohung junger Mädchen. Der Rezensent befürchtet, dass der Film die grundsätzliche Kritik am zensurfreien Kino beflügeln könnte. Und doch betont er, solche Bedenken werden verstummen, wenn man sich den Film vorurteilsfrei angeschaut habe, »da es sich hier nicht um ein wildes Sensations-Radau-Stück, sondern um ein ernstes Werk von Bedeutung im Aufklärungskampf gegen das kasernierte und wilde Dirnentum handelt.«

In einem Punkt allerdings sind sich die drei Kritiker einig: im Lob für die Leistungen der Schauspieler und Schauspielerinnen. Selbst Tucholsky gesteht ihnen das zu, und das *Berliner Tageblatt* betont: »Anita Berber und Gussy Holl spielen die beiden weiblichen Hauptpersonen des Films und entledigen sich ihrer Aufgabe mit Takt und

Geschmack.« Die Film-Prüfstelle sieht das nach der Wiedereinführung der Zensur anders und verbietet *Die Prostitution* im August 1920. Einige Monate später wird der Film wieder zugelassen, unterliegt aber weiterhin dem Jugendverbot. In Stuttgart verbietet das Landgericht ein Jahr später das Werk abermals, und nachdem das Reichsgericht in Leipzig Ende des Jahres die Revision verwirft, werden die Filmbänder zerstört. Es sind keine noch existierenden Kopien bekannt.

Ein noch größerer Skandal in den Augen der Konservativen ist Oswalds *Anders als die Anderen.* Er gilt als erster Film der Geschichte, der das Thema Homosexualität in den Fokus rückt. Es geht um den Violinvirtuosen Paul Körner, der sich in seinen Schüler Kurt Sievers verliebt, zugleich aber von einem Stricher erpresst wird. Homosexualität ist gemäß des auch schon damals von vielen kritisierten Paragrafen 175 des Strafgesetzbuches verboten. Das gilt allerdings nur für Männer – Frauen dürfen ihren lesbischen Neigungen sogar in der Öffentlichkeit nachgehen und haben zumindest juristisch nichts zu befürchten. Als im Film Paul Körner, gespielt von Conrad Veidt, sich weigert, immer mehr Geld an den Erpresser zu zahlen, zeigt dieser ihn an. Anita Berber spielt die Schwester des jungen Kurt Sievers, verkörpert von Fritz Schulz, und tritt vermittelnd zwischen ihm und den Eltern auf, keine Haupt-, aber doch mehr als eine unbedeutende Nebenrolle. Am Ende begeht Körner Selbstmord, der Erpresser muss für drei Jahre ins Gefängnis. Magnus Hirschfeld, der erneut als wissenschaftlicher Berater Richard Oswalds wirkt, übernimmt selbst die

Rolle des Arztes, der flammende Plädoyers für die Rechte der Homosexuellen hält.

Im Juni 1919 dreht Oswald ein neues Werk mit seiner inzwischen etablierten Crew aus Conrad Veidt, Reinhold Schünzel und Anita Berber. Bei *Unheimliche Geschichten* handelt es sich um einen Episodenfilm, bestehend aus fünf Sequenzen, die unter anderem auf Erzählungen von Edgar Allen Poe und Louis Stevenson basieren. Der Film wird am 5. November uraufgeführt, bei der Premierenfeier führt Anita einen freizügigen Tanz auf. Die Kritiken sind nahezu einhellig gut, teilweise geradezu enthusiastisch. Das *Berliner Tageblatt* lobt mit leichten Abstrichen Regie und Inszenierung, rückt aber vor allem die Hauptdarsteller in den Fokus: »Das Zusammenarbeiten dieser drei Künstler ist meisterhaft und ist der Grund des Erfolges. Die Arbeit Robert Liebmanns, des Dramaturgen, verrät einen sicheren Blick für das Wirksame. Anzuerkennen ist die Sparsamkeit der Titel. Es ist das Verdienst Richard Oswalds als Regisseur, sich diese Kräfte herangeholt zu haben und sie sich entfalten zu lassen.« Auch der *Kinematograph* ist begeistert, sowohl über die Geschichte und ihre Präsentation als auch über die beiden männlichen Hauptdarsteller. Weiter heißt es: »Die weibliche Hauptrolle verkörpert Anita Berber und kann dabei zeigen, daß sie nicht nur eine hervorragende Tänzerin, sondern auch eine gute Schauspielerin ist.« *Der Film* freut sich über ihren »Charme und ihr reifes Können«. Anita Berber ist auf dem Weg, sich als Schauspielerin einen Namen zu machen – mit gerade einmal zwanzig Jahren. Die Zukunft steht ihr offen.

Conrad Veidt (links), Anita Berber und Reinhold Schünzel (rechts) in einer Szene aus Richard Oswalds Stummfilm »Unheimliche Geschichten«, 1918

Und es geht Schlag auf Schlag weiter. 1920/21 dreht Anita mindestens sechs weitere Filme, darunter *Nachtgestalten* von Otz Tollen im Januar 1920, in dem sie Nella spielt, eine Seiltänzerin, die den reichsten Mann der Welt verlässt und ihn einen Nervenzusammenbruch erleiden lässt. Inzwischen sind neben Oswald auch andere Regisseure auf sie aufmerksam geworden. Im August 1920 ist sie in Der *Schädel der Pharaonentochter* zu sehen. Verantwortlich für Drehbuch und Regie ist wieder Tollen. Im folgenden Jahr holt er sie erneut vor die Kamera, aber in *Der schwarze Graf* spielt sie als zeitweilige Liebhaberin nur eine Nebenrolle.

Anita Berber wird mehr und mehr als Filmschauspielerin gesehen. Nach ihrem Tod schreibt der Filmkritiker Walter Kaul in seinem Nachruf: »Eine Zeitlang schien es, als wenn erst der Tanz ihre eigentliche künstlerische Begabung offenbarte.« In ihrer Rolle als Lulu in *Die Prostitution* sei sie »erschütternd einfach und klar« gewesen. Insgesamt dreht Anita Berber zwischen 1918 und 1926 vermutlich 26 Filme. In einigen davon tanzt sie, und natürlich bleibt sie auch der Bühne erhalten. Ihre Karriere läuft zweigleisig, auf der Bühne und vor der Kamera. Doch es ist bemerkenswert, dass sie beispielsweise in Wien als Schauspielerin angekündigt wird, als sie dort im November 1920 im Großen Saal des *Konzerthauses* zum ersten Mal als Solotänzerin auftritt. Begleitet von klassischer Musik, tanzt sie Stücke wie *Cakewalk, La Masque* und *Valse morte* und *Pritzelpuppe,* einer ihrer bekanntesten Tänze.

Der Widerhall in den Wiener Zeitungen ist allerdings mäßig, zu sehr nimmt man sie inzwischen als Schauspielerin wahr. Aber ihr tänzerisches Werk wächst kontinuierlich. Warum sie zu dieser Zeit beginnt, auch im Kabarett aufzutreten, ist nicht eindeutig zu beurteilen, vielleicht bieten die großen Bühnen einfach nicht genug Auftrittsmöglichkeiten. So gibt sie unter anderem im April 1920 in Max Reinhardts *Schall und Rauch* Tänze wie *La Masque*, *Pritzelpuppe* und das *Caprice Espagnol*. Die Auftritte werden im Laufe des Jahres wiederholt und sind mindestens für November und Dezember belegt. Das Berliner Publikum ist begeistert; im *Schall und Rauch* und anderswo gilt sie als tanzende Sensation. Auch die Kritiken sind gut, selbst in die Fachliteratur findet Anita Eingang, wenn der Kritiker Werner Suhr in seinem Buch *Der künstlerische Tanz* von 1922 ihr »weiche, flockige Linien, ganz gelöste Bewegungen« zubilligt und betont, dass »die Anmut ihrer Bewegung sie immer von Neuem anziehend macht und weil eine Tänzerin, welche die Sehnsucht nach dem Leben zum Inhalt ihrer Tänze hat, stets gewiß sein kann, tausend ebenso hungrige, sich mehr Wesentlichkeit Wünschende zu treffen«.

Anita Berber will nicht nur nach klassischer Musik tanzen, sondern auch nach eigens für sie komponierten Stücken. Schnell findet sie zwei Komponisten, die bereit sind, für sie zu arbeiten. Bei dem einen handelt es sich um den jungen Niederländer Jaap Kool. Er wirkt unter anderem als Musikdozent, arbeitet kurze Zeit als Programmchef im Vox-Haus, dem Sitz von Deutschlands erstem Rundfunksender, ist ein großer Jazz-Fan und -Kenner, Jazz-Saxophonist und Pianist und von dem Gedanken be-

KONZERTDIREKTION HUGO HELLER

TELEPHON 63016 WIEN I, BAUERNMARKT 3 TELEPHON 63016

Großer Konzerthaus-Saal

Montag, den 11. Dezember 1922, 10 Uhr abends

III. TANZ-ABEND

Anita Berber – Sebastian Droste

Ein Kammerorchester — Am Klavier: Otto Schulhof

PROGRAMM:

1. Pritzelpuppen . . . . Jaap Kool. **Anita Berber — Sebastian Droste.**
2. Byzanthinischer Peitschentanz . Volkmann. **Sebastian Droste.**
3. Cocain. . . . . Saint-Saëns. **Anita Berber.**
4. Märtyrer . . . . Rachmaninoff. **Sebastian Droste.**
5. Selbstmord . . . . Beethoven. **Anita Berber — Sebastian Droste.**
6. Vision . . . . Beethoven. **Anita Berber.**
7. Ägyptischer Königssohn (nach alten Motiven). **Sebastian Droste.**
8. Morphium . . . . Spoliansky. **Anita Berber.**
9. Haus der Irren . . . . Rachmaninoff. **Sebastian Droste.**
10. Astarte. . . . . Tschaikowsky. **Anita Berber.**
11. Die Nacht der Borgia . . . . Rachmaninoff. **Anita Berber — Sebastian Droste.**

Die Dekorationen nach Entwürfen von Architekt HARRY TÄUBER.
Die Kostüme aus dem Atelier K. KARASEK, Wien I, Rotenturmstraße 1.
Die antiken Kunstgegenstände aus der Galerie SATORI, Künstlerhaus.
Kopfputz von der Firma S. PESSL, Wien I, Kärntnerstraße.

Verlag der Konzerthausgesellschaft, Wien III, Lothringerstraße 20.

Nach Schluß der Veranstaltung stehen vor dem Konzerthaus Straßenbahnzüge in der Richtung nach Hietzing, Grinzing und Gersthof bereit.

Großer Konzerthaus-Saal, Samstag, den 30. Dezember 1922, 7 Uhr abends
IV. (letzter) Tanzabend ANITA BERBER–SEBASTIAN DROSTE
Karten bei Heller, I., Bauernmarkt 3.

Über behördliche Anordnung sind die Hüte abzunehmen.

Stern & Steiner, Wien.

Preis K 3000 (inkl. Steuer).

Programmzettel vom Auftritt Anita Berbers und Sebastian Drostes im Dezember 1922 in Wien seelt, dass sich die moderne Musik von ihren klassischen und höfischen Fesseln befreien und sich Anregungen bei der Musik der Urvölker holen müsse. Damit ist Kool, der auch für die Tänzerin Grit Hegesa Stücke schreibt und sie auf dem Klavier begleitet, für Anita genau der Richtige. Unter anderem schreibt er ein Stück für sie, bei dem sie mit einer lebensgroßen Männerpuppe über die Bühne tanzt.

Der andere Komponist ist Mischa Spoliansky. Entdeckt von Friedrich Hollaender in einem russischen Emigrantenkabarett, komponiert der gebürtige Russe, der seit 1914 in Deutschland lebt, Stücke für *Schall und Rauch* und auch für Anita Berber. Er vertont unter anderem Texte von Joachim Ringelnatz und Kurt Tucholsky und schreibt 1920 unter Pseudonym ein Lied über Magnus Hirschfeld.

Kools Komposition für den Tanz *Profane* lehnt sich an die musikalische Tradition Niederländisch Ostindiens an und mischt sie mit modernem amerikanischem Jazz. Auch Spoliansky kreiert neue Klänge durch die Verbindung musikalischer Einflüsse aus außereuropäischen und -amerikanischen Regionen mit aktueller Musik. So schreibt er für Anita zu deren Tanz *Morphine* einen Tango, der sogar auf Platte gepresst und ein Hit wird.

Bot sie bisher ein seriöses Programm auf Theaterbühnen, so fühlt sie sich spätestens seit 1920 mehr und mehr hingezogen zur Welt des Kabaretts und des entblößten Tanzes. Es drängt Anita offensichtlich, ihre Kostüme abzulegen wie im wahren Leben die Konventionen. Und das gilt nicht nur für die Bühne. Als im Frühjahr 1919 die

Malerin Charlotte Berend-Corinth, die Ehefrau von Lovis Corinth, sie in ihr Atelier bittet, um sie zu zeichnen, sagt Anita zu. Seit 1911 wie ihr Mann Mitglied der Secession, gehört Berend-Corinth zu den erfolgreichsten Malerinnen des frühen 20. Jahrhunderts. Die 39-Jährige hat bereits Berühmtheiten wie den Schauspieler Max Pallenberg und die Operettensängerin Fritzi Massary verewigt, nun folgt neben Valeska Gert auch Anita Berber. Sie fertigt acht Zeichnungen an, die Anita halb bekleidet zeigen, mal in einem offenen Mantel, mal in einem Umhang, mal nur mit langen Strümpfen. Auf jedem der Bilder ist ihre Vulva zu erkennen, zum Teil auch ihre Brüste. Auf einem Bild führt sie sich lustvoll etwas Phallusähnliches in den Mund. Die freizügigen – Kritiker meinen: obszönen – Posen tragen zweifellos zu Anita Berbers neuem Image als Sexsymbol und als Skandalfigur bei. Aber auf den Zeichnungen strahlt sie noch nicht die Düsternis aus, für die sie später berühmt wird. Sie lächelt oder blickt scheinbar abwesend aus dem Bild.

Anita Berber gezeichnet von Charlotte Berend-Corinth, 1919

Kapitel 8

DIE »NEUE FRAU«

Tänzerinnen wie Celly de Rheidt und vor allem Anita Berber sind nur die Spitze einer Entwicklung, die sich mit der Novemberrevolution von 1918 Bahn bricht: Frauen bekommen endlich die gleichen Rechte wie die Männer zugestanden. Sie erhalten das aktive und passive Wahlrecht und nehmen an den Wahlen zur Nationalversammlung im Winter 1919 in größerer Zahl teil als die Männer. Dass die Mehrheit der Frauen schon bald ausgerechnet die konservativen und rechten Parteien wählt, die gegen die Ausweitung ihrer Rechte waren und sie wieder einschränken wollen, steht auf einem anderen Blatt.

Frauen haben während des Krieges ein neues Selbstbewusstsein gewonnen, denn sie waren es, die an vielen Stellen die »Heimatfront« aufrechterhalten haben, weil die Männer eingezogen waren. Sie rückten nach in die Fabriken und an die Werkbänke, steuerten die »Elektrische« durch Berlin oder Hamburg, bauten Handgranaten zusammen und vieles mehr. Aber kaum ist der Krieg zu Ende, da kehren die Männer wieder auf ihre angestammten Posten zurück. Doch so einfach wollen sich die Frauen nicht mehr zurückdrängen lassen. Gerade viele jüngere von ihnen wollen jetzt selbst für ihr Leben geradestehen, ihren Lebensunterhalt eigenständig verdienen und erst einmal ohne

Mann auskommen. In den großen Städten werden Frauen als Sekretärinnen, Verkäuferinnen, Angestellte zu einer alltäglichen Erscheinung, die noch kurz vorher so undenkbar gewesen wäre. Das bedeutet nicht, dass Frauen plötzlich in Spitzenpositionen der Wirtschaft vorrücken, das ganz sicher nicht. Und doch: »Die Männer waren ihren Unternehmungen nicht mehr gewachsen«, schreibt die Journalistin Gabriele Tergit. Ausgerechnet in ihrer Branche allerdings, die so wichtig ist für die Meinungsbildung der Bevölkerung, sind Frauen nach wie vor extrem selten.

Die Lohnunterschiede zu den Männern bleiben beträchtlich. Das wird von den Arbeitgebern gerne damit begründet, dass Männer ihren Haushalt schließlich nicht selbst versorgen und sich auch keine Mahlzeiten zubereiten könnten, sondern sich für diese Tätigkeit bezahlte Hilfe ins Haus holen müssten. Zunächst wird auch eine uns heute absurd erscheinende Regelung abgeschafft, nach der verheiratete Frauen weder im öffentlichen Dienst noch als Lehrerin arbeiten dürfen, weil sie Männern Arbeitsplätze wegnehmen. Denn die sind es schließlich, die die Familie ernähren müssen. Daher gibt es das »Fräulein vom Amt« und auch das »Fräulein Lehrerin«, denn sobald sie verheiratet sind, müssen sie den Dienst quittieren. Für eine kurze Weile wird diese Regelung nach der Revolution abgeschafft, aber bald wieder eingeführt. Denn als es mit der Wirtschaft abwärts geht, erinnert sich die Mehrheit der konservativen Parteien im Reichstag an dieses die Frauen diskriminierende Gesetz. Später, während der Weltwirtschaftskrise mit ihren mehr als sechs Millionen Arbeitslosen in Deutschland, stimmt sogar die SPD für seine Wiedereinführung. Aber es ist nicht zu übersehen, dass die Zwanzigerjahre Fortschritte für die Frauen in Deutschland bringen. »Die Eroberung der Büros durch die weiblichen Angestellten ist die größte Revolution in der sozialen Stellung der Frau«, stellt Fritz Croner vom Allgemeinen Deutschen Angestelltenbund fest.

Es zeigt sich allerdings, dass selbst viele jüngere Frauen die Zeit zwischen Schulabschluss und Hochzeit doch in erster Linie als Überbrückungsphase sehen. Sexuell sind sie jedoch jetzt aufgeklärt wie die Männer und die Zeiten sind andere als noch wenige Jahr zuvor, als Stefan Zweig von seiner Tante zu erzählen wusste, die in ihrer Hochzeitsnacht panisch zu ihren Eltern lief und um Hilfe bat, denn ihr gerade frisch angetrauter Ehemann sei ein Wahnsinniger und Unhold – er habe versucht, sie zu entkleiden.

Die jungen Frauen in den Städten entwickeln in diesen Jahren ein neues Selbstbewusstsein und ein neues Auftreten. Vorbei die Zeiten, als sie unter Aufsicht der Mütter nachmittags zum Tee in ein Café gingen. Jetzt treffen sie sich mit der besten Freundin oder in Gruppen und ziehen gemeinsam los, und zwar ohne Männer, zum beliebten Fünf-Uhr-Tanz und ins wilde Nachtleben, wo sie sich nach den neuesten aufregenden amerikanischen Tänzen bewegen – und vielleicht danach mit einem Mann nach Hause gehen. Die moralischen Konventionen werden erheblich liberaler, auch Frauen dürfen sich, zumindest in den großen Städten, jetzt nehmen, was sie möchten. Die

Generation der Mütter beobachtet das entweder empört und besorgt oder mit Neid, aber die emanzipierten jungen Frauen blicken auf sie ihrerseits nur mit Mitleid. Vicki Baum, als bekannte Schriftstellerin und Lektorin beim Ullstein Verlag selbst ein Beispiel für eine erfolgreiche Frau ihrer Generation, schreibt: »Eure Welt war so eng wie ein Kaninchenstall, auf allen Seiten mit Brettern vernagelt und ohne Lüftung. Wie haben wir euch erschreckt, als wir aus euren Wänden ausbrachen, wir jungen Mädchen von 1905, wir mit unserem Ibsen und unserem Nietzsche, mit unserem Tristan-Fieber und unserer Rebellion gegen das Bürgerliche, wir mit der Forderung nach eigenen Wegen und Luft und Arbeit und dem Hunger nach wirklichem Leben ohne Verschleierungen und Fiktionen.« Der Journalist Walther Kiaulehn befindet, die Frauen seien neu erwacht, und nirgendwo mache sich das so stark bemerkbar wie in Berlin: »Bei der Berlinerin war diese Verwandlung besonders verblüffend. Sie hatte alles Provinzielle abgestreift und damit auch die Unarten der Jahrhundertwende, vor allem das sternäugige Kokettieren mit Naivität und Ahnungslosigkeit. Die neue Berlinerin hatte klare Augen, und ihrer äußerlichen Sachlichkeit stand die kleine Beigabe von Sarkasmus gut.«

Nicht zuletzt macht sich das neue Selbstbewusstsein auch im äußeren Erscheinungsbild bemerkbar. Die Röcke und Kleider werden kürzer, die Frau wird im wahrsten Sinne des Wortes vom Korsett des Kaiserreiches befreit: Die Zeiten der langen, bis zum Kinn hochgeschlossenen Kleider und geschnürten Wespentaillen sind vorbei. Die neuen, weit geschnittenen Kleider sind auch ein Statement, nicht nur Mode. Die Haare werden jetzt kurz getragen, als Bubikopf, der Anfang der Zwanziger der letzte Schrei ist. »Mit Bubikopf, in kniekurzen Röcken und flachen Jimmyschuhen« sei sie damals mit der Zeit gegangen, erinnert sich die Journalistin Dinah Nelken – »entschlossen, zu leben und zu erleben, was sich im Berlin der zwanziger Jahre, in Charleston-Bars und Kokainhöhlen, bei Theaterpremieren und Literatur-Matineen tut«. Spannender wird das Leben, aber weniger behütet und sicher nicht einfacher, denn die Anforderungen an die moderne, an die »neue Frau« steigen. Der Journalist Franz Hessel schreibt: »Du bist tags berufstätig und abends tanzbereit. Du hast einen sportgestählten Körper, und deine herrliche Haut kann die Schminke nur noch erleuchten … Und du erzählst, die Hände am Steuer, bei hundert Kilometer Geschwindigkeit auf der Avus ganz gern beiläufig von deinem letzten Liebesweh wie von Zahnschmerzen. Au!, sagst du, gestern hab ich mich gräßlich verknallt, noch dazu in einen, der gar nicht mein Typ ist.«

Weibliche Filmstars und auch Anita Berber dienen diesen neuen Frauen als Vorbilder. Nicht alle wollen so enthemmt leben wie die Berber, aber ein wenig färbt ihr Auftreten doch auf sie ab. Frauenemanzipation kann sich in der Mode ausdrücken oder in sexueller Offenheit, aber genauso in intellektuellem Selbstbewusstsein. Nicht jede Frau trägt alles davon in sich. Jede verkörpere ihre eigene, ganz spezielle Mischung, schreibt die Historikerin Ute Scheub mit Blick auf diese Zeit: »Die politisch nach Freiheit schrie, war keineswegs gleichzeitig eine Anhängerin der sexuellen Befreiung und umgekehrt.«

Und doch, Anita Berber ist eine, auf die viele junge Frauen blicken. Und viele orientieren sich an ihr, ihrer Kleidung und ihrem Auftreten, und versuchen, sie zu imitieren. Sie wird zum Typ. Bei dem Schriftsteller Eugen Ortner, der sie Anfang 1924 kennenlernt, heißt es in einem Artikel: »Die Berber kann also nachgemacht werden, sie muss nachgemacht werden und das stempelt sie zu einem Typus der Zeit (Kapitel: Exzentrische Fälle, Frauenrechtlerinnen, Tribaden. Nymphomanen und die anständige Frau im – ich weiß nicht wie – fremden Bett).« Aber sie blicken auch auf zu ihr wie zu einem Star. Als Ortner mit ihr spricht, klemmen sich einige Damen im Café das Monokel ins rechte Auge – genau in dem Augenblick, da sie das ihre abnimmt; »denn nicht mit ihr zugleich könnte es eine andere wagen, das Einglas überzeugend zu halten«.

Kapitel 9

CELLY DE RHEIDTS BALLETT

Auch Celly de Rheidt, zehn Jahre älter als Anita Berber, ist eine Frau dieser Zeit, die die neuen Freiheiten nutzt. Auch sie sorgt für Skandale, aber sie verfügt nicht über die Ausstrahlung Anitas, sieht nicht so blendend aus und regt die Fantasie anderer bei weitem nicht so an. Eigentlich heißt sie Cäcilie Schmidt, geborene Funk, und stammt aus Altona, das damals noch vor den Toren Hamburgs liegt. Ihr zwei Jahre älterer Mann Alfred Seveloh hat dem Kaiser treu bis zum bitteren Ende als Offizier gedient und ist jetzt, da die deutsche Armee bis auf 100.000 Mann abgebaut wird, arbeitslos.

Aber die neue Zeit bietet neue Chancen. Celly und Alfred kreieren »Schönheitsabende« – professionell und profitorientiert. Sie gründen das Celly de Rheidt Ballett. Ballett ist allerdings ein großes Wort, geht es doch eher um Darbietungen in unterschiedlichen Graden der Nacktheit bis hin zur völligen Entblößung. Ein künstlerischer Anspruch ist nicht wirklich zu erkennen, zumal keins der Mädchen, die für Celly tanzen, über eine professionelle Ausbildung verfügt.

Ihr Nacktballett tritt das erste Mal im Herbst 1919 in der *Babijou-Bar* in Berlin auf und gastiert in den nächsten drei Jahren in Kabaretts rund um die Friedrichstraße. Dazu gehören unter anderem der *Schwarze Kater* von Siegbert Wrechinski und Rudolf Nelsons *Künstlerspiele*. 1920 hat sie sogar für eine Weile ein eigenes Theater in der Motzstraße. Ihre Veranstaltungen sind selbst in diesen wilden Zeiten harter Tobak; um die Nackttanz-Aufführungen vor den Behörden zu rechtfertigen, behauptet Seveloh, sie seien inspiriert von griechischen Vorbildern und damit als Kunst anzusehen. Auch sei es erklärtes Ziel, durch den Nackttanz das Volk in schwerer Zeit moralisch zu erbauen. In einer Ankündigung für einen »Schönheitsabend« vom Dezember 1919 heißt es: »Für unser mittelloses Volk, gebrochen und gemartert durch den schlimmsten aller Kriege, versunken im Grab der täglichen Existenz, hoffen wir, Schönheit in der reinsten und originalsten Form zu präsentieren, in der Figur der Frau, Gottes Kreation, und die sublime Kunst des Praxiteles und dem heiligen, an Marmor reichen Hellas wiederzubeleben – das ist das hohe Ziel … von Celly de Rheidt.« Unmittelbar vor Beginn der Darbietungen seiner Frau und ihrer nackten Mitstreiterinnen tritt der Ehemann als Conférencier auf und weist auch bei dieser Gelegenheit auf den hohen Anspruch des Abends hin: »Unser wichtigstes Ziel ist es, unserem zerschlagenen Volk das Ideal der Schönheit zu bringen und es aus seiner Misere zu erheben.«

Und doch ist es einfach zu offensichtlich, worum es bei diesen Tanzabenden in Wahrheit geht. Sarkastisch schreibt ein Kritiker: »Das zerschlagene Volk konnte es gar nicht erwarten, in großer Zahl zu erscheinen. Die hohen Eintrittspreise sind nur für denjenigen Teil des Volkes erschwinglich, der nicht komplett zerschlagen ist.« Laut einem Polizeireport kommen zu einem solchen »Schönheitsabend« in der *Babijou-Bar* in der Potsdamer Straße im Dezember 1919 rund 250 Zuschauerinnen und Zuschauer. Im August 1920 liegen die Eintrittspreise zwischen 15 für die ganz billigen und 100 Mark für die besten Plätze. Und während der Landwirtschaftswoche, einer großen Messe, steigen sie sogar bis auf 1000 Mark, weil wohlhabende Bauern aus der Provinz, die nicht so stark wie die Stadtbewohner unter der Inflation leiden, begierig auch solche Preise zu zahlen bereit sind. Celly de Rheidt und Seveloh werben in dieser Woche gezielt in den Berliner Zeitungen für ihre Abende. Und es spricht sich herum, dass Prostituierten stark verbilligter Eintritt gewährt wird. Das ist zum allseitigen Vorteil: Den Touristen wird es leicht gemacht, für die Fortsetzung des »Schönheitsabends« in privatem Umfeld eine angenehme Begleitung zu gewinnen, die Damen finden günstige Verdienstmöglichkeiten, und die Veranstalter freuen sich über Publikum. Flankiert wird das Angebot durch erotische Postkarten, die das Ehepaar von sich anfertigen lässt und mit gutem Gewinn verkauft.

Den Zuschauern wird bei den »Schönheitsabenden« wirklich etwas geboten. Die Tänzerinnen erscheinen auf der Bühne nur mit dünnen Schleiern um die Hüften. Am Oberkörper tragen sie zunächst eine Art Schal aus Holzperlen, die ihre Brüste mehr betonen als bedecken, wie kritische Polizeiberichterstatter anmerken, die das Geschehen regelmäßig in Augenschein nehmen. Bald aber fallen die Schals ohnehin. Die Darbietungen bestehen aus kurzen, wenige Minute langen Stücken, deren Titel wie *Salomé, Der Vampir, Tanz der Gladiatoren* und *Opiumrausch* sowohl eine gewisse künstlerische Tiefe suggerieren als auch zugleich klare erotische Versprechungen machen. Kritiker lassen sich nicht von der Nacktheit auf der Bühne blenden, sie sprechen nicht von Tanz, sondern verwenden Begriffe wie »Hopserei«. Stefan Großmann, Herausgeber der liberalen Zeitschrift *Das Tagebuch*, kommt nicht umhin festzustellen, dass das Entblößen der Brüste einer, wenn nicht der Mittelpunkt der Aufführung sei. Er hält das nicht für unmoralisch, aber für langweilig: »Was irritiert, ist nicht die Nacktheit, sondern vielmehr die Aufregung darüber.« Auch der expressionistische Dichter Max Herrmann-Neiße empfindet die Tänze als »extrem langweilig« und als »untalentierte Gestikulation«; Herwarth Walden, Gründer der Zeitschrift *Der Sturm*, ist kaum freundlicher, wenn er über Celly de Rheidt schreibt: »Jedenfalls kann sie nicht tanzen.«

Wie dem auch sei: Gerade diese Aufregung ist es ja, von der Celly und ihr Mann so profitieren. 1920/21 verbuchen sie eine ganze Reihe erfolgreicher und ausverkaufter Auftritte in Etablissements wie dem *Schwarzen Kater* und selbst in renommierten Häusern wie Nelsons *Künstlerspielen* und dem *Schall und Rauch*. 1920 eröffnen sie sogar in der Schöneberger Motzstraße, unweit des Kurfürstendamms, zeitweilig ein eigenes Etablissement. An manchen Abenden treten die Tänzerinnen gleich zweimal auf verschiedenen Bühnen auf. Probleme mit den Behörden gibt es immer wieder, vor allem, weil die meisten Mädchen minderjährig, zum Teil erst fünfzehn oder sechzehn Jahre alt oder sogar noch jünger sind. Das ist selbst in einer Zeit, in der Regeln weitgehend außer Kraft gesetzt sind, anstößig. Auch einige wenige männliche Tänzer sind dabei, aber weit weniger als Tänzerinnen. Einer von ihnen ist ein junger Hamburger mit Namen Sebastian Droste. Er sticht heraus aus der wenig professionellen Truppe, einzelne Kritiker schreiben, er sei eigentlich viel zu gut, um bei Celly de Rheidt zu tanzen. Wahrscheinlich kommen sich Anita Berber und er zu der Zeit, da sie gemeinsam auftreten, nicht nahe – aber das wird sich bald ändern.

Celly de Rheidt selbst, bereits in ihren Dreißigern, entspricht nach den Worten mancher Kritiker dem neuen Schönheitsideal nicht. So schreibt Stefan Großmann in *Das Tagebuch*, sie sei rundlich, mit einer beträchtlichen Fettschicht ausgestattet und habe ihren ersten Frühling hinter sich. Aber: »Wenn Frau Rheidt ihren Körper entblößen möchte, dann ist das ihre eigene Sache.« Erschreckt zeigt er sich aber darüber, dass auf der Bühne ein zwölf Jahre altes Mädchen tanzt. Auch Herrmann-Neiße ist der Ansicht, es sei zwar dumm von Celly de Rheidt, nackt zu tanzen, aber wie Großmann findet auch er, das sei ihre Angelegenheit. Kurt Tucholsky hatte sich schon im November 1920 in der *Freiheit* über die Aufregung, die die Nackttänze Celly de Rheidts vor allem bei den Vertretern der Kirche auslösten, ausgelassen: »Daß auch nur ein einziger Mensch etwa deshalb frommer würde, weil sich Celly de Rheidt an diesem Abend nicht die Hosen auszieht, ist nicht anzunehmen.«

Andere Zuschauer sind nicht so liberal. Sie empören sich darüber, dass auf der Bühne eindeutig Bewegungen, die den Geschlechtsverkehr simulieren, zu sehen sind. Als noch schlimmer wird der Tanz einer nackten Nonne empfunden, verkörpert von Celly de Rheidt persönlich, die ein Kreuz umarmt. Sevelohs Erklärung, die Nacktheit der Nonne versinnbildliche die göttliche Offenbarung der Keuschheit, wirkt auf die Kritiker nicht überzeugend und unterstreicht in ihren Augen eher noch die Anstößigkeit der Darbietung.

So kann es nicht verwundern, dass Polizei und Staatsanwaltschaft bald gegen Celly de Rheidt vorgehen. Selbst in enthemmten Zeiten wie den Zwanzigern gibt es Regeln, die nicht überschritten werden dürfen, und das gilt sogar für Berlin. Aber in den Behörden herrscht durchaus auch die Meinung, die Freizügigkeit der Aufführungen sei, zumindest nach den lockeren Moralvorstellungen der neuen Zeit, kein ausreichender Grund, sie zu verbieten. Kulturkampf also auch in den Staatsorganen. Rudolf Nelson wehrt sich, als die Behörden Cellys Auftritte in seinem Theater verbieten, erklärt, dass kompetente Experten die Darbietungen für Kunst erklärt hätten, und hält in jeder Aufführung zwei Plätze im Zuschauerraum für die Vertreter der Behörden frei, damit sie sich selbst davon überzeugen können. Der Ton zwischen Befürwortern und Gegnern ist zuweilen rüde. So empfiehlt der Chef des *Schwarzen Katers* einem Herrn, der sich schriftlich wegen der Vorfüh-

Aufführung des Celly de Rheidt Balletts, um 1923

rungen bei ihm beschwert hat, er solle sich doch besser in eine Klinik für sexuelle Dysfunktionen begeben als in sein Theater. Dafür allerdings wird der Direktor zu einer Geldstrafe von 600 Mark verurteilt. Die »Gesellschaft für die Bekämpfung der Öffentlichen Unmoral« fährt schweres Geschütz auf und erklärt, Deutschland habe in den vergangenen Jahren viel verloren, den Krieg, seine Märkte, sein politisches Prestige, jeden Kredit. Doch solange es noch nicht seinen Respekt vor sich selbst aufgegeben habe, sei es noch nicht ganz verloren. Celly de Rheidts Erfolg jedoch lege nahe, dass dieser Moment bald gekommen sei. Und nicht zuletzt beschäme er Deutschland auch in den Augen des Auslands: »Andere Länder bezeichnen uns bereits als eine sterbende Person, die im Sumpf versinkt.« Schließlich zerrt ein evangelischer Pfarrer Celly vor Gericht. Im Januar wird sie 1922 zu einer Strafe in Höhe von 37.000 Mark verurteilt. Die Verurteilte kann die Zahlung der Strafe so lange hinauszögern, bis sie wegen der Inflation mühelos zu begleichen ist. Doch ihre Karriere als Nackttänzerin endet bald. Als auch ihr Mann – wegen Kuppelei – vor Gericht steht und verurteilt wird, trennt sie sich von ihm, siedelt nach Wien über, wo sie einen Theaterdirektor heiratet und sich bald vom Tanz zurückzieht. Ein Comeback-Versuch scheitert ein paar Jahre später. Celly de Rheidt stirbt 1969 in Hamburg, wo sie auf dem Friedhof Ohlsdorf begraben liegt.

Neben Celly de Rheidt und Anita Berber gibt es noch eine dritte bekannte Nackttänzerin in Berlin: Lola Bach. Etwa in Anitas Alter, kommt sie wie diese während des Krieges nach Berlin und gründet kurz nach der Revolution das Lola-Bach-Ballett. Auch Lola Bach wird vor Gericht gestellt und verurteilt – und das, obwohl der berühmte Anwalt Gerhard Frey sie verteidigt. Um sich ein Bild von ihrer Kunst zu machen, besucht Frey einen von der »Gesellschaft für die Schönheit der Kunst« veranstalteten Tanzabend in einer Privatwohnung, während dem Lola Bach auftritt. Frey ist fasziniert: »Auf Kissen und Teppichen lagen an den Wänden entlang Menschen. Ich ahnte sie mehr, als ich sie sah.« Frey wird an einen Tisch geführt. Wände und Decken sind mit schwerem Brokat von der Decke bis zum Boden verhängt. »Plötzlich erklang leise Musik. Von der Decke her flammte ein bläulicher Scheinwerferkegel quer durch den Raum. Dort, wo er die gegenüberliegende Wand traf, wurden Vorhänge beiseite gerafft. Und dann sah ich Lola Bach. Sie saß zusammengesunken wie im Schlaf auf einer riesigen silbernen Schale, die von drei Männern im Frack hoch über ihren Köpfen gehalten wurde. Langsam, gemessen schritten die Frackmänner auf die Mitte des Raumes zu. Und mit jedem Schritt senkten sie die Schale, und mit jedem Schritt richtete die Frau sich mit windenden Bewegungen auf, bis sie in voller Größe dastand.« Ihr Oberkörper war nackt. Von der Hüfte abwärts steckte sie in einer langen Hose aus schwarzem, zottigem Fell. Der Kontrast zu ihrer weißen, mattglänzenden Haut war, so empfand es der zunehmend eingenommene Frey, raffiniert. »Die Männer hoben sie aus der Schale, in der die steife Pelzhose stehenblieb wie ein steifer Behälter. Lola Bach war jetzt so gut wie nackt. Von einem goldenen Hüftreif flossen ein paar bunte Seidenbänder herab. (…) Was dann kam, war Magie. Es war kein Tanz mehr. Es war eine berauschende, übergangslose Folge von allem, was je irgendwo auf der Welt getanzt worden war. Vom Kasatschok der russischen Steppe zum spanischen Flamenco, vom balinesischen Tempeltanz zum Liebestanz des Harems, zum Walzer, zum Tango … Ich war wie verzaubert, wie benommen. Einmal, als sie an mir vorüberflog, sah ich ihre Augen. Sie waren weit aufgerissen, dunkel und traurig. Mir war, als hafte ihr Blick etwas länger auf mir.«

Frey lädt das Gericht ein, sich zwei Vorführungen des Lola-Bach-Balletts anzuschauen, und der federführende Richter stimmt zu – ein gefundenes Fressen für die Zeitungen der Hauptstadt. Bach wird schließlich zu einer kurzen Gefängnisstrafe verurteilt. Doch sie tanzt weiter und eckt wieder an. So tritt sie zusammen mit einem farbigen Tänzer auf, zudem erneut sehr leicht bekleidet und in von manchen als anzüglich empfundenen Positionen. Im Jahr 1923 schicken die Franzosen während der Ruhrbesetzung bewusst schwarze Soldaten, die von den Deutschen als »minderwertig« angesehen werden. Dass die weiße Deutsche Lola Bach nun ausgerechnet mit einem Schwarzen sexuelle Intimitäten darstellt, mag in den Augen von Bachs Kritikern fast noch schlimmer sein als das, was sonst auf der Bühne geboten wird. Die Polizei setzt durch, dass der schwarze Tänzer durch einen weißen ersetzt wird, der leicht gelblich geschminkt auftritt, um eine gewisse Exotik zu erhalten. Ob die dauernden polizeilichen Überwachungen in der Hauptstadt der Grund sind, warum Bach auf Tournee geht, ist nicht bekannt. Für die nächsten Jahre sind Vorführungen in Düsseldorf und Hamburg belegt. Doch dann erkrankt Lola Bach an Tuberkulose, wohl die Folge eines dauerhaften Drogenkonsums. Ihr letzter bekannter Auftritt findet 1928 in Wesermünde statt, vermutlich zwei Jahre später verstirbt sie – nur kurz nach Anita Berber.

Kapitel 10

ETON BOY

1920 ist das Jahr, in dem Anita beginnt, sich einen Ruf zu erarbeiten, den sie niemals wieder loswerden soll: den einer Nackttänzerin. Dass sie mit Nacktheit kein Problem hat, haben schon die Zeichnungen von Charlotte Berend-Corinth gezeigt. Aber wahrscheinlich tanzt sie gar nicht bei jedem ihrer Auftritte völlig unbekleidet, auch wenn sich manche Zeitungsartikel so lesen. »Nackt« ist jemand nach dem Empfinden der Zeit schon dann, wenn die Geschlechtsteile noch gerade eben bedeckt sind, und sei es mit einem halbwegs blickdichten Schutz. Aber dass Anita Berber nicht selten auch nackt auf der Bühne steht, daran kann es angesichts der vielen Berichte keinen Zweifel geben.

Im August 1919 gehört Anita Berber zum Ensemble, das im *Phantastischen Theater* in Berlin, gegründet von Wilhelm Borchardt, den *Liebesreigen* gibt, ein Stück von Hermann Wagner, der gleich selbst alle acht männlichen Hauptrollen übernimmt. Die Vorführung auf der kleinen Bühne am Lietzensee in Charlottenburg vor hundert Zuschauerinnen und Zuschauern kommt gut an. Das anwesende Publikum ist dem Vernehmen nach begeistert von der zurückhaltenden Mimik Anitas. Sie übernimmt bei diesem Stück allerdings keine große Rolle: Sie erscheint in einem weiten Kleid und mit einem roten Fächer in der Hand, lässt alles zu Boden fallen und schlendert als nackte Prostituierte über die Bühne. In diesem Kostüm erscheint Anita im Dezember 1920 auch auf dem Titelblatt der Zeitschrift *Reigen*. Vier Monate später wird Wagners *Liebesreigen* dann im *Kleinen Schauspielhaus* aufgeführt. Doch die Behörden schreiten alsbald ein. Nach zwei Wochen wird die Aufführung verboten, der Direktor des Theaters, Hubert Reusch, angeklagt und verurteilt.

Anita Berber lässt sich nicht auf eine rein weibliche Rolle reduzieren, und vielleicht gerade deshalb entwickelt sie sich zu einem Vorbild vieler moderner junger Großstadt-Frauen. Jahre bevor Marlene Dietrich ähnlich gekleidet auftritt, tanzt Anita schon 1921 in Rudolf Nelsons Show *Bitte zahlen* mit Claire Waldoff als Eton Boy im schwarzen Anzug. Fliege, Hut und Gehstock runden das Bild ab, aber die Schuhe mit hohem Absatz zeigen, dass sie nicht eine bloße Adaption des starken, gut situierten Mannes sein will, sondern dieser Rolle eine eigene, intergeschlechtliche Note gibt. Sie springt damit auf einen Modezug auf und befördert ihn zugleich. Auch wenn Claire Waldoff schon vor dem Krieg in diesem Outfit auf der Bühne stand, so ist das Bild Berbers im Eton-Boy-Anzug, aufgenommen von dem Fotografen Ernst Schneider, heute geradezu ikonisch. Die Revue bei Nelson läuft im Oktober und November 1921 für mehrere Wochen. Anita tanzt in ihrem Anzug auf einem von unten beleuchteten Glastisch einen hüftschwingenden Shimmy. Ein Kritiker bezeichnet die Performance als eine unglaubliche Mischung aus »Anmut und Verderbtheit« –

Anita Berber als »Eton Boy«, 1922

ist es nicht genau diese Mischung, die Anita ausmacht? Im Vordergrund der Show steht allerdings nicht sie, sondern die frivol-freche Claire Waldoff, die sich mit ihrer schnoddrigen Berliner Schnauze in die Herzen der Berlinerinnen und Berliner singt und spielt. Von ihren Liedern gibt es Tonaufnahmen, die Fans noch heute genießen. Dass Anita selbst Ambitionen hat, auch als Sängerin aufzutreten, ist nicht bekannt.

Je häufiger sie vor der Kamera steht und je häufiger sie ihre Hüllen fallen lässt, umso mehr wächst ihre Bekanntheit. Ende 1920 bittet der Wiener Künstler Constantin Holzer-Defanti Anita Berber in sein Studio in Selb. Er arbeitet für die Porzellanmanufakturen Hutschenreuther und Rosenthal und zu seinen bevorzugten Themen gehört der bewegte weibliche Körper. Er schafft die Entwürfe für die Porzellanfiguren *Koreanischer Tanz* und einen weiblichen Pierrot nach Anitas Modell. Diese Ehre wird nur wenigen Künstlerinnen zuteil, so der berühmten russischen Ballerina Anna Pavlova.

Auch Magazine und Zeitschriften schmücken sich gern mit der bekannten und attraktiven Schauspielerin und Tänzerin mit dem verruchten Touch. In Wien fotografiert sie im Januar 1921 erstmals in ihrem Studio die bekannte Fotografin Madame d'Ora, mit bürgerlichem Namen Dora Kallmus. Eine Ehre, denn Madame d'Ora gehört zur Crème de la Crème, wenn es um künstlerische Fotografien geht, sie lichtet viele Stars ab. Und sie ist begeistert von ihrem neuen Model, bald kommt es zu weiteren Fotosessions. Im Oktober 1921 schafft Anita erstmals den

Anita Berbers »Koreanischer Tanz«, vermutlich 1919

Sprung über den großen Teich, in die USA – wenn auch nur auf dem Foto. Die *Vanity Fair* druckt Bilder von ihr in einem Artikel über »die Filmschauspielerinnen, die die unruhigen Hauptstädte Mitteleuropas ablenken«. Die Bilder stammen von Madame d'Ora und zeigen Anita Berber in Tanzposen ihrer früheren Auftritte im *Blüthner-Saal*. Der Historiker Mel Gordon glaubt, der Grund dafür sei möglicherweise gewesen, dass diese Fotos die künstlerisch besten gewesen seien – aber mindestens genauso denkbar ist, dass andere Aufnahmen von Anita vielleicht zu gewagt gewesen wären für das im Vergleich zu den Berlinern oder Parisern eher prüde amerikanische Publikum. Immerhin ist die *Vanity Fair* ein absolutes Mainstream-Blatt, keine Bühnenzeitschrift und erst recht kein Herrenmagazin. Undenkbar auch, dass dort die Zeichnungen von Charlotte Berend-Corinth gezeigt würden. Im Januar 1922 werden Fotos von Anita auch in der amerikanischen Zeitschrift *Shadowland* gedruckt.

Kapitel 11

KÖNIGIN DER NACHT

Lesbisch sein wird ganz groß geschrieben im Berlin dieser Zeit, im Leben wie auf der Bühne. Ein Autor der *Täglichen Rundschau* stellt fest, dass es an Berlins Theatern viele Einakter wie *Die lesbische Liebhaberin* gebe, die meist von mittelmäßigen Schauspielern und den schamlosesten Schauspielerinnen verkörpert würden. In der Pause einer Aufführung, die der Autor beschreibt, gebe es einen *Orientalischen Tanz*, so werde es auf dem Plakat angekündigt. In Wahrheit zeige die sogenannte Tänzerin, dünn wie eine Stange, ihre Rippen. Der Tanz werde *Morphium* genannt und stamme von Mischa Spoliansky. Echtes Morphium töte den Schmerz, aber dieser Tanz verursache ihn, fügt der Autor sarkastisch hinzu und klagt: »Ich halte es nicht aus, so viele Rippen zu sehen.« Auf diesen Tanz sei ein weiterer gefolgt, bei dem zwei Betten auf der Bühne standen, jedes in einem Hotelzimmer. Eine Nutte und zwei Hotelgäste waren die Schauspieler, wenn man sie so nennen mochte, wie der Autor hinzufügt. »So läutet Berlin das neue Jahr ein«, schreibt er, offensichtlich wenig begeistert.

Auch Anita Berber stürzt sich in lesbische Beziehungen. Zwei Jahre ist sie nun schon mit Eberhard von Nathusius verheiratet. Eine wesentliche Rolle bei ihrer Trennung von ihm, vermutlich 1922, spielt sicher die Tatsache, dass sie sich mehr und mehr zu Frauen hingezogen fühlt, auch wenn sie niemals ausschließlich gleichgeschlechtliche Affären hat. Vielleicht machen sie just diese Vorlieben für manche Männer sogar noch attraktiver. Als der siebzehn Jahre ältere und verheiratete Regisseur Otz Tollen sie fragt, ob sie sich vorstellen könnte, sich von einem älteren Mann angezogen zu fühlen, bejaht sie: »Natürlich. Aber wie du weißt, bevorzuge ich jüngere Frauen.« Ihre Anziehungskraft auf Frauen wie auf Männer ist groß und gefährlich. »Männer und Frauen haben sich für sie ruiniert«, schreibt Rudolf Forster in seinen Erinnerungen.

Von einem »normalen« Eheleben mit von Nathusius kann keine Rede sein, der Mann langweilt sie längst. Es muss etwas Neues her, und da kommt Susi Wanowski genau zur richtigen Zeit. Wanowski ist die Frau eines ehemaligen hochrangigen Berliner Kriminalkommissars, hat sich aber von den Fesseln der Ehe gelöst wie überhaupt von den Männern. Die Angaben darüber, ob sie den Lesbenclub *Comobar* in der Kommandantenstraße betreibt oder das *Garçonne*, variieren. Sie ist eine bekannte Persönlichkeit in der lesbischen Szene Berlins, und durch sie taucht Anita tief in diese florierende und aufregende Welt ein, die Gleichgesinnte aus ganz Europa und darüber hinaus anzieht. Inzwischen hat Anita, obwohl sie offiziell mit von Nathusius verheiratet ist, bereits eine Reihe gleichgeschlechtlicher Kontakte geknüpft, und das offen und ohne Scheu vor der Öffentlichkeit.

Anita Berber fotografiert von Dora Kallmus (Madame d'Ora), 1922

Zu ihren Gefährtinnen gehört die aufstrebende Schauspielerin Lya de Putti. Die Ungarin, Tochter eines Ulanen-Offiziers und einer Gräfin, ist zwar mit gerade einmal 24 Jahren das zweite Mal verheiratet, aber was macht das schon. Ihr erster Mann inszeniert nach der Trennung eine Beerdigung, denn sie ist für ihn mit der Scheidung gestorben. Lya de Putti will sich wie Anita in ihrer freien Entfaltung nicht von den Zwängen althergebrachter bürgerlicher Moralvorstellungen einengen lassen. Da sie 1922 nach ersten Versuchen, beim Film Fuß zu fassen, nach Berlin kommt und für Richard Oswald arbeitet, dürfte Anita sie über ihn kennengelernt haben. Die beiden amüsieren sich eine Weile, dann zieht jede ihres Weges. Lya de Putti wird ein paar Jahre später für kurze Zeit Erfolg haben. 1924 wird sie von der *Neuen Illustrierten Filmwoche* mit großem Abstand vor Lil Dagover und Asta Nielsen zur beliebtesten Schauspielerin gekürt und macht auch im Ausland auf sich aufmerksam. Doch der weitere Erfolg bleibt aus, und der Versuch, in den USA Fuß zu fassen, scheitert. 1931 stirbt de Putti im Alter von 35 Jahren an einer Blutvergiftung, nachdem sie einen Hühnerknochen verschluckt hat.

Auch die damals noch vollkommen unbekannte Schauspielerin Marlene Dietrich lebt offen lesbisch, hat aber hin und wieder auch Lust auf einen Mann. Der Schriftsteller und Produzent Géza von Cziffra, Anfang der Zwanzigerjahre ein Bekannter der Dietrich, urteilt: »Sie war alles andere als eine Sexbombe.« Später beschreibt er sie so: »Sie war ein burschikoser Junge, mit ihrer fast männlichen Kumpanei … Viel Angst brauchte Marlene an unserem Stammtisch nicht zu haben, denn einige der Herren waren homosexuell – alles gute Freunde von Marlene, die sich, wenn auch nicht ausschließlich, eigentlich mehr für Frauen interessierte. Wenn sie hier und da Lust auf einen Mann hatte, vernaschte sie ihn einfach, aber die Annäherung oder gar der direkte Antrag mussten von ihr kommen. So konnte es passieren, dass sie beim Mittagessen jemandem zuflüsterte: ›Nach dem Essen gehen wir zu dir.‹ Es wäre fehl am Platze gewesen, aus solch einem Nachmittag irgendwelche Konsequenzen oder gar Rechte ableiten zu wollen. Marlene pflegte eine schwache Stunde sofort zu vergessen.«

Anita Berber und Marlene Dietrich werden sich irgendwann im Berliner Nachtleben über den Weg laufen. Beide arbeiten als Schauspielerinnen und beide leben die neuen Freiheiten der neuen Zeit aus. Laut ihrem Biografen Donald Spoto verliebt sich Marlene – vermutlich in der zweiten Jahreshälfte 1921 – in eine Journalistin und zieht bei ihr ein. Ob sie Anita vor, während oder nach dieser Beziehung, die wohl ein paar Monate später endet, kennenlernt, ist unklar. Um Liebe geht es den beiden ohnedies nicht, aber laut dem Historiker Mel Gordon und anderen sollen sie sich gemeinsam im Bett amüsiert haben. Immerhin wird daraus eine Freundschaft. Wie Lya de Putti und Anita Berber, so heiratet auch Marlene Dietrich 1923 einen Mann. Die Ehe mit dem Filmproduzenten Rudolf Sieber geht sie in der Laune des Moments ein. Die beiden haben eine gemeinsame Tochter, und obwohl sie sich Mitte der Dreißigerjahre trennen, bleiben sie bis zu Siebers Tod 1976 offiziell verheiratet. Marlene Dietrich selbst hat übrigens behauptet, ihre ersten lesbischen Erfahrungen erst nach ihrer Heirat gemacht zu haben.

Mit Susi Wanowski ist die Sache für Anita ernster, soweit man von Ernsthaftigkeit bei ihr mit Blick auf ihre Beziehungen überhaupt sprechen kann. An Wanowski imponiert ihr ein Selbstbewusstsein, eine Willenskraft, die sie selten bei anderen Menschen und schon gar nicht bei Frauen zu spüren glaubt. Eine, der sie sich unterwerfen kann, so ihre Hoffnung, wenn man ihrem Freund Leo Lania glaubt. Sie will sich in Wanowski verlieben, weniger um der Person willen als vielmehr wegen des Gefühls. Anita residiert zu dieser Zeit im *Adlon,* Susi im *Esplanade.* Ein paar Wochen nach ihrem Kennenlernen taucht Anita eines Abends bei Susi auf und verkündet, dass sie bei ihr einziehen werden. Darin, dass Wanowski gerade einen Freund hat und sie selbst verheiratet ist, sieht sie keinen Hinderungsgrund. Bei ihrem Mann hält sie nichts, daran, dass Susi lieber mit ihr zusammen ist als mit ihrem Kerl, hat sie keinen Zweifel. Auf Susis Frage, was denn geschehen sei, antwortet sie erstaunt: »Geschehen? Was soll denn geschehen sein! Ich habe genug, sonst nichts. Schluß.« Und so ordnet sie kurzerhand an: »Dein Freund wird ausziehen, und meinem Mann wirst du sagen, daß ich nicht mehr nach Hause komme.« Interessant immerhin, dass sie nicht selbst den Mut hat, Nathusius ihre Entscheidung mitzuteilen. Das ist allerdings gar nicht nötig, der Verlassene zieht die Konsequenz und reicht die Scheidung ein. Wenige Wochen später ist Anita frei, und dieses Gefühl wird Nathusius mindestens genauso stark verspüren. Viel ist nicht über seinen weiteren Werdegang bekannt. Er stirbt 1942 und soll vorher in einer Anstalt für Geisteskranke gelebt haben.

Susi Wanowski tut Anita gut, sie hält sie am Boden, ein bisschen zumindest. Inzwischen hat Anita angefangen, nicht nur viel Alkohol zu trinken, sondern auch Drogen zu nehmen. Berlin wird von Drogen wie Kokain und Morphium überschwemmt, sie sind billig zu haben, und überall im Nachteben stolpert man über Abhängige, oftmals bemitleidenswerte, ja erbarmungswürdige Gestalten. So weit ist es bei Anita zwar nicht, aber Cognac, Kokain und Morphium werden mehr und mehr zu ihren täglichen Begleitern. Susi Wanowski versucht, ihren Drogenkonsum zu mäßigen, der auf Anitas Leben einen immer größeren Einfluss zu gewinnen beginnt. Gerne erzählt man sich, die Berber frühstücke in Äther und Chloroform getauchte Rosenblätter oder doch gleich eine ganze Flasche Cognac. Dieses Gerücht darf bis heute in keinem Artikel über sie fehlen. Aber wer kann sagen, was wahr ist an solchen Geschichten?

Bezeugt ist, dass Anita Berber ihre Drogensucht mitunter ganz ungeniert in der Öffentlichkeit auslebt. Vermutlich im Herbst 1922, also während der skandalösen Auftritte, die die Wiener Zeitungen so interessiert begleiten, lernt der Tänzer Leopold Tamare Anita kennen. Rund 65 Jahre später erinnert er sich, schon im hohen Alter, im Gespräch mit Lothar Fischer an ein Treffen mit ihr und Sebastian Droste in einem Wiener Café. Anita soll aus ihrer riesengroßen Tasche aus Teppichstoff ein Spritzbesteck hervorgeholt und sich, ohne sich um die anderen Gäste zu kümmern, Kokain in den Oberschenkel gejagt haben. »Niemand nahm Anstoß daran. Wir Freunde fanden das fabelhaft! Sie war eine eindrucksvolle Frau mit einer großen Ausstrahlungskraft.« Niemand sagt Anita Berber offenbar, dass sie aufhören soll mit ihrem Drogenkonsum; im Gegenteil, sie erhält Applaus auf ihrem Weg in die Selbstzerstörung. Der spätere körperliche Verfall deutet sich in diesem Herbst 1922 schon an, wie beispielsweise Albert Gessmann, der Ehemann von Leonie von Puttkamer, eine zeitweilige Gespielin Berbers aus Wien, bezeugt, der ihre Züge als »bis zur Fratzenhaftigkeit eines Totenkopfes entstellt« beschreibt. Gessmann kommt ihr sehr nahe, seinem Bericht nach versucht Anita ihn in seinem eigenen Schlafzimmer zu verführen und zu einer gemeinsamen Liebesnacht mit seiner Frau zu überreden.

Susi Wanowski versucht, Ordnung in das Leben der Geliebten zu bringen. Anita hat keinen Manager, niemanden, der für sie all die geschäftlichen Dinge regelt, die so wichtig wie lästig sind. Tatsächlich erweist sich Susi als die starke Frau, die Anita eigentlich gesucht hat; eine, die ihr Paroli bieten kann. Doch bald ist ihr das nicht mehr recht, sie wird der Freundin mehr und mehr überdrüssig. Der ständige Widerspruch, die permanente Mahnung zur Mäßigung gehen ihr auf die Nerven. Verabredungen sind doch nur da, um nicht eingehalten zu werden, und wenn sich Wanowski beschwert, wehrt Anita sie brüsk ab. Bald fühlt sie sich von der Freundin eingeengt, und so hat auch diese Beziehung nicht lange Bestand. Und doch bleibt Susi Anita als Managerin und Sekretärin treu – ein denkbar undankbarer und schwieriger Posten bei einer Arbeitgeberin, der jede Verabredung, jegliche Vereinbarung und überhaupt alle Verpflichtungen nicht nur egal, sondern zuwider sind. Anita entwickelt extreme Starallüren, Susi Wanowski muss immer wieder das Schlimmste ausbügeln. Noch gelingt das, weil Anita ein Star ist.

Auch in Wien wartet 1922 jemand auf sie: die bereits erwähnte Leonie von Puttkamer-Gessmann. Sie hat Anita schon im Jahr zuvor im Kino und in den Zeitschriften gesehen – und sich Hals über Kopf in sie verliebt. Dem preußischen Adel entstammend, ist die Dreißigjährige, die mit dem masochistisch veranlagten Baron Albert von Gessmann zusammenlebt (der Biograph Lothar Fischer nennt das Paar eine »problematische Verbindung zweier im höchsten Maße sexualneurotisch veranlagter Menschen«), in der Donau-Metropole ein beliebtes Objekt von Klatsch und Tratsch.

Leonie von Puttkamer heizt die Gerüchteküche immer wieder an, lebt sie doch ihre lesbischen Neigungen ganz offen und ungehemmt aus. Stets bestens gekleidet, zeigt sich oft mit Frauen und führt ihren großen Wolfshund aus. Eine junge Frau namens Margarethe Csonka verfällt ihr und wird nach einem Selbstmordversuch von ihrem Vater zu Sigmund Freud geschickt, der sie »heilen« soll – ein Versuch, der selbstredend scheitert. Zeitungen und Öffentlichkeit verfolgen die Affäre gespannt. Leonie von Puttkamer genießt die Gefolgschaft der jungen Verehrerin und ergötzt sich daran. Doch dann erleidet sie das gleiche Schicksal – mit Anita Berber.

Als sich Anita im Frühjahr 1922 in Wien aufhält, beobachtet und verfolgt Leonie sie zunehmend fasziniert. Sie schreibt der acht Jahre Jüngeren eine Reihe von Liebesbriefen und Telegrammen, die jedoch unbeantwortet bleiben. Im Sommer reist Anita nach Karlsbad, um sich zu erholen, Leonie von Puttkamer lauert ihr dort auf und versucht, mit ihr in engeren Kontakt zu kommen. Sie überredet ihren Mann, einen Bekannten, der das *Tabarin*, einen Wiener Nachtclub, leitet, davon zu überzeugen, Anita einen Vertrag anzubieten. Doch die Sache schlägt fehl, weil Susi Wanowski dem *Tabarin*-Direktor mitteilen muss, dass Anita bereits völlig überbucht ist. So gelingt Leonie von Puttkamer zunächst die erhoffte Kontaktaufnahme nicht. Aber sie hat Erfolg damit, ihren Mann davon zu überzeugen, für eine Weile mit ihr nach Berlin zu gehen. Dort hofft sie, sich der Angebeteten nähern zu können. Doch auch in Berlin bleibt Anita für sie unerreichbar und Leonie kehrt nach Wien zurück. Auch wenn ihr Plan, mit Anita Berber zusammenzukommen, zunächst gescheitert ist: Leonie von Puttkamer gibt noch lange nicht auf.

Die Baronin hat Anita, obwohl sie sie seit ihrem gescheiterten Kontaktversuch nicht wiedergesehen hat, keineswegs vergessen, als der Star aus Berlin im Herbst 1922 für längere Zeit nach Wien kommt. Von Puttkamer ist immer noch oder wieder entflammt, und auch, dass Anita ihr zunächst die kalte Schulter zeigt, kann sie nicht abkühlen. Sie nimmt sich ein Zimmer in ihrem Hotel und versucht, mit ihr ins Gespräch zu kommen. Erst einmal vergeblich, Anita hat gar keine Zeit für ein solches Techtelmechtel. Doch so unbeeindruckt, wie es scheint, bleibt sie wohl doch nicht, schließlich lässt sie sich von ihrer Verehrerin überzeugen, eine gemeinsame nächtliche Tour durch Wiens Lesbenbars zu unternehmen. Aus der einen Nacht wird eine Woche, die beide zusammen verbringen. Aber während diese kleine Affäre für Anita nicht von Bedeutung ist, hat Leonie jetzt erst richtig Feuer gefangen. Ihr Desinteresse zeigt Anita ihr durch eine gemeinsame Nacht in einer Hotelsuite, zu der sie eine junge Schauspielerin aus ihrer Filmcrew einlädt – ein Schock für Leonie. Aus Rache berichtet sie Susi Wanowski von Anitas Eskapaden, doch die wischt solche Berichte beiseite. Dass ihre Partnerin es mit der sexuellen Treue nicht ernst meint, ist von ihr nicht unbemerkt geblieben, doch lässt sie ihr dieses Verhalten durchgehen, vielleicht in der Hoffnung, ihre Beziehung durch Toleranz retten zu können. Als die Filmaufnahmen in Wien beendet sind, zieht es Anita wieder nach Berlin, und sie lässt Leonie von Puttkamer in Wien zurück.

Albert von Gessmann erklärt später, dass er von Anfang an einen äußerst negativen Einfluss Anitas auf seine Frau befürchtet habe. Er habe nichts dagegen gehabt, dass Leonie ihre lesbischen Neigungen auslebe, im Gegenteil. Als sie ihm im Herbst 1922 vorschlug, gemeinsam nach Berlin zu fahren, habe er das aber abgelehnt, weil er ein Zusammentreffen Leonies mit der Frau, über die er viel in Zeitschriften und Zeitungen gelesen hatte, gefürchtet habe und glaubte, dass Leonies »wahnsinnige Schwärmerei« eine große Gefahr für sie bedeute. Einige Monate danach sagt er vor der Polizei aus: »Wenn diese Frau die von ihr kreierten Tänze des Lasters, des Grauens und des Wahnsinns tanzt, so tanzt sie sich selbst. Es ist nicht ihre Fantasie, sondern es ist ihre eigene innerste Wesensart, die sie da in blendender Nacktheit vor die Zuschauer hinstellt. Sie fasziniert durch den Rhythmus ihrer Bewegungen, durch die pantherähnliche Schmiegsamkeit ihres klassisch schönen Körpers, und sie ruft Bewunderung oder Entsetzen, je nach der seelischen Verfassung des Zuschauers, hervor durch den Ausdruck ihres Gesichtes und die Eigenart ihrer Augen. Ihr wilder, gesundheitszerstörender Lebenswandel hat ihre Züge bis zur Fratzenhaftigkeit eines Totenkopfes entstellt. Die marmorweiße Schminke, durch die sie ihrem Gesicht auf der Bühne und auch bei Tag noch den Ausdruck des Blutlosen verleiht, erhöht diese Wirkung. Aus ihren Augen aber leuchten Wahnsinn und Verbrechen … Das ist Anita Berber.«

Leonie folgt Anita im Frühjahr 1923 nach Berlin, muss sich aber eingestehen, dass sie bei ihr niemals auf Dauer eine Chance haben wird. Gessmann lässt sich von ihr scheiden; im Prozess wird allerlei schmutzige Wäsche gewaschen und das Publikum ergötzt sich über Berichte von sexuellen Ausschweifungen. Im Scheidungsverfahren erklärt Gessmann, Anita »war die letzte schwere geistige Infektion für meine schon von jeher pathologische Frau, der Anlass für die Trennung unserer Ehe, unbewusste seelische Wegmacherin zum Verbrechen. Man wird jetzt begreiflich finden, dass ich von Anita Berber für meine Frau nur das Entsetzlichste fürchtete.« Nach einem zwischenzeitlichen Aufenthalt in München kehrt Leonie von Puttkamer schließlich nach Wien zurück – und heiratet Albert Gessmann erneut. Im März 1924 kommt es zu einem Skandal, als der Baron einen Prozess gegen seine Frau einleitet, weil diese angeblich versucht haben soll, ihn mit Arsen zu vergiften. Im Verfahren muss er einräumen, dass dieser Mordversuch frei erfunden ist. Leonie von Puttkamer wird freigesprochen.

Anita Berber treibt sich in Berlin in den Bars rund um die Friedrichstraße oder im schicken Westen herum. Stets hat sie ein Gefolge um sich, und immer ist sie der Mittelpunkt. Sie ist die Königin der Nacht. Man erkennt ihr Gesicht auf der Straße und in den dunklen Dielen, Lesbenbars und Spielhöllen. »Ah, die Berber«, heißt es bewundernd. Wenn sie auftaucht in der Friedrichstadt, verstummen selbst die Zuhälter und frechen jungen Schlepper, die das Publikum auf der Straße anwerben. Wenn sie ein Café oder ein Restaurant betritt, gleicht der Besuch einer Zeremonie. Kellner kommen, sie lässt sich teure Speisen bringen, nur um sie dann mit einer gelangweilten Geste zurückgehen zu lassen und ein einfaches Dessert oder ein Sandwich zu wählen. Es geht ihr um die Inszenierung, bei der sie selbst die Regisseurin ist. Die Speisen interessieren sie nicht, denn, so schreibt ihr Freund, der Tänzer Joe Jencík: »Der Magen war für sie das am meisten untergeordnete Organ, während sie der Zunge und der Nasenschleimhaut erstrangige Bedeutung zumaß.«

Leo Lania erzählt in seinen Memoiren *Today We are Brothers* über die Nacht im Mai 1922, in der er Anita Berber kennenlernt. Männer umschwärmen sie wie Motten das Licht, Verehrer und Verehrerinnen sonnen sich im Glanz der Königin der Nacht, Veranstalter und andere hoffen, irgendwie von ihr profitieren zu können. Leo Lania, ein 25 Jahre alter gebürtiger Russe, dessen Name eigentlich Herman Lazar ist, ist im Frühjahr 1922 nach Berlin gekommen, nachdem er ein Interview mit Benito Mussolini geführt hat. Der jüdische, politisch engagierte Journalist und Kommunist (bald löst er sich von dieser Ideologie) ist erstaunt und enttäuscht über das geringe Interesse, dass sowohl die deutschen Zeitungsverleger als auch das Publikum diesem Interview mit dem italienischen Faschisten-Führer entgegenbringen. Nach Jahren der Katastrophenmeldungen, nach internationalen Konferenzen, Kanzlerstürzen, dem immer wiederkehrenden Streit, der doch zu nichts zu führen scheint, haben viele Menschen einfach genug von der Politik. Sie wollen sich amüsieren, solange es noch geht. Und so bekommt Lania mit seinen politischen Themen keinen Fuß auf den Berliner Boden, zumal die Konkurrenz an Journalisten in der Stadt groß ist.

In dieser Nacht im Mai, als Lania gelangweilt und frustriert durch die Gegend um die Friedrichstraße zieht, nimmt er eine junge Frau wahr, die umschwärmt wird von einer Art Gefolge. Die Szene weckt sein Interesse, und so hängt er sich einfach an die Gruppe, schließlich ist er Journalist, und wer weiß, vielleicht ergibt sich hier eine spannende Geschichte. Die Frau wendet sich gerade an einen jungen Schlepper, der versucht, Passanten in die Bar zu locken, für die er arbeitet. Er verspricht nackte Tänzerinnen und allerlei Vergnügen, doch die junge Frau fährt ihm mit rüden Worten in die Parade. Zunächst scheint der Schlepper mit einer Schimpftirade antworten zu wollen, doch dann stockt er und grüßt sie mit einer dienerischen Geste. »Anita« – mehr sagt er nicht.

Lania ist fasziniert. Wer ist diese Frau mit der marmorweißen Haut? Sie trägt einen kostbaren schwarzen Pelzmantel und um Hals und Handgelenke teure Juwelen. Unter ihrem flammenden roten Haar ein Monokel, das ein Auge bedeckt. Passanten stoppen und starren sie an, offenbar kennen viele dieses Gesicht und diese Erscheinung. Sie bilden eine Gasse, durch die die Frau und ihr Gefolge sich bewegen, und die schöne Unbekannte steigt in eine Limousine mit Chauffeur. Lania erkennt einen Bekannten, der zu der Gruppe gehört, Alfred Beierle, ein Schauspieler aus dem Umfeld Max Reinhardts, der ebenfalls in das Auto steigt. Als er Lania erblickt, schlägt er ihm vor, sich doch einfach anzuschließen, und ehe sich der Journalist versieht, sitzt er auf dem Rücksitz neben der Frau. Jetzt hört er das erste Mal ihren Namen: Anita Berber. Sie behandelt ihn, gerade einmal vier Jahre älter, wie einen alten Mann. Sie drückt ihm eine geflochtene goldene Geldbörse in die Hand und bedeutet ihm, darauf aufzupassen. Betrunken wie sie ist, gesteht sie ihm, dass sie ständig ihre Börsen verliere, und erklärt, dass sie ihn deshalb zum Aufpasser ernenne. »Unwillkürlich öffnete ich die Börse, in der sich ein dickes Bündel Banknoten befand, davon viele amerikanische. Ich steckte das Geld in meine Tasche. Das war mein erstes Treffen mit Anita Berber.« Von nun an ist Leo Lania häufig mit Anita zusammen.

Ja, sie erregt Aufsehen. Wenn sie an einem Ort eintrifft, wird das zum Ereignis. Lania beschreibt eine Episode vom Kurfürstendamm, wahrscheinlich ist er selbst in ihrer Entourage. Als Anita aus dem Auto steigt, im Zobelpelz, mit Monokel und grell bemaltem Gesicht unter ihrem roten Haarschopf, bleiben die Passanten stehen. Huren laufen herbei und bilden fast schon ehrfürchtig eine Gasse, durch die sie wie eine Königin das Lokal betritt, das sie mit ihrer Anwesenheit auszeichnet. Was auf andere fast schon herrschaftlich wirkt, ist in Wahrheit Ausdruck von Ziellosigkeit und innerer Unruhe. Anita ist rastlos, getrieben. Lania: »Sie nahm sich nicht die Zeit, zu essen, stürzte einen Kognak herunter – ›Kellner, noch einen!‹ Also gehen wir. Sie ließ keinen zu Wort kommen, als Susi sie beiseite und in ein Gespräch zu ziehen versuchte: der Agent warte auf Antwort, solle man den Vertrag in der ›Weißen Maus‹ verlängern, aus Hamburg sei ein Telegramm gekommen – wurde Anita böse, warf den Kopf in den Nacken wie ein wildes Pferd, warf im Aufspringen drei Teller vom Tisch, das Klirren der Scherben peitschte sie noch mehr auf, schon hatte sie ein Glas in der Hand und schmiß es auf den Boden. So stürmte sie aus dem Lokal. Die anderen mussten folgen.«

Ein anderer Abend in einem der zahllosen Spielklubs Berlins in einer bürgerlichen Privatwohnung irgendwo am Kurfürstendamm. Alle Augen ruhen auf Anita Berber, als sie den Raum betritt. Sie spielt, und als sie schließlich zweimal hintereinander mit derselben Zahl gewinnt, ist die Hölle los. Die Anwesenden staunen, bewundern, verehren sie. Anita gefällt das. Und sie hofft, dass er nun endlich kommt, der erhoffte Rausch, auf den sie schon lange wartet. Doch wieder muss sie missmutig feststellen, dass sie der doppelte Gewinn nicht wirklich mitreißen kann, sie innerlich kühl lässt. Aber als sie schließlich beim dritten Setzen verliert, ihr ganzes Geld, wird sie wütend. Immerhin: Sie genießt diese Wut, kostet sie aus – schließlich ist sie ein Gefühl, wenn auch kein Rausch. Schuld an ihrem Verlust ist aber nicht sie, zumindest meint sie das, sondern ein Mann gegenüber am Spieltisch, der angeblich zu viel redet und sie stört. In ihrer nicht zu bremsenden Wut greift sie einen schweren Aschenbecher aus Bronze, wirft nach dem Mann und trifft ihn am Kopf. Ihr Opfer sinkt verletzt und blutend zurück und muss von einem Arzt, der eilends herbeigerufen wird, behandelt werden. Die allgemeine Empörung ist groß, nur einer lobt sie mit den Worten: »Gut getroffen.«

Andere berichten, dass Anita abends gern vor der Fensterfront eines der noblen Berliner Hotels oder vor dem Portier in der Lobby ihren Mantel öffnet, unter dem sie nichts trägt – eine Eva der Nacht auf den Straßen der Hauptstadt. Dass sie in solchen Momenten unter Drogen steht, ist an ihren weit aufgerissenen Augen und ihren großen Pupillen zu erkennen. Und auch Geschichten wie die, die der Wiener Theatermann Siegfried Geyer erzählt, gehen um: »Anita Berber gehörte zu jenen pflanzenhaften Geschöpfen, die nicht wissen, was sie tun, die den Steuerexekutor nackt in der Badewanne sitzend empfangen und daran gar nichts finden, die bei einem Besuch beim Advokaten und in der Kanzlei plötzlich entdecken, dass sie unter dem Mantel nichts anhaben, weil sie ganz vergessen haben, dass man sich für einen Besuch eigentlich anziehen muss. In solchen Fällen sagte Anita Berber nicht: ›Ich habe vergessen, mich anzuziehen, entschuldigen Sie!‹, sondern nur: ›Geben Sie mir eine Zigarette, ich habe meine Tabatiere liegen lassen.‹« Naivität und Vergesslichkeit? Anita Berber setzt ihren Körper stets gezielt ein, als Instrument, als Waffe, als Ablenkung. Oder Provokation. Das gilt sicher auch für ihre Versuche, geschäftliche Probleme auf diese Weise zu erledigen. Nur ist diese Methode immer weniger erfolgversprechend.

Sie wohnt in Hotelsuiten, im *Adlon* oder *Excelsior*. Die Direktoren lassen ihr ihre Marotten durchgehen, denn es ist durchaus gut fürs Geschäft, eine solche von Skandalen umwitterte Persönlichkeit, deren Ruf inzwischen weit über Berlin hinausschallt, zum Gast zu haben. In ihrer Suite hat sie eine ganze Reihe merkwürdiger Gegenstände angesammelt: Pferdehufeisen, gotische und barocke Statuen, esoterische Objekte, unzählige Jesus- und Maria-Symbole. Dazwischen liegen verstreut Damenslips wie Trophäen ihrer Jagdlust.

Ihr Lebensstil ist alles andere als bürgerlich, sie macht den Tag zur Nacht und umgekehrt. Ein Journalist, der sie im Herbst 1922 im Hotel in Wien besucht, berichtet: »Anita Berber hat eine Kammerzofe und zwei Hunde. Die Kammerzofe ist ältlich und spricht derart berlinerisch, daß man kein Wort versteht. Nichtsdestoweniger ist sie wichtig, weil sie eine Station auf dem Weg zum Allerheiligsten darstellt. Endlich verstehe ich sie: die Gnädige befände sich im ersten Bad, ich möge warten, sie sei soeben aufgestanden. Erschrocken zückt der Besucher seine Uhr aus der Tasche – es ist sieben Uhr abends.«

Zu Geld hat sie kein Verhältnis, es ist einfach da. Geld spielt für sie nur insofern eine Rolle, als man es braucht, um seine gehobenen Ansprüche zu befriedigen. Das gilt aber nur für die Ansprüche des Augenblicks, nicht für diejenigen, die vielleicht in Zukunft einmal wichtig sein könnten. Sparen, Rücklagen anlegen für schwierige Zeiten? Es ist kaum anzunehmen, dass sich Anita Berber jemals über so etwas Gedanken macht. Sie lebt nicht für das Morgen, sondern für das Heute, und oft sogar nur für die nächste Stunde. Aber Geld muss her für den Luxus, den sie sich leistet – teure Mäntel aus Pelz, Schuhe aus Seide, Juwelen, Brillanten, Champagner, noble Hotelsuiten. Drogen. Inmitten der Armut, die in Berlin herrscht, stellt sie ihren Luxus offen und hemmungslos zur Schau.

Hüte trägt sie nicht einfach auf dem Kopf, sondern tief in den Nacken oder weit über die Augen geschoben. »Ihr marmorweißes Gesicht schien unter dem Rand der Kopfbedeckung hervor wie der Rest einer steinernen Skulptur, deren Scheitel abgeschlagen war«, erinnert sich ihr Freund Joe Jencík. Immer wieder sieht man sie im schwarzen Smoking, der ihr ein betont maskulines Aussehen gibt, eines ihrer Markenzeichen, lange bevor Marlene Dietrich damit weltberühmt wird. Untrennbar damit verbunden ist das Monokel vor dem rechten Auge. Dass es mehr ist als ein bloßes Accessoire, ahnt niemand – tatsächlich sieht Anita schlecht, ist aber zu eitel, eine Brille zu tragen. Ein weiteres Erkennungszeichen ist ihr stark geschminktes Gesicht, das wie eine Maske erscheint und suggeriert, dass Leben und Bühne für sie eins sind. Klaus Mann erinnert sich später daran als »eine düstere und böse Maske«, die ihn erschüttert habe: »Der stark geschwungene Mund, den man sah, war keineswegs ihrer, vielmehr ein blutigrotes Machwerk aus dem Schminktöpfchen. Die kalkigen Wangen hatten violetten Schimmer. An den Augen musste sie täglich eine Stunde mindestens arbeiten.«

Anita Berber ist eine Trendsetterin, wie es in diesen Jahren keine zweite gibt. Nicht nur die »Berberinen« auf Hamburg-St. Pauli imitieren sie, die jungen Frauen vom Gewerbe. Nein, auch die Sekretärinnen, die Verkäuferinnen, die braven Bürgerstöchter, die Telefonistinnen und natürlich die Tauentzien-Girls, die Prostituierten aus der Berliner West-City, wollen aussehen wie sie – frivol und sündig. Sie ist eine Modeikone, die »neue Frau« par excellence. Eine Projektionsfläche eigener Träume, Wünsche und Sehnsüchte für die einen, für die anderen ein Objekt der Begierde. Und für wieder andere ein wandelnder oder personifizierter Skandal.

Für den Schauspieler Hubert von Meyerinck ist Anita die »Königin des Lasters«. In seinen Erinnerungen *Meine berühmten Freundinnen* attestiert er ihr: »Sie erreichte einen geradezu sensationellen Ruf der Verruchtheit.« Mit ihrer gertenschlanken Figur, ihrer auffallenden

Abendliche Tanzveranstaltung im Hotel Adlon, um 1925

Frisur, ihren seltsam leicht chinesisch geschlitzten Augen, ihren so fest wie Seehundshaut um ihre knabenhafte Gestalt gewickelten Seidenkleidern habe sie ausgesehen, wie einem Bild des britischen Karikaturisten Aubrey Beardsley entstiegen.

Anita entwickelt einen Tick: Sie hält sich exotische Tiere und trägt gerne eins davon mit sich herum. Wie in ihren Beziehungen mit Menschen geht es ihr aber nicht um diese Lebewesen, sondern um sich selbst. Und wie sie manchen Menschen in ihrer Umgebung die Luft zum Atmen nimmt, so macht sie das auch mit einem geliebten jungen Schimpansen, den sie im Winter unter ihrem Pelzmantel trägt, angeleint an eine goldene Kette. Das arme Tier bekommt, eingepfercht unter dem Pelz, eines Nachts keine Luft mehr und erstickt. Anita ist untröstlich. Sie zieht nach diesem Verlust sogar zurück in die Zähringer Straße. Aber der Schmerz hält nur eine kurze Zeit an, dann verschwindet sie wieder aus der Wohnung der Mutter und Großtanten.

Sie besitzt auch zwei kleine Hunde, die sie oft auf ihre Reisen begleiten. Ein Wiener Journalist beschreibt, wie er sich mit ihren beiden Vierbeinern anfreundet, als er im Hotelzimmer auf ein Interview mit Anita warten muss. Bei dem einen der beiden Hunde handelt es sich um »ein zähnefletschendes Schoßhündchen, halb Pinscher, halb Mops, mit kugelrunden Negeraugen und einem altklugen Schwiegermuttergesicht. Ich kratze ihm das Goderl – Teddy schleckt mich, zum Dank dafür, mit einer ebenso erheiternden als unermüdlichen Virtuosität.« Der zweite Hund ist ein ausgewachsener behäbiger Mops namens Blecky. Sie bringt die beiden auch ins Studio der Madame d'Ora mit, die sie gemeinsam mit ihr fotografiert.

Kapitel 12

DIVA

Längst tritt Anita in vielen deutschen Städten auf und bald auch in verschiedenen europäischen Ländern, neben Österreich und der Schweiz, wo sie schon während des Krieges Gastspiele hatte, zum Beispiel auch in Italien, Jugoslawien, der Tschechoslowakei und den Niederlanden. 1921 allerdings stehen neben Berlin und Wien noch die deutschen Städte im Mittelpunkt. Auch in Hamburg, wo schon ihre Mutter häufig aufgetreten ist, macht sie Station. Im *Alkazar* auf der Reeperbahn ist das männliche Publikum nicht sonderlich interessiert an der künstlerischen Seite ihres Tanzes, sondern an der nackten. Ein junger Besucher des Programms, den ihr Biograf Lothar Fischer zitiert, gibt einen Einblick, wie ein solcher Abend abläuft und welche Reaktionen er beim männlichen Publikum auslöst. Anita beginnt mit dem langsamen Foxtrott *Salomé, schönste Blume des Morgenlandes.* »Aus dem dunklen Hintergrund kam Anita Berber vollständig mit einem zarten, etwas durchsichtigen blauen Schleier bedeckt, mit schönen rhythmischen Schritten dicht vor uns an die Rampe. Um die Stirn trug Anita ein goldenes Schlangen-Diadem … Anita sah uns scheinbar gleichzeitig alle mit ihren dunklen Augen verheißungsvoll lächelnd an, dass es manchem unter die Haut ging, mir aber nicht.« Sie nimmt mit beiden

Händen den Schleier hoch und steht vollständig nackt vor ihren Zuschauern. Außer dem goldenen Schlangen-Diadem trägt sie große goldene Ohrringe, an beiden Armen und den Fußgelenken goldene Schlangenreife und an den großen Zehen goldene Ringe. »Anitas Achselhöhlen waren sorgfältig enthaart und ihre schönen Titten waren um die Warzen herum fleischfarben geschminkt.« Auch die Scham ist völlig enthaart. Der jugendliche Zuschauer berichtet weiter: »Wenn Anita ihren schönen Po dicht vor der Rampe rhythmisch zur Schau brachte, hoben sich die Wogen der Begeisterung.« Nach ihren Auftritten auf St. Pauli werden junge Frauen, die sonst ein solides Leben führen, bei ihren Ausflügen auf den Kiez »Berberinen« genannt.

1921 wird das Jahr, in dem Anita Berber endgültig den Schritt von der Kunst in die Welt der Kabaretts und Varietés geht. Das heißt nicht, dass sie von nun an keine ernsthafte Tänzerin mehr sein will, aber in den Augen des Publikums gilt sie mehr und mehr als »Nackttänzerin«. Wie bekannt sie inzwischen ist, zeigt die Tatsache, dass 1921 ein Roman erscheint, der eindeutig auf Anitas Leben und Karriere reflektiert. Die Autorin ist Vicki Baum, ein gerade aufgehender Stern am Literaturhimmel, die mit *Die Tänze der Ina Raffay* ihren dritten Roman vorlegt. Baum erzählt die traurige Geschichte einer hübschen, aber unglücklichen rothaarigen Erotiktänzerin. Am Ende des Buches stirbt die Tänzerin im Alter von nur 25 Jahren im Bett ihrer Mutter, zu der sie heimgekehrt ist. Angesichts von Anitas Schicksal wirkt Baums Roman geradezu seherisch.

Aber jetzt ist Anita Berber die Frau der Stunde in Berlin. Magazine wie *Reigen, Der Junggeselle, Galantes Leben* oder *Berliner Leben* reißen sich um sie. Egal, ob ein Foto, das sie als Vamp zeigt, ob eine oft kaum glaubhafte Geschichte oder ein Gedicht – Hauptsache, die Redaktion hat Anita im Blatt. Sie ist, so schreibt Mel Gordon, der lebende Avatar Berlins. Erwin Erich Torenburg, Journalist und Schriftsteller, der im selben Jahr einen Roman mit dem Titel *Liebesopfer* herausbringt, veröffentlicht im Januar 1921 in *Der Junggeselle* ein Gedicht über sie, in dem ihr Aussehen, ihre Erscheinung, ihre Haut, ihr Tanz – einfach alles an ihr – geradezu angebetet wird.

Anita ist ein beliebtes Gesprächsthema, in der Halbwelt wie in der bürgerlichen Gesellschaft, vor allem auch durch ihre Eskapaden. Sie ist ein Star und kann sich Exzentrik leisten. Der Schauspieler Hubert von Meyerinck, der sie in ihren wildesten Jahren in Berlin erlebt, schildert eine Geschichte aus der Zeit, als Anita im *Adlon* residiert. Eines Abends, so beichtet er in seinen Erinnerungen *Meine berühmten Freundinnen,* rauscht sie in den noblen Speisesaal, wo gerade ein illustrer Kreis aus schlesischem Hochadel und Schlotbaronen diniert. In ihrer Begleitung der Filmstar Henny Porten und vermutlich Sebastian Droste (dass auch ihr zweiter Ehemann Henri Châtin-Hofmann dabei ist, wie von Meyerinck sich zu erinnern glaubt, kann nicht stimmen, denn zwischen dem Zeitpunkt, zu dem Droste Berlin verlässt, und dem Kennenlernen Anitas und Henris liegt etwa ein Jahr). Anita trägt einen bis zum Hals geschlossenen kostbaren Nerzmantel und Goldschuhe mit sehr hohen Absätzen. »Ihre Haare leuchteten in höllischem Rot über ihrem grüngeschminkten Gesicht«, so der faszinierte Meyerinck. Sie setzt sich an ihren Tisch, bestellt beim Oberkellner drei Flaschen Veuve Clicquot. Dann nestelt sie an ihrem Hals – und der Pelz rutscht zu Boden. Ein allgemeiner Aufschrei – Anita sitzt vollkommen nackt an ihrem Tisch. Alle Gäste sitzen wie erstarrt an ihren Tischen, nur die alte Fürstin Chlotilde, bekannt für ihren robusten Humor, fragt für alle im Saal deutlich vernehmbar ihren Gatten: »Täusche ich mich, Eberhard, ist diese Dame nackt, oder habe ich eine Halluzination?« Worauf ihr Gemahl, während er sein Monokel zurechtrückt, um besser sehen zu können, ebenso laut und schmunzelnd entgegnet: »Du täuscht dich nicht, Chlotilde, sie ist nackt.«

Und was passiert? Nichts, denn wir sind im Berlin der wilden Inflationsjahre. Kein Hoteldirektor stürzt hektisch herbei, keine Polizei wird gerufen. Lediglich ein Oberkellner bemüht sich zu der Gruppe, hebt den Pelzmantel vom Boden auf, legt ihn Anita um und rückt den Stuhl sanft ein Stück vom Tisch weg, sodass sie bequem aufstehen kann. Erhobenen Hauptes und würdevoll verlässt sie gemeinsam mit ihren Begleitern unter den faszinierten Blicken der Reichen und Schönen den Speisesaal. Sie sei eben eine »Königin der Sünde« gewesen, so Meyerinck.

Ähnliches weiß der Bildhauer Rom Landau zu erzählen, der Anita, vermutlich 1922, auf einer Party beobachtet. Landau, Sohn deutsch-polnischer Eltern, reist damals viel durch Europa und macht in diesem Jahr in Berlin Station, wo er bei dem von ihm bewunderten Georg Kolbe,

Deutschlands damals wichtigstem Bildhauer, lernt. Er berichtet Mitte der Dreißigerjahre, wie er 1922 Berber auf der Abendgesellschaft im Hause eines bekannten Kunsthändlers gesehen habe. Sie erscheint in einem prächtigen Pelzmantel und violetten Seidenschuhen. Jedes Mal, wenn sie ihren Mantel öffnet, kommt ihr nackter Körper zum Vorschein, denn sie trägt unter dem Mantel absolut nichts. »Sie tat das mit der Geste natürlicher Würde, als ob ihr seltsames Kostüm die akzeptierte Mode des Tages wäre.« Landau ist sich sicher, dass Anita Berbers Auftreten ein Ausdruck der Stimmung der Stadt ist, denn »das Leben in Berlin hatte die Menschen so verhärtet, dass nichts sie zu schockieren schien«.

Maria Merlott, die Frau des Regisseurs Otz Tollen, die in einigen wenigen seiner Filme mitspielt, erinnert sich später an eine Szene aus der *Königin-Bar.* Anita mit ihrem schneeweiß geschminkten Gesicht beobachtet eine Weile die vorwiegend jungen Männer, die versuchen, durch männliches Gehabe ihre Aufmerksamkeit und Gunst zu gewinnen. Dann hat sie genug von diesem Gockel-Getue und ruft in die Runde: »Haltet das Maul, ich schlafe doch mit euch allen!«

Tollen gehört zu denjenigen, die Anitas Eskapaden am direktesten zu spüren bekommen, nämlich bei den Dreharbeiten. Und so hat er bald keine Lust mehr auf die exzentrische Berber, die jedes konzentrierte Arbeiten stört und deren von ihr verursachten Verzögerungen die Produktionskosten in die Höhe treiben. Er ist genervt von ihren Allüren und ihrem unberechenbaren Temperament.

Sie streitet sich ständig und mit jedem, kommt häufig zu spät. Jede andere Schauspielerin würde bei einem solchen Benehmen gekündigt und durch eine andere, pflegeleichtere Kollegin ersetzt. Doch Tollen gibt Anita gegenüber nach einem ersten Wutausbruch stets klein bei. Längst hat sie ihn um den Finger gewickelt, er gehört zu der Schar von Männern und Frauen, die ihr verfallen sind, die sich von ihr angezogen fühlen und nicht loslassen können.

Auch Richard Oswald lässt Anita, die er als Schauspielerin schätzt – obwohl sie keinerlei Ausbildung hat –, vieles durchgehen, was er bei anderen nicht akzeptieren würde. Als es einmal zum Streit um eine Szene kommt, die sie jetzt, zu diesem Zeitpunkt, nicht drehen will, weil eine andere angesetzt war und ihr die passenden Schuhe fehlen (die man freilich in der Aufnahme gar nicht sehen wird), schmeißt er entnervt das Megafon hin und flieht mit den Worten »Alle meine Sünden büße ich mir bei dieser Frau ab« in seine Garderobe. Der Schauspieler Conrad Veidt versucht zu vermitteln und pocht auf die Gesetze der Kunst. Anita Berber ist nicht bereit einzulenken. Gesetze und Kunst schließen sich für sie gegenseitig aus. Außerdem empört es sie, wenn man sie zwingen will, bestimmte ihr vorgeschriebene Gefühle und Schicksale zu spielen. Sie spielt stets sich selbst und sonst niemanden – ganz gleich, welche Figur sie gerade verkörpern soll. Sie füllt jede Rolle so aus, wie sie es sich vorstellt. Wer ist denn ein Regisseur, ihr etwas anderes zu befehlen? Tanz und Schauspiel, beides sind für sie Mittel, sich auszudrücken. Und dieses Sichausdrücken ist ihr so wichtig, weil sie sonst in ihrem Leben keine Möglichkeit dazu findet. Nicht in der Liebe, nicht im Sex, und auch nicht in zwischenmenschlichen Beziehungen.

Sie benimmt sich in den Augen der anderen am Set oft völlig daneben. Einmal springt sie auf einen Tisch in der Kantine und führt zur Musik eines Klavierspielers einen wilden Tanz auf, und niemand, auch Richard Oswald nicht, kann sie stoppen. Erst als sie die Lust verliert, beendet sie den Tanz mit der Aufforderung an die Umstehenden: »Ach was, wir gehen saufen.« Sind solche Szenen ärgerlich und bringen die Aufnahmen aus dem Fluss, so kommt es einmal sogar fast zu einem Todesfall. Als beim Drehen einer Szene ein Revolver versagt, mit dem sich Anita erschießen soll, untersucht sie die Waffe und gibt das Okay, dass sie nun funktioniere. Doch sie richtet die Waffe danach nicht, wie im Drehbuch vorgesehen, auf sich selbst, sondern auf den Inspizienten. Die Kugel trifft den Mann in den Arm. Ein glatter Durchschuss. Panik bricht aus, ein Arzt und die Polizei werden gerufen. Nur Anita bleibt vollkommen gelassen. Als Oswald sich erleichtert zeigt, dass der Getroffene nicht getötet wurde, sagt sie: »Ich habe ja auch gezielt.« Es stellt sich heraus, dass sie wusste, dass die Waffe scharf geladen war. Genau aus diesem Grund hat sie auf den Inspizienten gezielt – schließlich hätte der erste Schuss sie selbst treffen können, wenn der Revolver nicht gestreikt hätte. Dem erschreckten Regisseur erklärt sie auf seine Frage, ob sie absichtlich auf den Mann geschossen habe: »Er soll seinen Denkzettel haben. Ein andermal wird er besser aufpassen.«

Oswald wirft sie nach dieser Begebenheit hochkant raus. Aber es dauert nicht lange, bis er sie zurückholt. Er hält nach wie vor viel von ihrem schauspielerischen Talent, er sieht mehr in ihr als »nur« Begabung. Für ihn ist Anita eine ausdrucksstarke und wandlungsfähige Künstlerin, die ihren Körper virtuos beherrscht, so beschreibt es Leo Lania. Oswald versichert ihr: »Du hast eine große Zukunft im Film.« Doch solche Chancen interessieren Anita nicht, sie wirft sie einfach weg. »Kannst mich gerne haben! Zukunft? Was interessiert mich die Zukunft?«

Sie ist eine Diva, und sie kommt damit eine Weile durch.

Auch ein anderer Regisseur, der es bald zu Weltruhm bringen wird, ist entnervt von ihren Eskapaden am Set: Fritz Lang. Eigentlich interessiert sich der expressionistische Filmemacher nicht für Anita Berber, vermutlich ist sie ihm zu obszön und hat als Schauspielerin, zumindest aus seiner Sicht, nicht die notwendige Tiefe. Aber er begibt sich mehrere Nächte in Berlins Kabaretts auf die Suche nach einer Darstellerin mit frivoler Ausstrahlung, und da kommt ihm Anita gerade recht, zumal sie über Berlins Grenzen hinaus populär ist. So fragt er bei Susi Wanowski an, ob Anita nicht in seinem nächsten Film *Dr. Mabuse, der Spieler* dabei sein möchte. Allerdings nicht in einer tragenden Rolle, sondern als das, was sie offenbar in Langs Augen ist: eine verruchte Tänzerin in den berühmten Pariser *Folies Bergère*. Sie soll in dem Film die norwegische Hauptdarstellerin Aud Egede-Nissen, die eine tanzende Venus spielt, in den Tanzszenen doubeln.

Anita Berber in »Dr. Mabuse, der Spieler«, 1922

Als die Dreharbeiten kurz darauf in den Jofa-Ateliers in Berlin-Johannisthal stattfinden, muss Lang am Tag, an dem Berbers Auftritt gefilmt werden soll, schmerzlich feststellen, dass er keine Ahnung hatte, wen er sich da ins Studio geholt hat. Zunächst läuft alles zu seiner Zufriedenheit, auch Egede-Nissen arbeitet so, wie Lang es sich vorstellt. Doch dann soll Anita Berbers Szene gedreht werden. Alle warten, um mit den Aufnahmen beginnen zu können. »Nur die Venus ließ auf sich warten«, erinnert sich Langs Filmarchitekt Erich Kettelhut. Als mit zwei Stunden Verspätung endlich ein Taxi vorfährt, dem Anita entsteigt, bemüht sich Lang, sich seine Empörung nicht anmerken zu lassen. Haben die Umstehenden gerade noch dumme Witze gemacht, verstummen sie in dem Augenblick, als Anita das Studio betritt. »Die Dame, der er galant aus dem Wagen half, war eine ausgesuchte Schönheit. Mit besonderer Courtoisie fragte er sie nach der Ursache der großen Verspätung. Die Schöne machte eine bagatellisierende Handbewegung und aus ihrem Rosenmund tönte es: ›Oooch, hab da man nicht, Fritz, um die zwee Stunden. Wenn mein Kavalier mir erst um achte von de Bude jeht, kann ick nich friher da sein. ’N bisschen zurecht machen muss ick mir ja schließlich noch, wenn ich hierher komme. Ick ha ma ja jleich ne Taxe jenommen. Von Balin bis hierher is det ’n janz scheenet Sticke Jeld. Die bezahlste doch, wa?‹«

Die Venus wird zum Maskenbildner geleitet und für ihre Rolle zurechtgemacht. Er macht aus ihrem goldblonden (also offensichtlich zu dieser Zeit gefärbten) Haar eine Frisur à la Botticellis *Geburt der Venus*. Dann zieht sie sich aus und stellt sich nackt in eine Muschel, in der sie tanzen soll. Die Umstehenden raunen bewundernd bei diesem Anblick. Lang kann eigentlich sehr zufrieden sein, aber er hat doch etwas auszusetzen: Ihn stört Anitas dichtes Schamhaar. Als er sie auffordert, die Haare abzurasieren, weigert sie sich standhaft. Kettelhut berichtet: »Lang versuchte es mit künstlerischen Erwägungen, mit Ästhetik, es half alles nichts, sie blieb bei ihrer Weigerung.« Schließlich kommt der Maskenbildner auf eine Idee, nämlich die Stelle mit einem fleischfarbenen Tuch zu überkleben. Und so bemüht sich der nervöse Mann »vor der störrischen Göttin kniend, ein dreieckiges Tuch an besagter Stelle mit Mastix zu befestigen und mit Schminke genau dem Ton der Haut anzupassen«. Doch das gelingt nicht recht und steigert die Nervosität des Maskenbildners, der eigentlich als Meister seines Fachs bekannt ist. Während er auf Knien vor ihr hockt, bewegt sie sich immer wieder und droht damit, die Klebeversuche zunichtezumachen. Weder Lang noch Kettelhut noch die anderen Crewmitglieder dürften dieses Erlebnis jemals vergessen haben. Am Ende kann Fritz Lang aber doch zufrieden sein, denn, so Kettelhut: »Beim Drehen allerdings stand die Venus bei jeder Einstellung bis in den späten Abend hinein bewundernswert still.« Interessant ist übrigens, dass Kettelhut Anita Berber nicht mit Namen erwähnt, sondern sie lediglich »Venus« oder »Göttin« nennt.

Dass angesichts solcher Szenen die Filmrollen kleiner und unbedeutender werden und es schließlich keine

Anita Berber in »Metropolis«, 1927

mehr gibt, kann nicht überraschen. So lange Anita ein zwar schwieriger, aber bekannter Star ist, ist sie eine Werbung für jeden Film. Das ändert sich, als ihr Stern zu sinken beginnt. Nach 1922 wirkt sie nur noch in drei Filmen mit: ihrem selbst produzierten *Tänze des Lasters, des Grauens und der Ekstase* 1923, *Ein Walzer von Strauß* 1925, der ein Flop wird, und zuletzt spielt sie ein Jahr später in einer Szene eine Tänzerin in Fritz Langs Monumentalwerk *Metropolis*. Zwar ist diese Sequenz kurz, aber sie wird häufig gezeigt, wenn es um Langs Meisterwerk geht.

Kapitel 13

TANZ AM ABGRUND

Berlin hat sich mit dem Ende des Krieges und der Novemberrevolution frei gemacht. Frieden! Freiheit! Ein neues Leben! Es zeigt sich schnell, dass die Revolution nicht nur eine politische ist. Die Menschen haben genug von Krieg, Leid, Hunger, Elend. Auch wenn es vielen schlecht geht, wenn viele um an der Front gefallene Männer, Väter, Söhne, Brüder, Freunde trauern – jetzt kehrt die Lebenslust zurück. Und leben, das heißt tanzen. Kaum ist die Tinte der Unterschrift unter dem Waffenstillstandsvertrag im fernen Wald von Compiègne am 11. November 1918 trocken, da ruft in der Hauptstadt die Musik zum Tanz. Zwar versuchen die Behörden, das Tanzverbot aus dem Krieg noch aufrechtzuerhalten, weil es ihnen nach wie vor unangemessen erscheint, wenn sich die Menschen in so schweren Zeiten amüsieren. Doch was schert's die Berlinerinnen und Berliner. An Silvester 1918 werden schließlich Tanzveranstaltungen ganz offiziell erlaubt – aber nur für eine Nacht. Eindrucksvoll beschreibt das *Berliner Tageblatt* diesen Abend: »Demonstration von Zehnausenden. Die Luft ist wie elektrisch geladen, eine politische Hochspannung ohnegleichen. Der Boden von Berlin glüht. So ist das Jahr zu Ende gegangen in fiebernder Erregung, und es scheint, als ob man von nichts anderem wüßte als von dem Ernst der Stunde. Aber schon zieht das Konfetti sorgloser Silvesterbrüder seine Schlangen, und lebenshungrige Männer und Mädchen tanzen in das neue Jahr. Die Musik spielt in Hunderten von Lokalen Tänze über Tänze, Walzer, Foxtrott, Onestep, und die Beine rasen wie verhext über die Diele, die Röcke fliegen, der Atem jagt, Sektpfropfen knallen (und was für ein Sekt!), Arme fuchteln begeistert in der Luft, und das Prosit Neujahr klingt über die Straßen, in denen eben noch der Schritt der Demonstranten klang.

Wir wollen nicht moralisieren, aber wir dürfen schon sagen: so ein Silvester hat Berlin noch nicht erlebt. Mit dem Fallen des Tanzverbots stürzte sich das Volk wie ein Rudel hungriger Wölfe auf die lang entbehrte Lust. Und nichts kann ihm seine Festfreude stören. Was feiert der Berliner? Die Freiheit, feiern zu dürfen, wie es ihm gefällt. Er feiert diese Sekunde, die ihm heute gibt, was ihm morgen vielleicht nicht mehr gewährleistet werden kann. Die verlängerte Polizeistunde, die Fessellosigkeit des Worts, das Trinken vor dem Ertrinken. Und wenn der Berliner recht feiern will, muss er tanzen. Und er tanzt. Nie ist in Berlin so rasend getanzt worden. Im Zirkus Busch echte und schlechte Tänzerinnen, Kunsttanz, Tanz im Kostüm, Tanz ohne Kostüm, überall Rhythmus, Dreiviertel-, Viervierteltakt und der donnernde Beifall des vollen Hauses.«

Nicht einmal davon, dass am Silvestertag Tausende Berliner Kellner in einen Streik treten, um höhere Löhne zu erzwingen, und viele Cafés und Gastwirtschaften nicht öffnen können, lassen sich die Menschen aufhalten. Die Tanzwut, wie das Phänomen genannt wird, ist nicht zu besänftigen. Da helfen auch die verzweifelten Maßnahmen der Berliner Behörden nichts, um sie zu unterbinden. Eine Plakatkampagne »Berlin, halt ein, besinne dich, dein Tänzer ist der Tod«, die einen Zusammenhang zwischen Tanzwut und Syphilis herstellt, weckt den beißenden Spott der Kabaretts. Die Behörden versuchen 1919 noch einmal, den Tanz vollständig zu untersagen. Aber die Berliner sollen sich das Tanzen verbieten lassen? Sie tanzen heimlich, in illegalen Dielen, Kellern, Wohnungen, und nicht einmal die Polizeistunde, die ohnedies kaum überwacht werden kann, vermag sie daran zu hindern. Oder man tanzt einfach auf der Straße und in Parks. Die Behörden erlauben den Tanz nur an bestimmten Orten. Lächerlich – als ob die Berliner sich sagen lassen, welche Vergnügungsstätten gerade erlaubt sind; die Polizei kommt gar nicht hinterher mit ihren Einsätzen. Schließlich werden im Oktober 1919, ein knappes Jahr nach dem Ende des Krieges, alle Tanzveranstaltungen freigegeben. An der Realität ändert das nichts, mit der Ausnahme, dass langwierige Prozesse gegen Anbieter bislang verbotener Tanzveranstaltungen jetzt entfallen. Berlin will tanzen und es tanzt. »Großmama tanzte in kleinen Schuhen mit einem jungen Partner. Schließlich ging auch das Kinderfräulein zu einem Fünf-Uhr-Tee in irgendein Kaffeehaus. Und die Hausfrau tanzte dort ebenfalls voller Innigkeit und Andacht – Wange an Wange – verrenkte sich graziös und war auch sonst kein gutes Vorbild«, schreibt eine Zeitung.

»Der Tanz wird zur Manie, zur idée fixe«, erzählt noch zwanzig Jahre später Klaus Mann, der mit gerade einmal knapp siebzehn Jahren 1923 das erste Mal in die Hauptstadt kommt und das Geschehen fasziniert beobachtet. Getanzt wird in Bars, in schummrigen Dielen im Norden und Osten der Stadt, wo die Arbeiter wohnen; in mondänen Etablissements rund um die Kaiser-Wilhelm-Gedächtniskirche im schicken Westen und in Tanzcafés, die zum Fünf-Uhr-Tee einladen. Keine Modenschau kommt mehr ohne anschließende Tanzveranstaltung aus. Das Berliner Nachtleben explodiert geradezu. Nicht alle lassen sich anstecken von dieser Begeisterung, wie ein Zitat des russischen Dichters Andrej Belyj zeigt. Er ist nach Berlin gekommen, um das Land Goethes und Schillers kennenzulernen. Und jetzt das: »Alle tanzen in Berlin, von den Milliardären bis zu den Arbeitern, von den siebzigjährigen Greisen und Greisinnen bis zu siebenjährigen Unschuldskindern … von richtigen Prinzessinnen bis zu Prostituierten; genauer: sie tanzen nicht, sondern sie gehen auf geheiligste Weise und lassen dabei wilde Negerrhythmen durch ihre Seelen tosen … die Hälfte des bürgerlichen Berlins ist vom Fünf-Uhr-Tee bis zum Schließen der Restaurants ›Kankan‹ eine Negerstadt.«

Eine neue Musik und neue Tänze schwappen über den großen Teich, wie überall nach Europa, so auch nach Berlin. Der Jazz der US-amerikanischen Schwarzen wird zum perfekten Sound des Wandels, der aufgeheizten Stimmung. Schnell wird er von den Berlinern eingedeutscht, vermischt sich mit stimmungsfrohen Schlagern und lauten

Gassenhauern. Und ebenso drückt sich das neue Lebensgefühl aus in den neuen Tänzen wie Foxtrott, Shimmy, Charleston und Tango. Für viele, vor allem junge Leute werden sie zum Ausdruck einer neuen Lebensfreude. Der arme Andrej Belyj, der statt Goethe und Schiller Jazz und Foxtrott findet und Berlin nach zwei Jahren entsetzt wieder verlässt, fühlt sich von den Foxtrott-Jüngern selbst am helllichten Tag auf den Straßen verfolgt: »Ich schaute sie mir an, wie sie durch die Motzstraße und die Tauentzienstraße herunterstolzierten; es sind bleiche, hagere Jünglinge mit geschniegelten Scheiteln in hellen Smokings und mit dem besonderen Ausdruck verrückter, vor sich hinstarrender Augen; etwas Ernstes, krankhaft Ernstes liegt in ihrem Gang; als gingen sie nicht, sondern trügen die Reliquie eines geheiligten Kultes vor sich her; was auffällt, ist ihr Tänzeln mit dem unmerklichen Hochfedern zur Seite bei jedem dritten Schritt; erst später kam ich dahinter: sie ›foxtrotten‹, das heißt, sie führen in Gedanken einen Foxtrott aus; das raten ihnen die Tanzlehrer, wahre Lebensretter, wahre Lebenslehrer für den Kreis der Berliner Jugend, die die Schwarze Internationale des modernen Europa bildet.«

Der Tanzlehrer wird zum »Lebensretter«, zum Berater oder, wie wir heute sagen würden, zum Lifecoach. Jazz und Tanz sind mehr als nur eine neue Mode, der letzte Schrei: Sie bieten auch ein Entkommen aus der Realität, und das gilt umso mehr, je schlechter die Zeiten im Zuge der Inflation bald werden. Hunger, Leid, Elend, Streiks, politische Morde? Was soll's, wir können ja tanzen. Als Berlin 1922/23 in eine tiefe Krise taumelt, in der ein

US-Dollar schließlich 4,2 Billionen Reichsmark und Brot mehrere Milliarden kostet, wird aus dem Vergnügen mehr und mehr ein Tanz am Abgrund und aus der Tanzwut eine Flucht. Bald lautet das Motto der Berliner: »Morgen ist Weltuntergang«. Aber dann doch lieber tanzend in diesen Untergang als jammernd und klagend. Niemand repräsentiert die Stimmung dieser Zeit so gut wie Anita Berber mit ihren düster-ekstatischen und sexuell freizügigen Tänzen.

Und noch ein Phänomen zeichnet das Berlin dieser wilden Jahre aus. So wird die Stadt von einer weiteren »Wut« befallen – der Spielwut. Das Glücksspiel erobert Berlin. Ganz gleich ob Ärzte, Richter, Ministerialdirektoren, Bäcker, Fleischer oder Arbeitslose – alle spielen. Auch viele Frauen werden von dieser Sucht befallen. Die massenhafte Verbreitung von Spielclubs wird zur Epidemie; mondäne Casinos und zwielichtige Spielhöllen finden sich an vielen Orten Berlins. Manche der eleganten Clubs für die feine Gesellschaft verfügen über ein Restaurant, in dem Speisen angeboten werden, die der normale Berliner nicht zu Gesicht bekommt, sogar Frisör, Badezimmer und Ruheräume gibt es dort. Doch gespielt wird auch auf der Straße an schnell errichteten Tischen oder in Hauseingängen und Treppenhäusern. Das ärmliche Scheunenviertel gleich beim Alexanderplatz wird bald das Monte Carlo von Berlin genannt. Das Gedränge ist manchmal so groß, dass die Elektrische sich kaum den Weg durch die Massen bahnen kann. Die Hoffnung vieler ist, den rauen Alltag zu vergessen und mit ein bisschen Glück das schnelle Geld zu verdienen.

»Jeder fühlte, daß unter ihm der Boden wippte und wankte«, schreibt Hans Ostwald in seiner *Sittengeschichte der Inflation*. »Viele wollten beim Spiel die unklare Empfindung vom Untergang loswerden oder sich betäuben. Viele lockte auch der Gewinn und der aufpeitschende Betrieb.« Manche gewinnen, doch die meisten haben nur Verluste zu verzeichnen; die Stimmung ist dementsprechend düster und gereizt, wie es ein Zeitgenosse in einer Zeitungsreportage beschreibt: »Mit heißen, gierigen Augen verfolgten alle das Spiel. Alle bösen Instinkte wurden wach. Neid, Rachgier, Haß gegen den, der eben gewonnen hatte. Jeder wollte gewinnen. Und viele sahen so aus, als hätten sie den Gewinn nötig.« Die Behörden sind einmal mehr so besorgt wie hilflos. Die Versuche der Polizei, die Spielsucht einzudämmen, erweisen sich als erfolglos, denn wenn sie einmal eine Spielstätte ausgehoben hat, werden sofort zwei andere eröffnet. Erst die Hyperinflation des Jahres 1923 beendet diese Wut: Wenn man selbst für kleinste Einsätze ein Bündel oder einen Koffer voll Papiergeld mit sich schleppen muss, macht das Spielen keinen Sinn mehr.

Gewissermaßen eine andere Seite der Medaille ist das Börsenfieber, das in Berlin ebenfalls rasch um sich greift. Viele spekulieren jetzt mit Aktien, vor allem, wenn er oder sie über Devisen verfügt. Der Finanzjournalist Richard Lewinsohn schreibt unter seinem Pseudonym Morus im Dezember 1922 rückblickend auf das Jahr: »Die unsinnigsten Steigerungen kamen vor … Gesellschaften, denen der Wind durch die Backen blies wie einem Schwindsuchtkandidaten, werden begehrt, als hinge von ihren Aktien die Seligkeit ab.« Auch Sebastian Haffner erinnert sich an selbst Erlebtes: »Jeder kleine Beamte, jeder Angestellte, jeder Schichtarbeiter wurde Aktionär. Man bezahlte seine täglichen Einkäufe, indem man Aktien verkaufte. An Zahltagen gab es einen allgemeinen Ansturm auf die Banken, und die Aktien schossen himmelwärts wie Raketen … Täglich verschlang die ganze Bevölkerung den Börsenbericht. Manchmal stürzten einige der Aktien, und mit ihnen stürzten Tausende schreiend dem Abgrund entgegen. In jedem Laden, jeder Fabrik, jeder Schule wurden einem Geheimtips zugeflüstert.« Das Spekulieren mit Devisen wird zum Volkssport. 1922 wird ein Lied populär, das als eine Art Hymne der Inflation gesehen werden kann. Der Kehrreim lautet: »Wir versaufen unser Oma ihr klein Häuschen / Ihr klein Häuschen, ihr klein Häuschen / Wir versaufen unsrer Oma ihr klein Häuschen / Und die erste und die zweite Hypothek.«

Zu den vielen Menschen verhassten Zeitgenossen gehören zwei neue Bevölkerungsgruppen, die sich die Not zunutze machen: Schieber und »Raffkes«. Die Schieber sind Leute, die über Devisen verfügen, mit denen sie Wertgegenstände in Schwierigkeiten geratener Menschen billig kaufen und anschließend an andere gegen Devisen, vorwiegend Ausländer, die eigens zu diesem Zweck nach Berlin kommen, teuer wieder verkaufen. Auf diese Weise lassen sich großartig Geschäfte machen. Menschen, die mit Geschick Reichtum anhäufen, werden bald Raffkes genannt: Geschäftsleute, die wissen, wie sie mit der Inflation spielen und so noch mehr Geld verdienen können.

Auch im neuen Medium Film spielt das Geschehen in Berlin eine Rolle. 1920 kommt ein Streifen mit dem Star Conrad Veidt in die Kinos, der Titel: *Kurfürstendamm. Ein Höllenspuk in 6 Akten*. Veidt spielt den Teufel, der sich in der Hölle langweilt und etwas erleben möchte. Da die meisten Neuzugänge in der Hölle aus Berlin kommen, beschließt er, dorthin zu gehen. Doch schon nach kurzer Zeit hat er genug, er wird betrogen, belogen, ausgenommen. Bald flüchtet er in die Hölle zurück, die ihm jetzt als ein Hort des Friedens erscheint. Der Teufel hat es gut – die Berlinerinnen und Berliner können der Stadt nicht einfach den Rücken kehren.

Kapitel 14

SEXTROPOLIS

Berlin durchlebt in diesen Jahren eine alle Schichten erfassende Sexualisierung wie wohl noch nie eine andere Metropole zuvor. Anita Berber spiegelt diese Entwicklung in ihrer Person, in ihrer Wildheit, Exzentrik, Hemmungslosigkeit, Selbstvergessenheit. Berlin und die Berber leben für das Heute, denn: Morgen ist Weltuntergang. Doch heute bleibt noch Zeit, das Leben auszukosten, in vollen Zügen zu genießen, bevor es zu spät ist. So gesellt sich zur Tanz- und zur Spielwut noch eine andere Erscheinung: die Sexwut.

Man hat so viel nachzuholen, jetzt, wo die Männer zurück sind und das Althergebrachte abgedankt hat. Die Berlinerinnen und Berliner nehmen sich die neuen Freiheiten zügellos – das gilt auch und gerade für die sexuelle Freiheit. Beobachter nehmen verblüfft wahr, was sich in der Hauptstadt tut. Die sogenannte freie Liebe habe erstaunliche Ausmaße angenommen, schreibt der Journalist Curt Riess im Rückblick. »Man verstehe recht: Nicht, daß Menschen, die einander liebten, nun miteinander ins Bett gingen, obwohl sie vielleicht gar nicht oder anderweitig verheiratet waren. Das hatte es früher auch gegeben, es wurde freilich nach Möglichkeit totgeschwiegen. Jetzt gehörte es dazu, ›miteinander zu schlafen‹ – gleichgültig, ob man den Partner oder die Partnerin liebte oder auch nur zu lieben glaubte. Es gehörte einfach dazu. Es war schick, Verhältnisse zu haben.«

Mit dem Sieg der Revolution fällt für eine Weile jegliche Zensur, und mit der Zensur fallen auch die Hüllen. Bürgerliche Moral und Sitte? Sie gehören in eine untergegangene Zeit. Gerade das Bürgertum, das sich doch stets als ihr Hüter gesehen hat, treibt es jetzt plötzlich besonders wild. Das Laster wird zur Sehnsucht des enthemmten, befreiten Bürgertums. Kitschige Sexliteratur erobert die Regale der Buchhandlungen, und selbst renommierte Verleger springen eine Weile auf diesen Zug auf, schließlich lockt ein gutes Geschäft. Neue Zeitschriften mit eindeutigen Inhalten sprießen aus dem Boden und werden offen in Geschäften und auf der Straße an den Mann gebracht. Und an die Frau. Vorangetrieben wird diese Entwicklung durch das neue Medium Film. Streifen wie *Sündiges Blut, Sklaven der Sinnlichkeit, Die Tochter der Prostituierten* oder *Der Leibeigene (ein Kriminalproblem, sensationell, erotisch, sadistisch)* erobern die Leinwände und lassen das Publikum zuhauf in die Kinos strömen.

Eine besondere Rolle für die Sexualisierung des Alltags spielt das Nachtleben. Bald kommt kaum noch eine schäbige, zwielichtige Diele oder mondäne und piekfeine Bar ohne eine Nackttanz-Aufführung aus. Jugendliche Schlepper locken die Nacht- und Nacktschwärmer in Etablissements, in denen ihnen billiger Sekt für viel Geld aufgedrängt wird, bevor eine oder mehrere junge Damen (gerne auch ein Mutter-Tochter-Gespann) das Publikum hüllenlos unterhalten. Die einen kritisieren diese Darbietungen als »nacktes Gehopse«, die anderen sind begeistert. Und wer später am Abend noch nicht befriedigt ist, der kann sich mit einer der Darstellerinnen in ein Nebenzimmer zurückziehen, kostenpflichtig, versteht sich. Berlins Nachtleben ist bald berühmt in Deutschland, ja auf dem Kontinent, die deutsche Hauptstadt wird zur Hure Babylon. Nirgendwo wird es so toll getrieben wie an der Spree. Viele sind empört und zugleich fasziniert. Andere sind nur eins von beidem.

Eine besondere Spielart sind dabei die sogenannten »Schönheitsabende«, die meist in mondänen bürgerlichen Wohnungen im reichen Westen der Stadt stattfinden. Für gewöhnlich haben sie nicht einen so kommerziellen Hintergrund wie die geschilderten Veranstaltungen von Celly de Rheidt und ihrem umtriebigen Mann. Hier treffen sich Aufgeschlossene und Neugierige, lassen sich durch Darbietungen entblößter Tänzerinnen oder erotische Vorführungen von Paaren zum Nachahmen und Mitmachen animieren. Die Garderobe wird alsbald vollständig abgelegt oder gleich am Empfang abgegeben, sodass nichts mehr das nackte Vergnügen stört. Man kommt allein oder in Begleitung. Ehepaare erscheinen zusammen und gehen gemeinsam, aber in den Stunden dazwischen ist vieles möglich. Es ist eine Zeit, in der alles ausprobiert wird, und manch einer oder eine gibt sich sexuellen Ausschweifungen und Praktiken hin, von denen er oder sie früher nicht einmal zu träumen gewagt hat.

Die Behörden stehen dem nächtlichen Treiben weitgehend hilflos gegenüber. Nur selten kommt ans Tageslicht, was sich nachts in manchen Bürgerwohnungen abspielt. Und wenn, dann auch nur, weil die Gastgeber sich unvorsichtig verhalten. Dass es sich bei den aufgeflogenen Veranstaltungen lediglich um die Spitze des Eisbergs handelt, ist Behörden wie Journalisten bewusst. Bekannt wird zum Beispiel die »Gesellschaft der Freunde der Schönheit«, die ebenfalls »Schönheitsabende« veranstaltet und dafür feste Räumlichkeiten in der Joachimsthaler Straße, nahe am Bahnhof Zoologischer Garten, anmietet.

Berlin ist hin- und hergerissen zwischen Leid und Lust, zwischen Hunger und Ekstase. Die Stadt tanzt am Abgrund. Morgen ist Weltuntergang – eine gute Zeit, das Leben zu genießen, es voll auszukosten. Darin steckt Verzweiflung, Angst, Verdrängung. Klaus Mann beschreibt diese exzessiven Erscheinungen des Berliner Nachtlebens im Rückblick so: »›Schaut mich nur an‹, schmetterte die deutsche Kapitale, prahlerisch noch in der Verzweiflung. ›Ich bin Babel, die Sünderin, das Ungeheuer unter den Städten. Sodom und Gomorra waren nicht halb so verderbt, nicht halb so elend wie ich! Nur hereinspaziert, meine Herrschaften, bei mir geht es hoch her, oder vielmehr, es geht drunter und rüber.‹ Das Berliner Nachtleben, Junge, Junge, so was hat die Welt noch nicht gesehen. Früher mal hatten wir eine prima Armee; jetzt haben wir prima Perversitäten. Laster noch und noch! Kolossale Auswahl! Es tut sich was, meine Herrschaften, das muss man gesehen haben!«

Die Sexualisierung des Lebens hat Auswirkungen auch auf die Jugend. Der Journalist und Historiker Sebastian Haffner, der zu dieser Zeit in Berlin aufwächst, schreibt in seinen Erinnerungen, die Jugend damals habe einen neuen »Realismus der Liebe« entdeckt: »Es gab einen Ausdruck sorgloser, hektischer, fröhlicher Leichtlebigkeit. Typisch folgten Liebesaffären einem extrem schnellen Lauf ohne Umwege. Die Jungen, die in jenen Tagen lieben lernten, übersprangen die Romantik und umarmten den Zynismus.« Was bedeutet es für junge Menschen, wenn die frühe Liebe »realistisch« ist und nicht romantisch? Aufsehen erregen Nachrichten über Mädchen im Teenageralter, die ganz ohne Zwang an Sexpartys mit älteren Männern teilnehmen. Der österreichische Schriftsteller Stefan Zweig beobachtet während eines Aufenthaltes in Berlin, die jungen Mädchen »rühmten sich stolz, pervers zu sein; mit 16 noch der Jungfräulichkeit verdächtig zu sein, hätte damals in jeder Schule als Schmach gegolten, jede wollte ihre Abenteuer berichten können und je exotischer, desto besser«. Zweig glaubt allerdings, dass vieles von dieser Attitüde nur gespielt sei. Dass es bei den Jungen anders aussieht, ist kaum anzunehmen. Alles was mit Sex zu tun hat, ist bald nicht nur Ausdruck einer neuen Freiheit, sondern wird immer mehr zum Zwang, zur Obsession.

Als beunruhigend empfinden viele Zeitgenossen die Geschichte des Berliner Ingenieurs F. und seiner Ehefrau, die in einer Wohnung am Kurfürstendamm leben. Als ein Beamter F. anzeigt, weil er sexuellen Verkehr mit seiner minderjährigen Tochter gehabt habe, stellt sich heraus, dass es sich dabei nicht um einen Einzelfall handelt, im Gegenteil. Der besorgte Vater wirft F. vor, er habe seine ahnungslose Tochter gemeinsam mit seiner Frau in die Wohnung gelockt und unzüchtig Handlungen an ihr vollzogen. F. leugnet das gar nicht und auch nicht, was während der polizeilichen Ermittlungen zutage tritt: dass nicht nur die Tochter des Beamten zu Gast in der Wohnung des Ehepaars war, sondern eine Vielzahl von anderen jungen Mädchen, allesamt aus bürgerlichen Kreisen. Es stellt sich heraus, dass die Nachbarn häufig Zeugen von sexuellen Handlungen sind, die am offenen Fenster vollzogen werden. Das alles streitet das angeklagte Ehepaar vor Gericht nicht ab, wohl aber, dass es die Mädchen gezwungen habe. Da den Eheleuten das Gegenteil nicht bewiesen werden kann, werden sie schließlich freigesprochen. Der Journalist Hans Ostwald dazu: »Übrigens war Berlin mehr erregt gewesen über die Annahme, daß F. gewaltsam vorgegangen {sei}, als über die Tatsache, daß junge Mädchen freiwillig an erotischen Spielen teilgenommen {hatten}. Das scheint viele Zeitgenossen gar nicht zu überraschen.«

Schon die ganz Jungen machen mit. Ein Arzt aus dem Virchow-Krankenhaus berichtet von einem Fall, bei dem ein elf Jahre altes Mädchen, das bei einer Vergewaltigung mit einer Geschlechtskrankheit angesteckt wurde, innerhalb eines Jahres zwanzig gleichaltrige Jungen infiziert. Die Zahl der offenen sexuellen Gewaltdelikte gegen Frauen und Kinder geht zurück, weil Gewalt anzuwenden gar nicht nötig sei, wie Experten meinen. So schreibt der Journalist Konrad Haemmerling alias Curt Moreck, Autor des Werkes *Führer durch das lasterhafte Berlin*: »Der Mann hat es nicht nötig, Angriffe auf die weiblich Geschlechtsehre zu machen, weil ihm Mädchen und Frauen, ja Kinder, in einer solchen Weise entgegenkommen, daß er genügend seinen Lüsten frönen darf ... Die Töchter bester Stände und Familien gaben sich den jungen Männern preis. Es war kein Unterschied zwischen Dienstmädchen, Verkäuferin und Haustochter. Die besten Tanzstunden waren Zusammenkünfte sich preisgebender Mädchen mit ihren Beischläfern.« Dass die Zahl illegaler Abtreibungen ansteigt, kann kaum verwundern.

Noch eine Entwicklung fällt auf: Der Übergang zum käuflichen Sex wird fließend. Viele Frauen und auch Männer sind vor dem Hintergrund der Not der Nachkriegsjahre bereit, ihre Körper als Ware anzubieten. Prostitution ist, mit Ausnahme der gemeldeten Frauen, eigentlich verboten. Vor allem viele junge Frauen sind gezwungen, sich auf diese Weise ihren Lebensunterhalt oder den ihrer Kinder zu verdienen, gerade wenn die Männer im Krieg geblieben oder verkrüppelt und arbeitsunfähig sind. Die staatliche Unterstützung reicht einfach nicht aus. Andere finden es schick, sich nebenbei etwas zu verdienen, das macht das Leben als Verkäuferin oder Sekretärin spannender. Zehntausende solcher Frauen, auch »Fünf-Uhr-Frauen« genannt oder »Drückebergerinnen«, weil sie nicht offiziell als Prostituierte gemeldet sind, verdienen sich auf diese Weise ein Zubrot. Als die Reichsmark ab 1922 rasant abstürzt, wird die Gelegenheitsprostitution für einen immer größeren Teil der Bevölkerung zur lebensnotwendigen zweiten Erwerbsquelle. Vor allem Ausländer mit Devisen werden zu bevorzugten Freiern – und diese Männer, Amerikaner, Briten,

»Fünf-Uhr-Frauen« im Berlin der Zwanzigerjahre

Holländer, Skandinavier, Japaner, Südamerikaner, kommen auch genau deshalb in die Stadt, weil Berlin den Ruf hat, seine Frauen seien billig zu haben. Diejenigen, die sich aus finanziellen Gründen Liebhabern mit Devisen hingeben oder sie gar heiraten, werden auch als »Ehedirnen« oder »Valutamädchen« bezeichnet. Übrigens gibt es das auch andersherum: Junge Männer, nicht selten gerade noch stolze Offiziere ihres Kaisers mit besten Umgangsformen, bieten ihre Dienste wohlhabenden Frauen an.

Die Dunkelziffer ist groß, und nicht immer ist die Trennlinie zwischen ökonomischem Zwang und Freiwilligkeit klar zu ziehen. Aber auch die professionelle hauptberufliche Prostitution hat Hochkonjunktur. In Berlin, so schätzen Experten, leben an die 150.000 Menschen – Frauen wie Männer – davon. Damit ist die Branche ein echter Wirtschaftsfaktor, der mitten in der Krise boomt. Das Angebot ist groß, keine europäische Stadt kann mit der deutschen Metropole mithalten. Auf dem Markt gibt es nichts, was es nicht gibt. Neben den »Fünf-Uhr-Frauen« sind die offen als Prostituierte arbeitenden sogenannten Kontrollmädchen (weil sie sich regelmäßig einer behördlichen gesundheitlichen Kontrolle unterziehen müssen) unterwegs, außerdem rund 30.000 »Nutten«, knabenhafte Mädchen im Alter bis zu etwa zwanzig Jahren. Ebenso bieten Dominas und Frauen mit körperlichen Deformierungen sowie Schwangere, auch als »Münzis« bezeichnet, ihre Dienste an. Weil dieses Angebot knapp ist, liegen ihre Preise besonders hoch.

Natürlich gibt es auch Mädchen und Frauen, die nur in Privatwohnungen arbeiten. Die größte Gruppe besteht aus den etwa 3000 »Telefon-Mädchen«, die meist zwischen zwölf und siebzehn Jahre alt sind, sich oft wie berühmte Filmstars nennen und wegen ihres jugendlichen Alters hohe Preise verlangen. Sie können über »Apotheker« bestellt werden. Unter sogenannten »Demi-Castors« versteht man junge Frauen aus gutem bürgerlichem Haus, die einen festen Arbeitsplatz in zumeist gehobenen Einrichtungen haben. Die etwa 2500 »Fohsen« arbeiten selbstständig und annoncieren für gewöhnlich als Masseusen. Dominas und Minetten erfüllen sadomasochistische Wünsche, während Tischfrauen ihre kultivierten Kunden zunächst in niveauvollen Etablissements unterhalten, ehe sie weitere Dienste in einem Separee anbieten.

In der Öffentlichkeit am bekanntesten aber sind die sogenannten Tauentzien-Girls, die sich auf der Tauentzienstraße und rund um die Kaiser-Wilhelm-Gedächtniskirche anbieten und ein gern beschriebenes Thema in den Zeitungen sind. Von ihnen gibt es mindestens 2500. Sie haben ein Vorbild: Anita Berber.

Kapitel 15

SCHICKSALHAFTE BEGEGNUNG

Das lasterhafte Berlin zieht viele an, übt einen Reiz aus, dem nicht nur schwache Geister nicht widerstehen können. Das gilt auch für einen jungen Mann aus Hamburg, Spross einer wohlhabenden jüdischen Kaufmannsfamilie; sein Vater ist Besitzer einer Fabrik für Seidenstrümpfe. Geboren 1898 in Chemnitz, wächst er an der Elbe auf und wird hier früh Mitglied in Künstler- ebenso wie in Homosexuellenkreisen. Seine Herkunft aus einem gutsituierten jüdischen Bürgerhaus ist ein großes Problem für ihn, denn es will partout nicht zu dem düsteren, geheimnisvoll-erotischen Image passen, das er sich zu geben bemüht ist. Ausgestattet mit einigen Talenten wie Schreiben und Tanzen, zieht es ihn schon in jungen Jahren zur Kunst. Er widersetzt sich den Wünschen der Eltern, die eine typische bürgerliche Karriere für ihn vorsehen, besucht gegen ihren Willen eine Kunstschule in Hamburg, lernt Sprachen und lässt sich im Tanz ausbilden. Möglicherweise wird er gegen Ende des Krieges zum Militärdienst eingezogen. Er heißt Willy Knobloch, nennt sich aber als Tänzer Sebastian Droste. Der Vorname ist eine Anspielung auf den heiligen Sebastian, eine ikonische Figur unter Homosexuellen. Der

Nachname Droste nimmt Bezug auf die Schriftstellerin Annette von Droste-Hülshoff, die er verehrt.

Der junge Mann fühlt sich, wie viele gebildete Angehörige seiner Generation, als Expressionist. Die Schrecken des ersten industriell geführten Krieges der Menschheitsgeschichte, das jahrelange brutale Morden und Sterben in den Schützengräben verarbeitet Knobloch in literarischen Texten, denn zunächst steht, bevor er sich dem Tanz zuwendet, im Mittelpunkt seines Interesses das expressionistische Schreiben. Ein Text mit dem Titel »Schlacht«, der in der pazifistischen Monatszeitschrift *Menschen* aus Dresden veröffentlicht wird und Erlebnisse an der Westfront schildert, könnte darauf hindeuten, dass Willy Knobloch selbst in Frankreich im Krieg war, aber gesicherte Erkenntnisse darüber gibt es nicht. Es geht in »Schlacht« um einen jungen Mann, der seine Mitmenschen von den Schrecken des Krieges überzeugen will, indem er die Geschichte einer Mutter erzählt, die in den Kriegswirren ihr verloren gegangenes Kind sucht. Zwischen 1919 und 1923 veröffentlicht Knobloch sechzehn Gedichte und »Grotesken«, die in Herwarth Waldens Zeitschrift *Der Sturm* gedruckt werden.

Im August 1919 schreibt Knobloch Gedichte über Tänzer und den Tanz, ein beliebtes Thema expressionistischer Autoren. Er schildert eine katzenähnliche Tänzerin, deren Darbietungen in den Köpfen der Zuschauer und Zuschauerinnen einen Aufruhr verursachen. Der Text liest sich, als ob Knobloch einen Auftritt Anita Berbers gesehen hat und sich auf ihn bezieht, ohne sie namentlich zu erwähnen. Nach Berlin kommt Knobloch allerdings erst im

Herbst 1919; vermutlich hat er sie also in einer anderen Stadt erlebt. In diesem Jahr 1919 ändert er seinen Namen: aus Willy Knobloch wird Sebastian Droste.

Der Neuankömmling aus Hamburg macht in der Hauptstadt bald von sich reden als ein unvergleichlicher Tänzer, der mit Erotik spielt, sich gewandt und geheimnisvoll auf der Bühne zu bewegen weiß und unübersehbar und offen homosexuell seine feminine Seite zur Schau stellt. Er ist ein Publikumsmagnet, selbst im quirligen Berlin mit all seinen Stars und Sternchen. Ein Kritiker widmet ihm in der Zeitschrift *Libelle* einen wohlwollenden Artikel: Er sei groß und schlank, habe einen ausgeprägten Sinn für das charakteristische Kostüm und könne gut Musik in Bewegung übertragen. Aber auch leise Kritik klingt an, wenn der Autor schreibt, Droste habe Temperament und Mut zu Gewagtheiten, »auch wenn sie hart die Grenze der Effekthascherei streifen«. Der Artikel schwärmt dennoch über »dämonisch groteske Sinnlichkeit«, »rauscherfüllte Verzückungs- und Angstzustände sowie … andachtsdurchglühte religiöse Stimmungen«. Und weiter: »Eine Nummer heißt ›Opiumrausch‹, und es ist ungewiss, ob bereits die eigene Sucht oder nur mimische Darstellung geboten wurden.«

Droste schließt sich Celly de Rheidts Ballett an, wo er gern aufgenommen wird. Doch bald schon befinden Kritiker, dass der androgyne und irgendwie mysteriöse Tänzer eigentlich zu gut sei, um bei Celly de Rheidt aufzutreten. Aber dieser Sebastian Droste ist genau das, was die umtriebige Ballettchefin sucht. Männliche Tänzer, die den modernen Ausdruckstanz beherrschen, sind rar, und mit seiner ungewöhnlich charaktervollen, mystisch-dunklen Erscheinung passt dieser androgyne Typ nur zu gut in ihre Truppe. Zumal er keinerlei Probleme damit hat, nackt aufzutreten, im Gegenteil scheint ihn genau das zu reizen. »Nackt« bedeutet für gewöhnlich, dass er einen knappen Schurz um die Lenden trägt.

So engagiert Celly de Rheidt ihn vermutlich im Winter 1920, um ihm die männliche Hauptrolle in ihrem Stück *Tanz der Schönheit* zu übertragen. Zu einem Cancan gibt Droste auch Jacques Offenbachs *Orpheus in der Unterwelt*: Er sitzt auf einem Thron und wippt im kalten Licht hin und her. Seine Präsenz auf der Bühne ist so außergewöhnlich, dass die begeisterte Celly de Rheidt ihm bereits wenige Monate später einen Soloabend ermöglicht. Sebastian Droste macht sich so als ausdrucksstarker Nackttänzer einen Namen.

Das zeigt auch das Angebot des Regisseurs Hans Werckmeister, der es ihm ermöglicht, als Tänzer in dem Film *Algol* mitzuwirken, einem von *Caligari* beeinflussten frühen Science-Fiction-Streifen. Die Hauptrolle spielt Emil Jannings, der 1929 der erste Oscar-Preisträger der Geschichte wird. Uraufführung ist am 3. September 1920 in Berlin, im Jahr darauf wird der Film weltweit vermarktet. Ob Droste zu dieser Zeit Ambitionen hat, ins Filmgeschäft einzusteigen, ist nicht belegt; es scheint, als habe es keine weiteren Angebote gegeben.

Doch der junge Tänzer wirkt auch weiter als Autor, und so versucht er, in einem Artikel für die Zeitschrift *Die*

Libelle seinen Tanz mit Worten zu erklären. Man erkennt seinen hohen Anspruch, wenn er schreibt, dass der Ausdruckstanz die Zuschauer aus einer schlechten Vergangenheit in eine wahrhaftere Gegenwart geleiten soll. Auf der Bühne könnten nackte Körper, gewalttätige Konflikte und harsche Sexualität selbst ein Kindermärchen in eine erschreckende erotische Traumlandschaft verwandeln.

Drostes Auftritte kommen an. Im Sommer 1921 erreicht ihn eine Anfrage von Jutta Collande und Gertrude Zimmermann, den Leiterinnen der Münchner Tanzgruppe, sodass er für eine Weile in die bayerische Hauptstadt wechselt. Aber es ist klar, dass nicht das konservative München, in dem Antisemitismus und rechte Gruppierungen immer stärker werden, sein Pflaster ist, sondern das wilde, offene und enthemmte Berlin. So ist es für ihn keine Frage, dass er an die Spree zurückkehrt und wieder bei Celly de Rheidt tanzt. Der *Schwarze Kater* ist seine Bühne, wo das Publikum sich von dem nackten Sebastian Droste anziehen lässt. Zumindest so lange, bis die Polizei die Auftritte der Truppe untersagt und Celly de Rheidt 1922 die Stadt verlässt.

Damit ist Droste im Frühsommer 1922 arbeitslos. Ärgerlich ist das, hat er sich doch gerade erst in der Hauptstadt einen Namen gemacht. Doch aufgeben ist keine Option, und er hat einen Plan, der zeigt, dass er seine Karriere bewusst angeht: Er will Berlins bekannteste und skandalöseste Tänzerin davon überzeugen, mit ihm zusammenzuarbeiten. Er kennt Anita Berber bereits flüchtig, beide haben bei de Rheidt zusammen auf der Bühne gestanden, ohne dass sie allerdings von ihm Notiz genommen hat.

Der Weg, den Droste wählt, ist nicht der übliche über ihre Managerin Susi Wanowski. Sicher, er könnte einfach bei ihr vorstellig werden und sich als Anitas Tanzpartner anbieten. Aber er ahnt, dass er das Interesse der Königin der Nacht wirklich wecken muss und das nicht über ein Bewerbungsgespräch möglich ist. Er weiß, wie Anita Berber tickt, schließlich sind beide Geschwister im Geiste. Mit dem Unterschied allerdings, dass Droste gezielter und planmäßiger vorgeht und seine Karriere im Blick hat, während Anita alles mehr oder weniger dem Zufall überlässt.

Jetzt will er die Berühmtheit seiner ehemaligen Kollegin nutzen. Leo Lania beschreibt, wie die beiden sich eines Nachts im Spätfrühling 1922 in einer Spielhölle wiedersehen. Es ist einer dieser Abende, an denen es hoch hergeht. Die Berber ist gerade mit einem Gast aneinandergeraten. Sebastian Droste hat die Szene beobachtet, tritt jetzt von hinten auf die noch tobende Anita zu und spricht sie an. Die Vermutung, dass er sich nicht zufällig im selben Etablissement aufhält, ist naheliegend. Seine Stimmlage wirkt blasiert, und als sie sich umdreht, blickt sie in ein feminines Gesicht mit kalten Augen. Im ersten Augenblick ist sie gar nicht angetan von diesem unsympathischen Typ; der schmale Mund hat für sie geradezu etwas Grausames. Das schwarze Haar ist glatt mit Pomade nach hinten gekämmt, nur zwei Strähnen sind effektvoll nach vorn gezogen. Die Augen sind mit Tusche ummalt, das Gesicht weiß gepudert. Elegant ist er gekleidet, doch alles wirkt künstlich, auf Effekthascherei getrimmt. Ein widerlicher Fatzke, denkt Anita, und das erzählt sie vermutlich später Lania.

Aber sie fühlt sich zugleich auch angezogen. Droste erinnert sie daran, dass sie sich schon begegnet sind, bei Celly de Rheidt, ohne jeweils die Aufmerksamkeit des anderen erregt zu haben. Man bricht gemeinsam auf ins *Alkazar,* dem Vorgänger des berühmt-berüchtigten Transvestitenlokals *Eldorado* in der Lutherstraße. Anitas Begleitung Susi Wanowski und der Rest der üblichen Entourage sind vergessen in diesem Augenblick. Anita hat nur noch Augen für diesen blasierten, affektierten Mann.

Was für ein Mann ist Sebastian Droste? Einer, der sich der Königin der Nacht, dem Star des Nachtlebens, unterordnet? Ganz sicher nicht, das entspricht absolut nicht seinem Charakter. Zudem würde eine Verbindung mit einem solchen Mann auch nicht lange halten. Anita Berber braucht jemanden, der sie herausfordert, ihr widerspricht, sonst gliche das Verhältnis bald dem zu Susi Wanowski – eine ordnet ihre Ansprüche völlig denen der anderen unter. Das langweilt Anita, aber so ein Typ ist Sebastian nicht.

Sie schätzt seine außergewöhnliche Persönlichkeit, seine kühne und reiche, durch Kokain befeuerte Fantasie. Er ist immer unruhig, nie erlebt sie ihn befriedigt. Aber in seinen ruhigeren Phasen redet er viel von der Zukunft und wie man sie angehen müsse. Oft fragt er sich, warum er eigentlich tanze und nicht schreibe, sieht sich also eigentlich als Autor. Er weiß nicht, wohin sein Weg ihn führen soll, er ist rastlos, von einem ewigen Durst und von einer dauernden Unzufriedenheit gequält. »Er dachte oft an den Tod. Er liebt es, den Tod in seiner Nähe zu spüren, und ich wundere mich, daß wir beide nie nach den übermäßigen Dosen Morphium, die wir manchmal nahmen, in die Ewigkeit entschlummert sind.« So beschreibt Anita ihn im August 1927, fünfzehn Monate vor ihrem Tod, in einem Interview mit der Budapester Zeitung *Pesti Napló*.

Leo Lania, der Droste persönlich kennenlernt, zeichnet dagegen das Bild eines unsympathischen Mannes. Nach seinen Worten ist er ein Künstler, der mit verschiedenen Talenten ausgestattet ist, ohne in einem wirklich gut zu sein. Ein Romantiker ohne echte Gefühle, ein Egoist ohne Stärke und Willen, ein Mann, dessen Dekadenz pure Berechnung ist, ein stets Berechnender ohne Leidenschaft; eben ein typischer Vertreter seiner Generation. Alle diese Eigenschaften passen gut zu denen Anitas, die eingestandenermaßen zu keinen echten und tiefen Gefühlen fähig ist. Die sich nach einem Rausch sehnt, ganz gleich, worin dieser besteht; die Liebe sucht, ohne lieben zu können und die in ihren zahllosen sexuellen Eskapaden keine Befriedigung findet. Auch der Tänzer Joe Jencík zeichnet ein negatives Bild von Droste. Für ihn ist er, der stets wirken wolle wie ein »Standardhomosexueller vom Alexanderplatz«, ein femininer Despot und Schlaumeier, ein Dompteur und Betrüger, der Anita für den eigenen Erfolg benutzt.

Drostes selbstgefälliges, arrogantes Auftreten ist ebenso irritierend wie aufgesetzt. Vermutlich verbirgt er genauso wie Anita eine tiefsitzende Unsicherheit durch sein aufreizendes Verhalten, das andere ebenso fasziniert wie abstößt. Es ist der Ausdruck der Zeit, ein Trend, eine Mode, aber Moden ändern sich, und Droste wird bald ler-

Willy Knobloch alias Sebastian Droste, um 1923

nen müssen, dass eine Mode Authentizität auf Dauer nicht ersetzen kann. Je mehr er etwas darstellen will, umso mehr fehlt ihm ein tieferer Wesenskern. »Gemäß seiner Selbstdefinition wird das präzise so beschrieben: Bluffen ist alles«, urteilt der Historiker Mel Gordon zu Recht. Das betont düstere, mystische, geheimnisvolle Image, das er sich zulegt, passt in die Zeit, es lässt ihn eine Weile in den wilden Berliner Nächten noch dunkler erstrahlen. Aber bald schon streben die Berliner Nachtschwärmer wieder zum Licht, zur strahlend-glitzernden Revue, und das Dunkle ist einfach nur dunkel und hohl. Doch noch ist es nicht so weit. Noch tummeln sich Sebastian Droste und Anita Berber umschwärmt im Berliner Nachtleben.

Sebastian gewinnt denkbar großen Einfluss auf Anita. Wenn sie jemals überhaupt für einen Mann tiefe Gefühle entwickelt, dann wohl für diesen Homosexuellen. Doch lange wird ihre Beziehung nicht halten. Schon im Sommer 1923 trennen sich die Wege der beiden wieder. Nach dem großen Skandal in Wien in den letzten Monaten des Vorjahres, von dem eingangs berichtet wurde, haben sie keine gemeinsame Zukunft mehr. Dass Droste Berlin entfliehen muss, ist ihm bald nach der Ausweisung aus Wien klar. Aber wohin soll er sich wenden? Nach Paris, der anderen europäischen Hauptstadt von Glamour und Nightlife? In die Metropole London? Nein, ihn zieht es über den großen Teich, nach New York. Die aufgeregte, wogende Stadt mit ihren Hochhäusern, ihrer Jazzmusik, ihren zahlreichen Theatern und dem Image des *anything goes* übt eine große Anziehungskraft auf junge Europäer aus. Einige Größen der europäischen Künstlerszene geben sich gerade 1922/23 ein Stelldichein am Hudson River. Die Juwelen aus Anitas Besitz, die Droste aus Berlin mitgehen lässt, müssen einen nicht geringen Wert haben, anders ist es nicht zu erklären, wie sich der mittellose Emigrant ein Appartement ausgerechnet an der teuren Park Avenue, der »Straße der Millionäre«, leisten kann. Hier wohnen nicht nur die Schönen und die Reichen, hier und in den umliegenden Vierteln tobt das Jazz-Leben der Millionenmetropole.

Anstatt sich um seine Karriere als Tänzer zu kümmern, macht Droste erst einmal etwas ganz anderes: Er gründet die »International Association Against the Tyranny of Parents (IAAP)«, also eine Gesellschaft gegen die Tyrannei der Eltern. Ein Schritt mit Bezug auf seine Herkunft, denn in seiner Sicht ist er ein Opfer seiner Eltern, haben sie ihn doch in die Welt gesetzt als Kind aus gutsituiertem, bürgerlichem Hause, ein schlimmer Makel in seinen Augen. Und schließlich: Zeigt sich nicht die Tyrannei des Vaters gerade darin, dass er immer wieder die Schulden seines Sohnes begleicht, die dieser aufgrund seines extravaganten Lebens macht? Doch jetzt braucht er den Vater nicht mehr, er hat Anitas Juwelen, und so kann er sich offen gegen den »tyrannischen« Vater auflehnen.

New York ist ein guter Ort für die Gründung einer Gesellschaft gegen die Tyrannei der Eltern, denn hierher sind eine ganze Reihe jüngerer Nachfahren berühmter und bis vor wenigen Jahren einflussreicher europäischer Adelshäuser gezogen; auch sie geflüchtet vor den Familien. Zu ihnen gehören Prinzessin Alteresco von Rumänien ebenso wie der 25-jährige österreichisch-ungarische Prinz Alexander Dietrichstein zu Nikolsburg, ein Angehöriger des internationalen Nachkriegs-Jetsets, der mit vielen Prominenten verkehrt und 1925 von einer österreichischen Zeitung als »elegante, grazile, fast mädchenhafte Jünglingserscheinung« beschrieben wird. Zu der Gruppe stoßen außerdem ein Mitglied des ungarischen Hauses Batthyány, ein türkisch-osmanischer Prinz sowie Gilbert Kahn, der Sohn des berühmten deutsch-amerikanischen New Yorker Bankers und Kunstmäzens Otto Hermann Kahn, der später eine Broadway-Tänzerin heiratet.

Droste treibt den Aufbau seiner Organisation voran. Am 20. Juni 1924 lädt er die Presse zur Vorstellung ins noble *Waldorf Astoria*, gleich in der Nachbarschaft seines Appartements. Die Zeitungsvertreter strömen zusammen, kein Wunder angesichts der namentlich genannten Sponsoren wie Albrecht von Bismarck, dem 21 Jahre alten Enkel des legendären Reichskanzlers, einem Neffen des Duke of Windsor, Lord Louis Mountbatten, einem Nachfahren der französischen Herzöge von Croy, dem Sohn des Industriemoguls Hugo Stinnes und anderen. Finanzielle Unterstützung, so teilt Droste den zweifellos beeindruckten Journalisten mit, leiste auch Edith Rockefeller McCormick, Tochter von John D. Rockefeller und bekannte Kultur-Mäzenin. Die erste Aktion der IAAP soll eine Talentshow sein, die nach ihrem Start in New York auch nach Berlin, Paris, London und Rom gastieren wird und bei der sich junge Künstlerinnen und Künstler auf der Bühne präsentieren können.

Doch diese Tournee findet nicht statt, ebenso wenig wie die IAAP überhaupt jemals wieder in Erscheinung tritt. Sie verschwindet ganz einfach nach ihrer pompösen Vorstellung. Warum Droste diese Gründung inszeniert, bleibt ein Geheimnis. Möglicherweise sieht er sie als Gelegenheit, mit den gutsituierten Sprösslingen europäischer Adelsgeschlechter und des amerikanischen Geldadels in Kontakt zu kommen. Ob er auch Gelder einsammelt und wenn ja, was daraus wird, ist nicht bekannt.

Statt sich dem Kampf gegen die tyrannischen Eltern dieser Welt zu stellen, widmet sich »Baron Sebastien Droste«, wie er sich jetzt nennt, dann doch dem Fortgang seiner Karriere als Tänzer. Die Umbenennung soll ihm mehr europäischen Glanz verleihen – der frei erfundene Titel verfehlt seine erhoffte Wirkung nicht, denn europäische Adelstitel üben auf Amerikaner einen besonderen Reiz aus; das »e« statt dem »a« im ebenfalls frei erfundenen Vornamen soll vermutlich für ein bisschen französisches Flair sorgen. Für sein Programm benötigt Droste eine Partnerin, und er findet sie in Jeanette Mlodecki, eine der Töchter aus dem europäischen Adel, die er über die IAAP kennengelernt hat. Für den ersten gemeinsamen Auftritt am 14. Oktober 1923 mietet Droste gleich die renommierte *Carnegie Hall*. Auch das ist nur möglich, weil er über Geld verfügen muss – und über ein großes Selbstvertrauen. Das Programm nennt sich *Vices, Horrors, Ecstasies: A Programme of Modern Pantomimic Dance* und lehnt sich an die *Tänze des Lasters, des Grauens und der Ekstase* an. Es gibt Stücke wie *The Martyrdom of St. Sebastien, Die An-*

kunft in New York, vier Tänze unter dem Titel *Delirium, Figures of Edgar Allen Poe* und einiges mehr. Droste ist der Mittelpunkt der Aufführung, seine Partnerin bleibt klar im Hintergrund. Sie dürfte bei weitem nicht an Anita Berbers Bühnenpräsenz und tänzerische Fähigkeiten heranreichen, und so verschwindet sie auch nach dem kurzen Gastspiel mit dem »Baron« im Dunkel der Geschichte.

Droste setzt in den Auftritt – immerhin in der *Carnegie Hall*! – große Hoffnungen, und an Selbstbewusstsein mangelt es ihm ganz offensichtlich nicht. Auch wenn das vorzeitige und so unschöne Ende der Beziehung mit Anita ein gesellschaftlicher Rückschritt für ihn war, so plant er dennoch seine Karriere weiterhin groß und gezielt, wie er es auch schon in Berlin getan hat. So schickt er dem bekannten Regisseur, Drehbuchautor und Filmproduzenten David Wark Griffith eine persönliche, handgeschriebene Einladung inklusive zwei Karten zur Premiere. Seine Hoffnung ist deutlich: Er möchte ins Filmgeschäft einsteigen, Anita hat es ihm vorgemacht, und einmal hat er selbst in Berlin schon in das Metier hineingeschnuppert. Beim Film locken Bekanntheit und das große Geld. Doch Griffith zeigt kein Interesse, er antwortet erst nach dem Auftritt und schickt die Karten mit Dank zurück. Und damit nicht genug: Ungewöhnlich genug für eine Veranstaltung in der *Carnegie Hall,* nehmen die New Yorker Zeitungen keine Notiz von dem Abend, und das gilt selbst für die Tanzjournale. Das gleiche Schicksal erleidet eine zweite Aufführung im Dezember, diesmal in der Kirche St. Michael's. Statt Jeanette Mlodecki holt sich Droste diesmal eine Tänzerin an seine Seite, die unter dem Namen Thea von N. auftritt, also offenbar deutscher oder österreichischer Herkunft ist. Über Thea von N. ist nichts bekannt.

Sebastian Droste muss sich eingestehen, dass sein erstes Programm in New York ein völliger Reinfall ist. Ein Rückschlag, doch ans Aufgeben denkt er noch lange nicht. Er hat seine in Berlin unter Beweis gestellte Fähigkeit, sich in eine neue Szene einzufinden, keineswegs verlernt. Gezielt sucht er Fühlung zur Welt des Films. Möglicherweise wendet er genau die Taktik an, die ihn in Berlin mit Anita zusammengebracht hat – die direkte Ansprache und den persönlichen Kontakt. Gerüchten zufolge soll er Verhältnisse mit den Hollywood-Schauspielerinnen Gloria Swanson, Pola Negri und Mae Murray pflegen. Ausgeschlossen ist das nicht, die drei halten sich zu dieser Zeit in New York auf, hat der Historiker Mel Gordon recherchiert. Aber die bis heute verbreitete Behauptung, Droste sei mit allen drei Frauen verheiratet gewesen, ist schlicht erfunden.

Der Film jedenfalls ist sein neues Ziel, wie schon die Einladung an Griffith zeigt. Engeren Kontakt hat er zu der englischen Schauspielerin Rosalinde Fuller, die wenige Jahre zuvor in die USA übergesiedelt ist. Fuller, ein paar Jahre älter als Droste, ist eine passionierte und erfolgreiche Theaterschauspielerin, die dem neuen Medium Film eher distanziert gegenübersteht und auch nur in acht Filmen spielt. Aber sie ist eine Freundin des bekannten Fotografen Francis Bruguière. Der wiederum ist der Spross einer reichen Bankiersfamilie aus San Francisco, muss sich aber irgendwie durchschlagen, nachdem seine Eltern verarmt sind. Bruguière macht sich einen Namen als Fotograf des katastrophalen Erdbebens 1906 in seiner Heimatstadt; in den Zwanzigerjahren ist er vor allem als Fotograf tätig, der die Stars des Broadways ablichtet und für Zeitschriften wie *Harper's Bazar, Vanity Fair* und die *Vogue* arbeitet. Ihn zu kennen ist sicher keine schlechte Option.

Droste hat eine Idee. Er möchte einen Film unter dem Titel *The Way* machen; die Kriminalgeschichte, stark beeinflusst vom deutschen Expressionismus, soll auch autobiographische Züge tragen: Ein junger Mann, auf der Suche nach der großen Liebe, zerstört sich selbst durch den Konsum von Drogen. Obwohl das Interesse der Amerikaner am deutschen Expressionismus zurückgegangen ist, gelingt es Droste, Bruguière von seinem Projekt zu überzeugen. Der Meisterfotograf lichtet ihn zwischen Januar und April 1925 auf sechzig Fotos ab, die Einblicke in das Filmprojekt geben sollen, bei dem auch Rosalinde Fuller mit an Bord ist – vermutlich sieht sie in Drostes Projekt einen Film, der künstlerisch über die Massenware aus Hollywood hinausragt.

Bruguière schickt Fotos der aufwendig gestalteten Serie mit Droste und Fuller nach Deutschland an die Redaktion von *Die Dame*, die sie auch prompt im Juli 1925, begleitet von einem Artikel, veröffentlicht. Zwei Jahre später werden 35 der Fotos im New Yorker Art Center ausgestellt und von Kritikern auf das Höchste gelobt. Aber aus dem Film wird nichts. Als die Ausstellung im Art Center eröffnet wird, ist Fuller wieder in ihre englische Heimat zurückgekehrt – und Sebastian Droste bereits tot.

Sebastian Droste in »The Way«, Collage um 1925

Doch im Frühjahr 1925 verfolgt Droste noch ein weiteres Projekt. Er schließt sich Pierre Bernard und seiner Frau Blanche DeVries an, zwei Vorkämpfer der Yoga-Kultur in den USA, denen es gelingt, eine ganze Reihe wohlsituierter und prominenter Amerikanerinnen und Amerikaner, darunter auch Künstler, Musiker, Komponisten, Schriftsteller und Tänzer, für Yoga zu begeistern. Das Selbstbewusstsein der »neuen Frau«, die Veränderungen im Selbstbildnis mancher Männer machen diese Kultur für beide Geschlechter interessant. Droste reist nach South Nyack, eine Kleinstadt rund dreißig Kilometer nördlich von New York, wo das Yoga-Paar ein Zentrum eröffnet hat. Es besteht aus zehn Gebäuden, darunter drei Villen, verfügt über einen Pool, ein Gewächshaus, ein Theater, ein Clubhouse und einiges mehr und wird finanziert unter anderem von der Familie Vanderbilt, die zu den reichsten des Landes gerechnet wird. Der Clarkstown Country Club, wie das Zentrum sich nennt, verfügt sogar über einen eigenen kleinen Flugplatz.

Das große Interesse derjenigen, die sich die kostspieligen Besuche leisten können, liegt jedoch nicht nur in den Entspannungsübungen, sondern in den inspirierenden neuartigen Sextechniken, Hypnosen und Methoden psychischer Heilung, die im Club propagiert werden. Die Boulevardpresse, die Bernard den »Großen Onkel« nennt, nimmt regen Anteil. In der Liebeskolonie Clarkstown Country Club findet Sebastian Droste ein neues Betätigungsfeld – als Choreograf der ungewöhnlichen Sexsessions. Ein Spielfeld, das seinen persönlichen Neigungen durchaus entgegenkommt. Weil Bernard und DeVries zwar eine anregende Inszenierung wünschen, aber selbst keine Ahnung haben, wie man das auf die Beine stellt, engagieren sie den Nackttänzer aus Deutschland. Und Droste erfüllt ihre Erwartung vollends, als er einen Raum erschafft, der die Besucherinnen und Besucher an ihre Vorstellung von einer satanischen Messe in Berlin erinnert: düster, mystisch, sexuell aufgeladen, erregend. Als Droste im Dezember 1925 den zehnten Hochzeitstag eines Ehepaars inszeniert, bei dem er unter anderem die teilnehmenden Frauen in Nonnengewänder hüllt, unter denen sie fast nichts tragen, die Männer entsprechend in Mönchskutten, und eine Art satanische Messe veranstaltet, ist das Publikum begeistert. Auch die Presse ist geladen, denn Bernard und DeVries möchten ihren Club noch bekannter machen und sehen in Drostes Veranstaltung eine gute Gelegenheit. Die Journalisten sind fasziniert; selbst die seriöse *New York Times* schickt einen Reporter, der anschließend einen Artikel veröffentlicht. Für Publicity ist also gesorgt.

Auf diese Weise macht der »Baron« sich am Hudson River bekannter. Nebenbei arbeitet er als Korrespondent für die *BZ am Mittag* in Berlin und ein oder zwei andere deutsche Zeitschriften. Das Interesse in Deutschland an allem, was mit der populären Jazz-Kultur in den USA zu tun hat ist groß, und Droste beschreibt sie nicht als Zuschauer, sondern als Teil dieser Szene. Im April 1926 zeigt er sich fasziniert von einem Mann namens Gerald Chapman, einem Mörder, dem die Flucht aus dem Gefängnis gelungen ist, und den die amerikanische Presse zum »Staatsfeind Nr. 1« kürt. Eine dunkle, geheimnisvolle Figur – ganz nach dem Geschmack Drostes. Es gelingt ihm, als einer von nur einer Handvoll Personen am 6. April 1926 der Hinrichtung Chapmans beizuwohnen. Er schreibt darüber eine Reportage für *Das Magazin*.

Über die weiteren Aktivitäten Drostes in New York ist nichts bekannt. Er erkrankt vermutlich 1926 an Tuberkulose, eine Folge seines Drogenkonsums, den er sicher auch hier weiter pflegt, denn Kokain ist der Motor seiner Kreativität. Wahrscheinlich Anfang 1927 kehrt er nach Deutschland zurück und zieht zu seinen Eltern nach Hamburg, die ihren verlorenen Sohn wieder aufnehmen und pflegen. Doch Rettung gibt es für Sebastian Droste nicht mehr. Er stirbt am 27. Juni 1927 im Alter von 28 Jahren und wird in Hamburg im Grab seiner Familie beigesetzt.

Der ungarischen Zeitung *Pesti Napló* gegenüber sagt Anita wenige Wochen später: »Er kehrte sterbend nach Hause zurück. Außer von seinem Zimmerfenster aus konnte er seine ihm liebe lärmende Stadt nicht wiedersehen … Monatelang lag er ohne jede Hoffnung im Bett. Sein einziger Trost waren das Morphium und Heines Gedichte, die alle zerrissen unter dem Kopfkissen gefunden worden sind. Dann eines Tages fragte er nach Papier und Stift. Er wollte schreiben. Aber das letzte Gedicht wurde nie geboren.«

Kapitel 16

TÄNZE DES LASTERS, DES GRAUENS UND DER EKSTASE

Doch zurück ins Jahr 1922. Nach ihrem Wiedertreffen im Berliner Nachtleben in diesem Sommer sind sich Anita und Sebastian schnell einig, dass sie zusammenarbeiten wollen. Es scheint zu passen – beide umgeben sich mit einer düsteren, geheimnisvollen und sexuell aufgeladenen Aura und beide sind an einem Punkt angelangt, an dem sie sich neu orientieren müssen. Droste ist nach dem Ende des Celly-de-Rheidt-Balletts ohne Engagement. Anita muss feststellen, dass sie inzwischen endgültig nicht mehr als seriöse Tänzerin gesehen wird. Sie wird als Schauspielerin wahrgenommen, die vorwiegend frivole Rollen spielt, als Model, das sich vor der Kamera oder für eine Malerin entkleidet. Sie ist ein Star, aber sie gilt nicht als ernst zu nehmende Künstlerin. Vermutlich leidet sie immens unter diesem Image, das sie selbst geschaffen hat. Seit einigen Monaten tritt sie in der *Weißen Maus* auf, und zwar völlig unbekleidet. In die *Maus* kommt vergnügungswilliges, Champagner trinkendes Publikum, das wenig Interesse an künstlerischen Darbietungen hat. Die Besucherinnen und Besucher tragen Masken, die die Hälfte des Gesichts verbergen, damit sie nicht erkannt werden; sicher eher ein Spiel in leicht verruchtem Ambiente. Die Zusammenarbeit mit Sebastian soll Anita die Möglichkeit eröffnen, ihrer Karriere wieder eine andere Richtung zu geben.

Die bisexuelle Frauen bevorzugende Anita Berber und der homosexuelle, zu Karrierezwecken auch an Frauen interessierte Sebastian Droste gelten bald nicht nur als Tanzpaar, sondern auch als Paar im Leben. Susi Wanowski ist Geschichte, bewegt sich aber als eine Art Managerin weiter in Anitas Umfeld. Der treibende Part jedoch ist Sebastian. Er sieht sich und seine neue Partnerin in düsterem Tanz in eine strahlende Zukunft schreiten. Das Programm, das die beiden erarbeiten, soll alles bisher Dagewesene in den Schatten stellen. Schon der Titel kommt pathetisch daher: *Die Tänze des Lasters, des Grauens und der Ekstase*. Die Tänze sollen das Empfinden der beiden, ihre Erfahrungen mit Drogen, mit sexuellen Grenzüberschreitungen, Krisen und innerste Empfindungen auf der Bühne zum Ausdruck bringen. Die *Tänze* sind tief im expressionistischen Gestus verwurzelt und wollen ein Spiegelbild der Zeit sein – und die ist nun mal düster und wild und ungezügelt.

Anita Berber und Sebastian Droste beginnen bald nach ihrem erneuten Aufeinandertreffen mit den Proben. Vermutlich nach zwei, höchstens drei Monaten steht das Programm. In den Veröffentlichungen zu Berber wird stets behauptet, die Premiere habe am 14. November 1922 in Wien stattgefunden. Doch bereits Anfang Oktober tritt das

Paar in Berlin mit *Tänze des Grauens und der Ekstase* auf, wie man einem Bericht der sozialdemokratischen Zeitung *Vorwärts* entnehmen kann. Und es gelingt, die erste Aufführung immerhin wieder im *Blüthner-Saal*, dort also, wo einige Jahre zuvor Anitas Karriere begann, auf die Bühne zu bringen. Das erscheint als ein gutes Omen; vor allem ist der *Blüthner-Saal* kein Kabarett wie die *Weiße Maus*. Für das Publikum hat der Name Anita Berber große Strahlkraft, und so ist diese erste Vorstellung sehr gut besucht.

Der Eindruck aber, den die Aufführung auf den Verfasser des *Vorwärts*-Artikels macht, ist desaströs. Bei dem Autor des Verrisses handelt es sich, was umso schwerer wiegt, um einen Kenner und bekannten Kritiker: John Schikowski. Der Lebensgefährte des Schriftstellers B. Traven ist unter anderem ein anerkannter Experte für Tanz und gilt als Förderer junger Nachwuchskünstler. Als Künstler jedoch sieht er Anita und Sebastian nicht. Im Gegenteil, er schreibt: »›Tänze des Grauens und der Ekstase‹ nennt Anita Berber die turnerischen Übungen, die sie zusammen mit einem Herrn Sebastian Droste – beide bis über die Grenzen der Bannmeile hinaus entkleidet – im Blüthner-Saal produzierte. ›Mörder‹, ›Die Guillotine‹, ›Selbstmord‹, ›Haus der Irren‹, ›Morphium‹ hießen die Nummern des Programms. Wer aber geglaubt hatte, daß er hier das Gruseln lernen könne, wurde enttäuscht. Die Wirkung war Gähnkrampf. Das Ganze bedeutete überhaupt weniger eine künstlerische Veranstaltung als eine Schaustellung der Dame Berber, deren Name durch Dinge, die mit Kunst nichts zu tun haben, der Öffentlichkeit bekannt geworden ist. Neugier und Sensationslust erklärt die Riesenfülle der Besucher.«

Ein denkwürdigerer Verriss ist kaum denkbar. Auf den Inhalt der Tänze geht Schikowski überhaupt nicht ein, sie scheinen ihm eine nähere Betrachtung schlicht nicht wert zu sein. Der Artikel zeigt, dass Anita Berber ihr Ruf als *femme scandaleuse* inzwischen wie Blei anhängt, und, vielleicht schlimmer noch, dass das Publikum nicht wegen der Darbietung als solcher zahlreich erscheint, sondern nur, um diese berühmte, anrüchige und skandalöse Frau zu sehen. Nach diesem Artikel ist klar, dass Anita und Sebastian in eine andere Stadt ausweichen müssen. Berlin ist zurzeit kein Pflaster, das Erfolg verspricht. Es liegt nahe, dass sie Wien wählen, denn Anita ist auch dort bekannt, und sie liebt diese Stadt. Möglich, dass Wien von Anfang an als zweiter Aufführungsort gewählt wurde, denn schon im September ist Anita an die Donau umgesiedelt und von dort zur Aufführung nach Berlin zurückgekehrt.

Vermutlich feilen die beiden nach der kaum beachteten Berliner Premiere weiter an ihrem Programm, und schließlich bekommt es den Titel *Tänze des Lasters, des Grauens und der Ekstase*. Bemerkenswert ist, wie gezielt Anita Berber und Sebastian Droste darangehen, ein, wie wir heute sagen würden, crossmediales Medienereignis von Bühne, Film, Fotos und Buch zu schaffen. Es ist davon auszugehen, dass Droste das »Gehirn« dieses Projekts ist. Das Paar beauftragt Madame d'Ora mit der Aufnahme von Fotos, die sie in Posen aus den Tänzen zeigen, Anita zum Teil unbekleidet. Drei Wochen nach der enttäuschenden

Erfahrung in Berlin werden die beiden abgelichtet. Die Fotos werden noch heute oft verwendet für Artikel über die *Tänze des Lasters, des Grauens und der Ekstase,* aber neuerdings wird angezweifelt, ob sie wirklich Posen aus dem Programm zeigen und ob Anita wirklich völlig enthüllt getanzt hat. Wenn man nicht alle zeitgenössischen Berichte darüber ignoriert oder als falsch deklariert, kann daran allerdings kein Zweifel bestehen.

Klar ist, dass diese Fotos Teil einer geschickten und selbst heute noch modern wirkenden Marketingstrategie sind. Mit ihnen werden die Redaktionen von Zeitungen und Zeitschriften beliefert, denn jedes abgedruckte Foto ist Werbung. Und sie werden veröffentlicht. Madame d'Ora macht Bilder zu den Tänzen *Selbstmord, Märtyrer, Kokain, Morphium* und *Vision.* Es ist zweifellos eine kostspielige Angelegenheit, bei dieser Starfotografin Aufnahmen anfertigen zu lassen, und vielleicht ist Droste deshalb in solchen Geldnöten, dass er sich auf die eingangs beschriebenen Betrügereien verlegen muss. Möglich, dass die beiden auf mehrere Auftrittsmöglichkeiten in Berlin gehofft haben, aber von weiteren Vorstellungen mit den *Tänzen* ist nichts bekannt. Überhaupt scheint das Programm in seiner ursprünglichen Form dort nie wieder aufgeführt worden zu sein. Nur einzelne der Tänze bringt Anita Berber später immer wieder auf die Bühne.

Und doch sind die *Tänze* zweifellos ihr ambitioniertestes Werk. Sebastian Droste hat in dem zum Programm veröffentlichten gleichnamigen Buch die Bedeutung beschrieben, die der Tanz für ihn und seine Partnerin hat:

»Der Tanz ist die sensibelste letzte Ausdrucksmöglichkeit des Menschen. Letztes verzitterndes Sichhingeben, Aufblühen und Vergehen.« Die Form ist Nebensache, »denn jede Form ist Ausdruck eines inneren Erlebens. Unbewussten Erlebens. (…) Anita zeigt nicht lüstern das Laster. Anita Berber spielt nicht berechnend mit den Möglichkeiten geiler Zeiten. Anita Berber ist das Laster. So wie sie das Grauen ist. Das Grauen und die Ekstase.« Er betont, dass das Programm Ausdruck des Seelenlebens der beiden sei: »Und wir dürfen tanzen. Alles was menschliches Leid zerquält – – So entstanden unsere Tänze des Lasters – der Ekstase und des Grauens. Nicht choreographisch-intellektuelles spitzestes ausgeklügeltes Zersplittern. Sondern unbewußtes heiliges Schreiten nach den Klängen der fremden Welt.«

Die Tänze tragen die Titel *Pritzelpuppe, Byzantinischer Peitschentanz, Kokain, Der Heilige Sebastian, Selbstmord, Vision, Ägyptischer Königssohn, Morphium, Haus der Irren, Astarte, Die Nacht der Borgia, Mord, Weib und Gehenkter, Das Erleben, Menschen, Die Mondsüchtige und der Sträfling, Die Frau mit den sieben Masken, Die Leiche am Seziertisch.* Alles ist düster-dunkel, mystisch überhöht, sexuell konnotiert, mit Anspielungen auf Homosexualität und Sadomasochismus. Auch mit einer Art Übergeschlechtlichkeit spielt Anita in *Astarte.* Zu diesem Tanz heißt es im Buch: »Es ist eine göttliche Frau / Sie ist nicht Frau / Sie ist nicht Knabe / Sie ist nicht Tier / Sie ist nicht Gott / Sie ist Mond … / Zwanzigtausend hochgeschürzte Frauen / Zerbeißen sich in wütendster Gier / Fünftausend

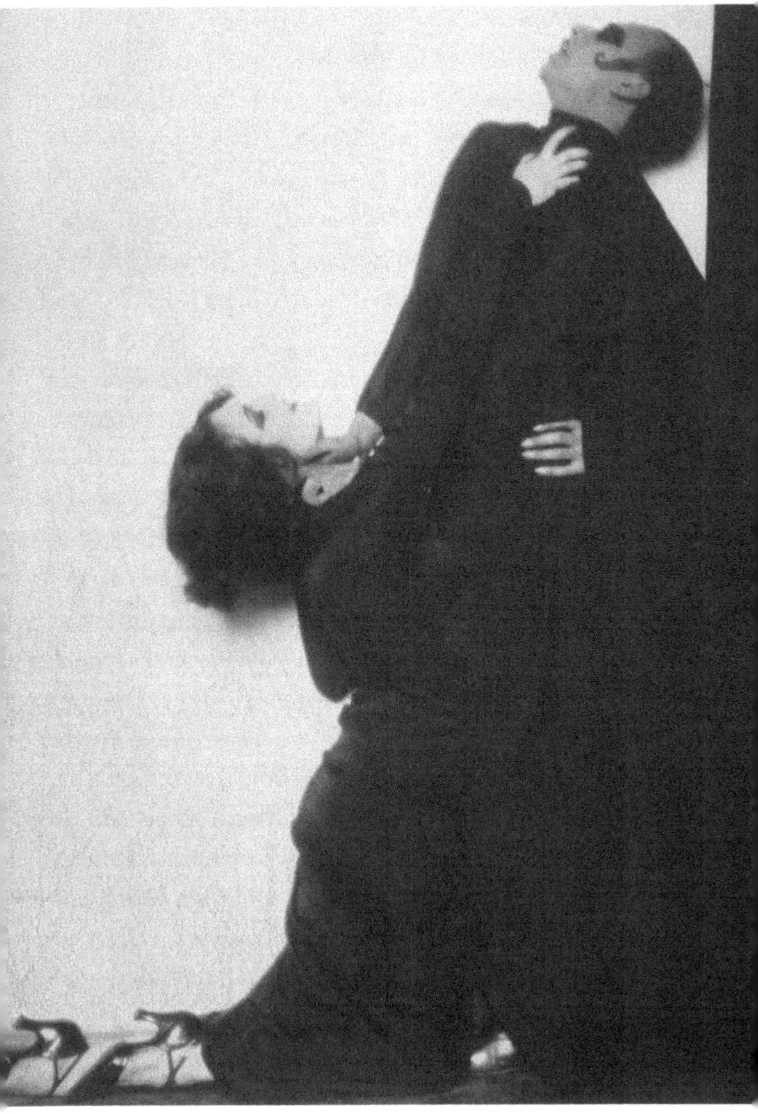

Foto zu den »Tänzen des Lasters« von Madame d'Ora, 1922

weißgeschminkte Knaben / Zerfleischen sich in tollster Lust / Ein Bruder mordet die Schwester / Ein Kind giert nach Blut / Alle Sklaven lechzen nach Peitschenhieben / Alle Hengste schreien nach Stuten / … Sie trägt den Mantel der göttlichen Laster / Sie peitscht / Sie nimmt / Sie schreit / Sie tanzt / Alle Sklaven ducken sich / Alle Dirnen wimmern / Alle Knaben stöhnen / Alle Hengste brüllen / Und das Mondlicht tropft / Und das Silber leuchtet / Und Astarte lächelt.«

Das Buch zum Programm beinhaltet neben den Beschreibungen der Tänze expressionistische Gedichte von Anita und Sebastian, Zeichnungen sowie einen Text des Tanzkritikers Leopold Wolfgang Rochowanski. Er macht sich über die bürgerlichen Kritiker des unbekleideten Tanzes lustig und schreibt: »Nackttänze! {Ich liebe es, statt auf die Bühne, oft auf die Zuschauer zu sehen.} Spannung. Gestörte Atmung. Bewaffnete Augen. Erwartung. Prüfung der eigenen nackten Arme. Gongschlag. Musik. Erregung. Glitzern und Leuchten. Erwartung. Pause der Wünsche. Lösen der Knoten. Keine Atmung. Erhöhte Atmung. Kniefall der Gewänder. Erlösung. Erfüllung. Raffinement der Entfaltung. Crescendo des Körpers. Fortissimo der Linien. Furioso der Gefühle. Parfüms verströmen. Ein Bein spricht zur Nachbarin. Ein Kopf stürzt sich zu Boden. Phallusglanz der Augen wetteifert mit den Strahlen des Scheinwerfers. Laster! Oh Sehnsucht des Bürgers.«

Das aufwendig gestaltete Buch wird in einer Auflage von 1000 Exemplaren gedruckt. Das erscheint im Vergleich zu erfolgreichen Romanen der Zeit, die auf Zehntausende

Anita Berber als »Astarte« im Film zu »Tänze des Lasters«

oder mehr Druckexemplare kommen, gering, ist aber im Vergleich zu den Werken selbst erfolgreicher expressionistischer Autoren gar nicht einmal wenig.

Auch in Wien ist zunächst nur ein Aufführungstermin, am 14. November 1922 im Großen Saal des *Konzerthauses,* angesetzt. Beim *Konzerthaus* handelt es sich um einen Ort etablierter Kunst, er ist also genau das, wonach das Paar strebt. Doch es wiederholt sich, was bereits in Berlin geschehen ist. Der Saal mit seinen 1800 Plätzen ist zwar restlos ausverkauft – das Publikum kommt aber, glaubt man den Zeitungsberichten, in erster Linie, um die skandalumwobene Tänzerin zu sehen, nicht in der Erwartung eines künstlerisch bemerkenswerten Programms. Und auch in Wien ist die Reaktion der Zeitungen eine Enttäuschung. Mel Gordon behauptet, dass die Presse die Aufführung in den ersten zehn Tagen komplett ignoriert; doch der 15. November, der Tag nach der Premiere, ist in Wien ein Feiertag, an dem keine Zeitungen erscheinen, und dass Kritiken erst Tage nach der Aufführung gedruckt werden, nicht unüblich. Was aber das Paar ernüchtern muss: Kein Kritiker geht auf die Inhalte der Tänze ein, keiner interessiert sich für das, was sie vermitteln wollen, für die öffentlich zur Schau gestellten intimen persönlichen Erfahrungen. In den Besprechungen geht es stets um Anitas Erscheinung, um ihre Kostüme und vor allem das, was sie nicht am Körper trägt, um ihre Nacktheit. Sebastian Droste und Anita Berber müssen feststellen, dass sie nicht das erhoffte große Medienereignis darstellen. Wien fiebert dem Ereignis im *Konzerthaus* entgegen, aber danach droht es rasch in Vergessenheit zu geraten, weil der erhoffte Nachhall ausbleibt.

Zu der künstlerischen Enttäuschung kommt, dass sich die *Tänze* daher wohl auch als ein finanzieller Flop erweisen. Und so ist Droste auf der Suche nach dringend benötigten weiteren Einnahmen. Er erkennt das Interesse des Wiener Publikums an dem verruchten Paar aus Europas verruchter Hauptstadt Berlin und will es nutzen. So schließt er mit anderen Veranstaltern Verträge ab, je mehr, desto besser. Schon in Berlin haben beide an einem Abend auch zweimal auf der Bühne gestanden. Ob bei den folgenden Wiener Auftritten die Hoffnung auf den großen Skandal überwiegt, der das Paar zu einem Spektakel und zu einem Medienereignis macht, das seinesgleichen sucht, oder ob es einfach ganz banal ums Geld geht, ist nicht eindeutig zu beantworten. Die erste Möglichkeit, der publikumswirksame Skandal, ist unter Journalisten damals ausgemachte Sache, und diese These wird bis heute allgemein vertreten. Aber Drostes Versuch, auf betrügerischem Weg an Geld zu kommen, und zwar schon vor dem ersten Auftritt, lässt die zweite Variante wahrscheinlicher erscheinen. Er ist ein Mann, der den großen Skandal liebt, aber so, wie die Geschehnisse ablaufen, kann er ihn kaum geplant haben. Zudem hatte Anita Berber bereits im Jahr zuvor, noch als Mitglied der Truppe von Celly de Rheidt, ein vergleichbares Problem: Auch damals wurde sie vertragsbrüchig, indem sie noch auf einer anderen Bühne auftrat. Verträge, Abmachungen, Geschäftliches interessiert sie nicht. Sie entscheidet über das, was sie tut, jeder hat nach ihrer Pfeife zu tanzen, davon geht sie ganz selbstverständlich aus, Droste sieht die Dinge vermutlich nicht anders. Und: Kokain macht nicht nur kreativ, sondern auch mutig, hemmungslos und desinteressiert. Beide konsumieren die Droge täglich und im Überfluss.

Die weiteren Ereignisse in Wien sind bereits geschildert. Im Januar 1923 wird zuerst Sebastian Droste ausgewiesen, eine Woche später auch Anita, nachdem sie Gäste ihrer eigenen Aufführung bestehlen wollte. Auch das ein Hinweis darauf, dass sie in großen Geldnöten steckt.

Und doch sollte nicht vergessen werden, dass Anita Berber und Sebastian Droste mit ihren *Tänzen des Las-*

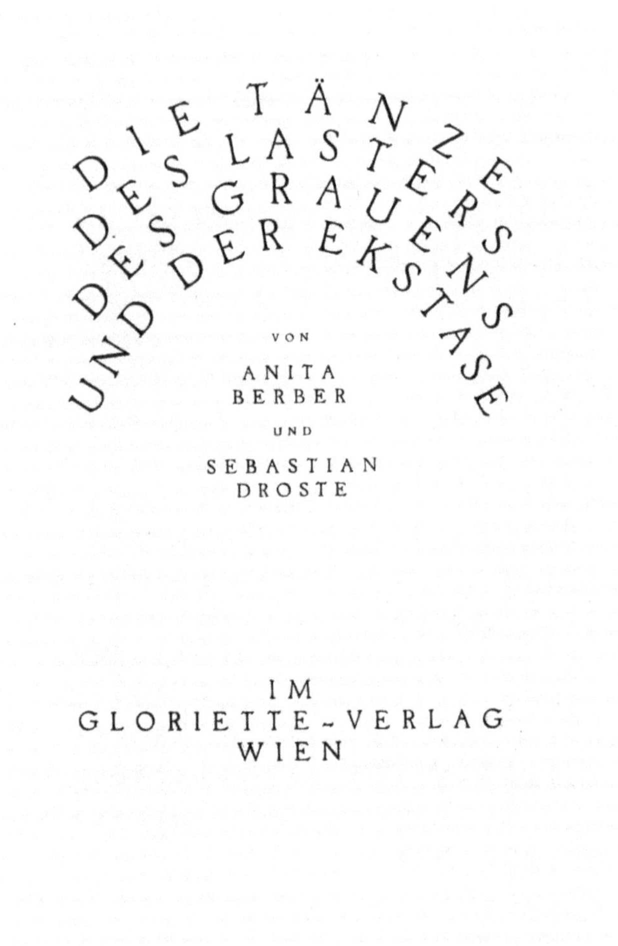
DIE TÄNZE DES LASTERS DES GRAUENS UND DER EKSTASE

VON

ANITA BERBER

UND

SEBASTIAN DROSTE

IM GLORIETTE-VERLAG WIEN

Innentitel des Buches »Die Tänze des Lasters, des Grauens und der Ekstase«

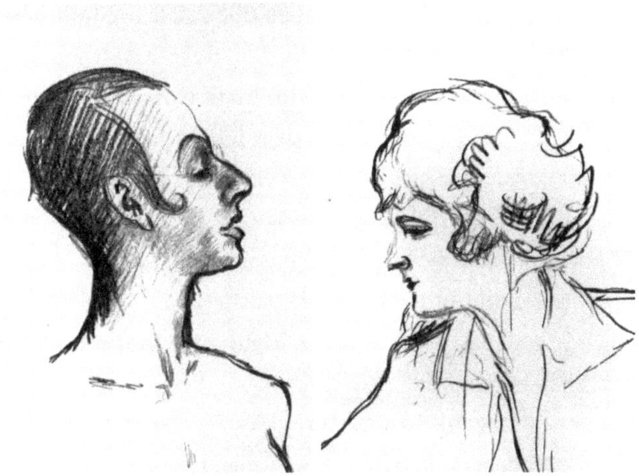

Zeichnungen von Sebastian Droste und Anita Berber aus dem Tänze-Buch

ters, des Grauens und der Ekstase ein multimediales Projekt schaffen, das zukunftsweisend wirkt. Neben der Aufführung und den Fotos, die Eingang in eine Reihe von Journalen finden, produzieren sie nicht nur auch ein Buch, sondern zudem noch einen Film. Das Buch wird von dem jungen, ambitionierten und aufstrebenden Verleger Leo Schidrowitz in dessen erst 1920 gegründeten Gloriette-Verlag, herausgebracht. Schidrowitz hat sich zuvor einen Namen als Theaterkritiker gemacht. Das Buch ist aufwendig gestaltet; die ersten fünfzig Exemplare sind auf Japanpapier gedruckt, die Handzeichnungen und Figurinen sind koloriert und der Umschlag besteht aus handgemalten Seidendecken mit Pergamentrücken. Abgedruckt sind sechzehn Fotos, von denen bis auf eins alle aus dem Studio der Madame d'Ora stammen. Auch die anderen 950 Exemplare sind mehrfarbig gedruckt. Im März wird in den Kinos zudem der Film gezeigt, von dem leider nicht viel mehr bekannt ist, als dass es ihn gab – er ist verschollen.

Bühnenaufführung, Fotos, Buch und Film – ein überaus modern anmutendes mediales Crossover. »Eine durchaus ambitionierte Kontextualisierung in Schrift und Bild«, so der Kulturhistoriker Matthias Marschik. Allerdings ist fraglich, ob Anita Berber und Sebastian Droste bei der konkreten Ausgestaltung des Buches wirklich mitgewirkt haben, denn beide haben Wien längst verlassen, als es erscheint. Vermutlich ist Leo Schidrowitz der tatsächliche Herausgeber, auch wenn stets das Tänzerpaar als solches bezeichnet wird.

TÄNZE DES LASTERS, DES GRAUENS UND DER EKSTASE

ICH 11

SEBASTIAN ZU EIGEN

Wachs schimmerndes Wachs
Ein Kopf — ein Brokatmantel
Wachs —
Rot — wie Kupfer so rot und lebende Haare
Funkelnde Haare wie heilige Schlangen und Flammen
Tot
Millionenmal tot
Verwest
Und schön — so schön
Blut wie fließendes Blut
Ein Mund stumm
Nacht ohne Sterne und Mond
Die Lider — so schwer
Schnee wie kalter wärmender Schnee
Ein Hals — und fünf Finger wie Blut
Wachs wie Kerzen
Ein Opfer von ihm

ANITA BERBER

»ICH«, Gedicht von Anita Berber, im »Tänze«-Buch

12 TANZ

ANITA ZU EIGEN

Aufwirbelndes jauchzendes Begehren
Sprung — —
Webende Wellen
Weichwelle Wogen
Kreis kreist unendliche Kreise — — —
Verlangendes Weben schwebt wellwoges Wogen
Auf einsamen Thronen thront der Gott — —
Sturzwelles spitzes grelles Begehren
Kreisgelles gelbgrünes Belachen
Zerkreisen zerwellen zerwogen zerhauchen
Schlingpflanzartiges Zerblättern
Beschwingen
Besingen
Klang —
Aufjubelndes Zerfließen
Zergreifen
Zerweben — —
Tanz — — —

SEBASTIAN DROSTE

»TANZ«, Gedicht von Sebastian Droste, im »Tänze«-Buch

Kapitel 17

1923

Das Jahr 1923 geht in die Geschichte ein als ein oder das Katastrophenjahr. Die Inflation hat Deutschland seit Jahren im Griff, die Regierungen schauen zu und treffen keine Maßnahmen. Mit der Folge, dass mehr und mehr Menschen direkt davon betroffen werden. Seit dem Herbst 1922 steigt die Arbeitslosigkeit, das Elend nimmt zu, Unterernährung und Krankheiten grassieren, die Verzweiflung wächst. Im Januar 1923 geht ein Aufschrei der Empörung durch das Land, als französische und belgische Truppen das Ruhrgebiet besetzen, weil Deutschland seinen Reparationsleistungen aus dem Ersten Weltkrieg nicht mehr nachkommen kann. Die Wut auf die Besatzer eint das Land wie zuletzt der Kriegsausbruch im August 1914. Die Regierung ruft einen passiven Widerstand aus, niemand darf mit den Besatzern zusammenarbeiten, die das Ruhrgebiet vom Rest des Reiches abschnüren. Doch das hat die Folge, dass nun der Staat Löhne und Gehälter der Beamten und vieler Angestellter und Arbeiter zahlen muss – das schafft er nur, indem er die Gelddruckmaschinen weiter ankurbelt. Nun kennt der Fall der Reichsmark keine Grenzen mehr, die Preise steigen ins Absurde. Der Dollarkurs, der schon Anfang des Jahres bei unglaublichen 7260 Mark liegt, verzehnfacht sich innerhalb von sechs

Monaten, und ist Anfang Juli auf 160.000 Mark gestiegen, einen weiteren Monat später auf 1,1 Millionen. Anfang Oktober liegt er bei 242 Millionen, am 19. Oktober bei zwölf Milliarden und zwei Wochen später bei 72,5 Milliarden. Schließlich wird er am 20. November die absolute Spitze erreichen: Ein US-Dollar hat den Gegenwert von 4,2 Billionen Reichsmark. Schon Anfang Juli kostet das Kilo Roggenbrot 7937 Mark, ein Kilo Schweinefleisch 52.000, ein Kilo Butter 72.000 und ein Ei 2200 Mark. Vor den Lebensmittelgeschäften bilden sich lange Schlangen verzweifelter Hausfrauen, die versuchen, für horrende Summen irgendwelche Lebensmittel zu ergattern, um ihre Familien zu versorgen. Die Geldbörse wird durch den Geldkoffer ersetzt, anders können die vielen Scheine mit den vielen Nullen nicht mehr transportiert werden. Löhne und Gehälter steigen zwar ebenfalls rasant, können aber mit der Preisentwicklung nicht mithalten.

Auch die politische Lage wird immer explosiver, Deutschland steht am Abgrund. Es gibt Separationsbestrebungen im Westen der Republik, in Sachsen und Thüringen schreitet die Reichswehr gewaltsam gegen die Beteiligung der Kommunisten an den Landesregierungen ein. In Hamburg probt die KPD im Oktober 1923 einen gewaltsamen Aufstand, der ebenso fehlschlägt wie der Putsch eines Mannes namens Adolf Hitler und seiner NSDAP in München am 8. und 9. November.

Niemand, der sich durch Berlin bewegt, kann das Leid, das Elend, die Verzweiflung übersehen. Das gilt selbst im Nachtleben, wo sich die Inflationsgewinner, die Schieber und Raffkes, und die Ausländer, mit ihren Devisen jetzt wahre Könige, weiter amüsieren, als lebe man in ganz normalen Zeiten. An den Ausgängen der mondänen Bars und Restaurants, der Kabaretts und Varietés lungern spät in der Nacht Bettler in der Hoffnung auf eine kleine Gabe, eine Mitleidsgeste in Form eines Geldscheines mit ein paar Nullen darauf. Manch einer mag ein Jahr zuvor selbst noch Gast des Etablissements gewesen sein.

Anita Berber ist von all dem, was um sie herum geschieht, kaum betroffen. Von den Problemen der Hausfrauen, Lebensmittel zu beschaffen, um die Familien zu ernähren, weiß sie nichts; in den feinen Hotels, in denen sie wohnt, wird ihr alles auf dem Silbertablett serviert. Inmitten des Elends trägt sie ihre teuren Pelze und ihren Schmuck zur Schau und tanzt für diejenigen, die sich das Vergnügen leisten können.

Aber auch sie muss eine Entscheidung treffen. Dass nach dem Wiener Skandal das Tanzpaar Berber/Droste keine Zukunft hat, ist klar. Noch weiß sie nicht, wie es weitergehen soll. Zunächst folgt sie Sebastian nach ihrer Ausweisung aus Wien und Österreich nach Budapest, wo beide für weitere Auftritte gebucht werden.

Im März 1923 wird der Film zu den *Tänzen* in Wien groß mit der Kampagne *Anita Berber tanzt* beworben und löst die Vermutung aus, Anita kehre zurück. Doch tatsächlich gehen sie und Sebastian im Frühjahr wieder nach Berlin. Die Hauptstadt hat nicht gerade auf sie gewartet. Die Inflation nimmt rasant Fahrt auf, die Mark stürzt ins Bodenlose und die Moral mit ihr. Morgen ist Weltuntergang, und entweder man amüsiert sich zu Tode oder stirbt gleich so. Mitten im allgemeinen Tohuwabohu muss Anita sich neu orientieren und sich Gedanken über ihre weitere Karriere machen. Sicher steht ihr Susi Wanowski zur Seite, die versucht, wenigstens ansatzweise Ordnung in die geschäftlichen Dinge zu bringen. Auch wenn Anita und sie kein Paar mehr sind, unterstützt Susi sie weiterhin. Längst hat sie sich privat anders getröstet, der Schmerz über die Trennung ist verflogen.

Sebastian Droste sieht keine Chance mehr, auf Berlins Bühnen wieder Fuß zu fassen, und entschließt sich, nach New York zu gehen. Immer wieder wird behauptet, er sei still und heimlich aus Berlin abgereist, ohne dass Anita davon wusste oder auch nur ahnte, und habe dabei ihren Schmuck mitgehen lassen. Zumindest Ersteres scheint falsch zu sein. Anita Berber selbst berichtet im August 1927, nur wenige Wochen nach Drostes Tod, von einer Abschiedsszene vier Jahre zuvor. Im Interview mit der ungarischen Zeitung *Pesti Napló* sagt sie, kettenrauchend und selbst schon offensichtlich krank: »Als wir uns verabschiedeten und er nach Amerika ging, sagte ich ihm: Du musst ein anderer Mensch werden! Du musst viel schreiben, ernsthaft, du musst ein großer Mann werden. Das will ich, und das wünsche ich mir.« Das deutet nicht darauf hin, dass Droste bei Nacht und Nebel verschwunden ist. Zu stimmen aber scheint die Erzählung von den gestohlenen Wertgegenständen, denn Droste leistet sich in New York einen Luxus, den er aus eigenen Mitteln kaum hätte finanzieren können.

Anita ist wieder auf sich allein gestellt. Immerhin hat sie jetzt einen Plan, eine neue Idee. Sie stellt eine Tanzgruppe zusammen, die aus sechs jungen Mädchen besteht, alle jünger als zwanzig Jahre. Die Anita-Berber-Truppe tritt in einigen beliebten Lokalitäten der Stadt auf wie der *Rakete* und wohl auch in dem bekannten Lesbenlokal *Toppkeller* in der Schwerinstraße nahe dem Bülowbogen, das nicht viel Platz für ein großes Publikum bietet und in erster Linie eine bestimmte Klientel anspricht. In der *Weißen Maus* gegenüber dem legendären *Schwarzen Kater* in der Jägerstraße, einer Seitenstraße der Friedrichstraße, tanzen Berbers Mädchen wie Leichen geschminkt. »Wir wollten diese gelungenen Imitationen von Leichen sehen. Dass es im Grunde unerträglich war, wussten wir. Aber wahrscheinlich hauste auch in uns der Hang zum Obskuren und sogar zum Obszönen, der bei jedem Manne tief in einem verborgenen Schacht seines Wesens, wohl behütet und streng bewacht bei den meisten ruht und lauert. Die Gäste waren um diese Zeit nach Mitternacht bereit für den apokalyptischen Anblick einiger hemmungsloser Mänaden jenseits der Rampe«, erinnert sich später der Feuilletonchef des *Berliner Tageblatts*, Fred Hildenbrandt.

Es läuft es also durchaus im Sommer 1923 für Anita. Immerhin kann sie sich wieder eine Suite im *Adlon* leisten, in der wohl zeitweilig auch manche ihrer Mädchen übernachten. Doch scheint ihr, schon immer bemüht, die Aufmerksamkeit auf sich zu ziehen, inzwischen ein halbwegs »normales« Auftreten in der Öffentlichkeit unmöglich. Die Vorkommnisse mehren sich, bei denen sie nicht durch ihre Bühnenshow und ihre Tanzküste Aufmerksamkeit erregt, sondern durch ihr provokantes und rigoroses Auftreten. Eines Abends, als sie und ihre Mädchen in der *Weißen Maus* auf der Bühne stehen, die sich bei vergnügungshungrigen Touristen aus der Provinz und zu dieser Zeit vor allem bei mit Devisen ausgestatteten Ausländern eines guten Rufes erfreut, kommt es zu einem Eklat, der bei weitem nicht der einzige dieser Art ist. Die Zeiten sind rau, und was der Journalist Curt Moreck berichtet, ist zu dieser Zeit fast Alltag im Nachtleben von Deutschlands taumelnder Hauptstadt.

Anitas Mädchen, zum Teil nicht älter als sechzehn oder siebzehn Jahre, verdienen sich offenbar Geld, indem sie ausgewählten Gästen nach ihrem Auftritt besondere Zuneigung erweisen. Jeder und jede muss überleben, irgendwie, und fast alle Mittel sind dabei recht. Anita selbst scheint sich nicht von der Bühne wegkaufen zu lassen, sie hat bessere Optionen. Angeblich macht sie das auch hinreichend klar, wenn ihr ein Interessent ein Angebot unterbreitet. Keiner der lüsternen Männer im Publikum, keine der vor Erregung kreischenden Frauen kommt vermutlich auf die Idee, dass auf der Bühne eine Tänzerin steht, die sich als Künstlerin sieht, als solche ernst genommen will und angemessenen Respekt fordert. Das kann das Publikum auch nicht begreifen, denn der Ort ihrer Auftritte passt nicht zu diesem Anspruch. Ein großes Missverständnis also. Zu den ernsten Theatern und Bühnen hat sie keinen Zugang mehr, sie gilt als Skandaltänzerin – gerne gesehen im Kabarett und auf den Nackttanzbühnen, aber nicht mehr im

Blüthner-Saal, wo sie so hoffnungsvoll ihre Karriere begonnen hat. An dieser Entwicklung trägt sie selbst die Schuld, und sie ist nicht mehr erreichbar und beeinflussbar – sicher auch eine Folge ihres täglichen Drogenkonsums. Und doch nimmt sie Abend für Abend auf der Bühne frustriert, ja wütend wahr, wofür sich das Publikum interessiert: für die Nacktheit, nicht für Kunst.

Anita Berber zieht das Publikum an. Sie thront auf einem Gipfel, umbrandet von Begierde, von Klatsch, vom heißen, künstlich hellen Licht der Nachtlokale, umgeben von einem Publikum, das nacktes Vergnügen will. Die *Weiße Maus* ist kein Ort der Kunst, er zieht Zuschauer an, die bereit sind, hohe Eintrittspreise für einen vergnüglichen Abend zu zahlen. »In der Weißen Maus verpulverten die besseren Handlungsreisenden ihr Gehalt, ihre Ersparnisse und ihre Spesen. Hier erschienen die munteren älteren Herren aus der Provinz, mit gefülltem Portemonnaie. Hier saßen echte und unechte Gentlemen. Hier saßen auch die Gewaltigen der Unterwelt und die unzähligen Damen aus der Friedrichstraße mit ihren kurzfristigen Kavalieren«, berichtet der Feuilletonchef des *Berliner Tageblatts,* Fred Hildenbrandt.

Eines Abends grölt der Schauspieler Aribert Wäscher (er wird später zehn Jahre lang mit Valeska Gert liiert sein) während eines Auftritts in der wie an jedem Abend restlos ausverkauften *Weißen Maus* aus dem Publikum lautstark, Anita Berber sei ein »Topschwein«, ein damals gängiger Begriff. Anita reagiert wütend und aggressiv auf obszöne Zwischenrufe, das muss an diesem Abend auch

Aribert Wäscher feststellen. Offensichtlich hat sich einiges bei ihr angestaut, möglicherweise regt sie auch besonders auf, dass ausgerechnet ein Kollege so niveaulos reagiert. Sie springt auf den Tisch, an dem Wäscher sitzt, und lädt ihn ein, nach der Aufführung in ihre Suite im *Adlon* zu kommen. Danach begibt sie sich wieder auf die Bühne und setzt ihr Programm fort, als sei nichts geschehen. Dass Wäscher der Einladung folgt, ist nicht bekannt, offenbar verlässt ihn angesichts dieser selbstbewussten Reaktion der Mut.

Ein anderes Mal springt sie auf den Tisch eines Touristen und uriniert vor dem entgeisterten Mann. Auch danach begibt sie sich wieder zurück zu ihren Mittänzerinnen auf die Bühne. An einem weiteren Abend kommt es zu einem ähnlichen Vorfall, als ein Zuschauer während ihres Auftritts laut lacht und johlt. Auch diesmal springt Anita, rasend vor Wut und mit einer Champagnerflasche in der Hand, auf den Tisch des Gastes, offenbar ein Geschäftsmann. Als sie den Champagner über seinem Kopf ausschüttet, weicht er erschreckt und empört zurück. Ein geistesgegenwärtiger Kellner greift ein und verhindert Schlimmeres. Anita lässt von ihrem Gegenüber ab, steigt wieder auf die Bühne und tanzt weiter.

Kein Wunder, dass der Eigentümer der *Weißen Maus*, die immerhin einen Ruf zu verlieren hat, von ihrem Treiben irgendwann genug hat. Vielleicht bringt Peter Sachse sogar Verständnis für ihre Empörung über die Pöbler im Publikum auf, doch abstellen kann er das nicht, denn sein Laden lebt nun mal von Touristen aus der Provinz, und schließlich ist er ein Ort der lockeren

Anita Berber, Fotografie aus dem Atelier d'Ora-Benda, 1922

Unterhaltung – eine Tatsache, die Anita bekannt war, als sie den Vertrag für ihre Gastspiele unterschrieben hat. Vorkommnisse wie die geschilderten müssen also dringend abgestellt werden. Aber wie? In seiner Not bittet Sachse den Journalisten Hildenbrandt um Vermittlung. Hildenbrandt ist nicht wirklich befreundet mit Anita, aber er kennt sie persönlich und scheint bereit zu sein, zu vermitteln. Tatsächlich kommt er dem Wunsch des verzweifelten Kabarettchefs nach und begibt sich vor einem der nächsten Auftritte Anitas in der *Weißen Maus* in ihre Garderobe, um mit ihr zu reden. Der Bericht darüber aus seinen später verfassten Memoiren ist es wert, in voller Länge zitiert zu werden:

»Sie warf ihre kleine, mit Brillanten besetzte Armbanduhr lässig auf den Tisch und sagte höflich: ›Entschuldigen Sie, ich muss mich umziehen. Sie können dableiben. Sagen Sie mir, was Sie schreiben wollen.‹ Dann begann sie völlig unbefangen und ohne jedes Schamgefühl, sich auszuziehen, als sei es das natürlichste der Welt, sich vor einem männlichen Bekannten zu entkleiden. Sie war wunderbar gebaut. Breite, schneeweiße Schultern, starre Brüste mit dunklen großen Höfen, die Hüften waren eine wundervolle Rundung, die Schenkel schön gewölbt, die Formen der Beine untadelig. Sie war eine Schönheit und sie hätte viele Männer außer Rand und Band bringen können. Das tat sie auch, ohne sich etwas daraus zu machen. Ihr Gesicht war noch nicht geschminkt. Sie hatte riesengroße schwarze Augen und rotblond gefärbtes Haar.

Sie spazierte vor mir auf und ab und verkörperte Sünde. Jedoch betrachtete ich sie gleichgültig. Sie war für mich ohne jeden sinnlichen Zauber. Ich sagte: ›Hör mal zu, du entsetzliches Mädchen. Du weißt, wie du wirkst, nicht wahr? Steh drüber. Sieh nicht hin. Und mach dem Peter Sachse das Leben nicht so sauer, verstehst du? Du machst auf die Dauer die Gäste scheu … Steh über den Dingen, wenn du weißt, was ich meine.‹ ›Sie sind ja gar kein Journalist‹, sagte sie kindlich. ‹Sie sind ja ein Psychoanalytiker. Ich weiß genau, was mit mir los ist. Ich bin verkommen. Ich schnupfe Kokain. Ich habe schon entzündete Nasenflügel davon, sehen Sie her.‹ ›Schnupfe ruhig‹, sagte ich, ›aber lass dir die Vorführung nicht verderben.‹ ›Die Vorführung‹, wiederholte sie träumerisch. ›Die Vorführung ist mir ernst. Ich habe das mit den Mädels lange einstudiert. Wir tanzen den Tod, die Krankheit, die Schwangerschaft, die Syphilis, den Wahnsinn, das Sterben, den Selbstmord, und kein Mensch nimmt uns ernst. Sie glotzen nur auf unsere Schleier, ob sie nicht darunter etwas sehen können, die Schweine.‹ Ich war starr. Also diese Nackttänzerin tanzte ein ernstes Programm über die fürchterlichsten Themen … und verlangte, dass ein Publikum, das sich erotisch amüsieren wollte, das kapierte.

Sie schminkte sich vor dem hohlen Spiegel, völlig nackt. Sie war ohne jede Scham. Sie wirkte auf mich, wie ein unschuldiges Mädchen. Plötzlich ließ sie den Farbstift, mit dem sie sich kalkweiß bemalte, in der Luft stehen und sagte: ›Wenn du willst, kannst du mit mir schlafen.‹ Ich lachte. Sie sagte: ›Du brauchst keine Sorge zu haben, ich bin kerngesund. Und ich liebe gut.‹ Ich sagte: ›Ich will nicht mit dir schlafen. Ich glaube dir auch, dass du gut lieben kannst, aber da steht eine andere Frau im Wege, verstehst du? Oder verstehst du nicht?‹ Sie nickte nur und schminkte sich weiter und murmelte: ›Dann eben nicht.‹ Sie wandte mir ihr geisterhaftes weißbemaltes Gesicht zu und sagte: ›Vor diesen Böcken muss ich tanzen. Diese Leimsieder machen mich rasend.‹ Ich sagte: ›Du musst auch in der Wut schön aussehen. Das ist ein antikes Gesetz aus dem alten Griechenland. Aber ich bin gekommen, um dich zu bitten, nicht jeden Abend bei jedem Zwischenruf eines Idioten mit Sektflaschen zuzuschlagen.‹

›Schön‹, antwortete sie müde. ›Und jetzt verschwinde.‹ Sie drehte sich zu mir. Sie lächelte unter der scheußlichen Maske ein wunderschönes Lächeln. Ich verließ sie, unzufrieden mit mir selber. Ich hatte sie nicht überzeugen können. Sie war das merkwürdigste Wesen, das mir jemals in der Unterwelt der sexuellen Eigentümlichkeiten vorgekommen war.«

Während der kurz nach diesem Gespräch beginnenden Show kommt es erneut zu einem wilden Handgemenge im Publikum. Anita schlägt mit einer halb vollen Champagnerflasche auf das kahle Haupt eines älteren Zuschauers ein, der sich vermutlich despektierlich geäußert hat. Von der Bühne herab feuern die Mädchen der Tanztruppe sie an. Peter Sachse, der Chef der *Weißen Maus,* hat endgültig genug: Er feuert sie fristlos.

Manchmal macht Anita auch Furore ohne ihr direktes Zutun. Ein Vorfall, den sie durchaus als kostenlose Werbung verbuchen kann, ereignet sich im Juli des Jahres 1923 fernab der Großstädte Berlin und Wien, nämlich im böhmischen Eger. Aber natürlich lassen sich manche Zeitungen die Story nicht entgehen und tragen sie hinaus in die Welt. Im Juli kommt es in der kleinen böhmischen Stadt zu großer Aufregung, als Plakate melden, dass die Berber dort auftreten wolle. Zeitungen berichten von Tumulten, kurz nachdem der Betreiber eines Kinos ein Plakat mit der Aufschrift »Anita Berber tanzt« aufgehängt hat. Gleiche mehrere Gruppen vor Ort wollen einen Auftritt dieser skandalösen Frau in ihrer Stadt verhindern. Zunächst ist die örtliche Deutschnationale Partei dagegen, die sich nach einem Zeitungsbericht weniger darüber empört, was Anita nicht trägt, sondern darüber, was sie trägt, nämlich

Smoking und Monokel, also Insignien der Männerwelt. Schnell sind die Vertreter deutschnationalistischer Vereine zusammengetrommelt, und gemeinsam veröffentlicht man eine Resolution gegen Berber. Da wollen die braven Frauen Egers nicht zurückstehen, und keine andere Organisation initiiert einen solchen Sturm der Entrüstung wie die örtlichen Frauenvereine. Die Gattin eines Bezirksrichters veröffentlicht einen Aufruf, in dem es heißt: »Fort mit der Schmach-Metze! Das Egerland muss sittenrein bleiben. Frauen und Töchter des Egerlandes, wahrt Eure sittlichen Güter!« Diesem Aufruf schließen sich weitere Verbände an, so der Verein der ehemaligen Burschenschaftler, der Trachtenverein, der Schutzverband und die Vereinigung der Aufrechten 78er. Daraufhin beruft der gerade erst gegründete »Verein zur Bekämpfung der Körpergier« eine Protestversammlung ein, an der mehrere hundert Menschen teilnehmen. Unter lautstarkem Protest wird eine Fotografie Berbers hochgehalten und wieder eine Resolution verabschiedet, in der es unter anderem heißt: »Die reichsunmittelbare Stadt Eger, wo der Geist deutscher Jahrhunderte lebt, darf nie und nimmer der Schauplatz werden für Schandverirrungen großstädtischen Dirnentums und die Ausschreitungen volksfremden Lustkitzels.« Nach der Versammlung ziehen die Teilnehmer in einem Protestzug durch die Stadt. Einzelne halten eine Strohpuppe hoch, die ein riesiges Monokel und ein Schild mit der Inschrift »Pfui Berber-Sau« trägt. Erst als bekannt wird, dass es gar nicht um einen Auftritt der Berber geht, sondern um den Film zu *Die Tänze des Lasters, des Grauens und der Ekstase*, ebben die Proteste ab. Ob der Kinobesitzer daraufhin noch den Mut hat, das Werk zu zeigen, ist nicht überliefert.

Schon wenig später, im September 1923, kommt es zu einem neuen Skandal, und diesmal ist Anita direkt darin verwickelt. Die Wiener Zeitung *Die Stunde* berichtet ihren Leserinnen und Lesern unter der Überschrift »Anita Berber und die entführte Bankdirektorsgattin. Das Ende eines Sommerromans«, Anita habe die erst zwanzig Jahre alte bildhübsche Tochter der Ex-Gattin des Direktors der Wiener Verkehrsbank Sussin während eines Aufenthalts in Bad Reichenhall entführt. Trotz ihres jungen Alters gilt die Frau als exzentrisch, weshalb sich ihr Mann schnell wieder von ihr habe scheiden lassen. In Bad Reichenhall, wo sie mit ihrer Mutter den Sommer verbringt, habe sie wegen ihrer Schönheit großes Aufsehen erregt – auch bei Anita Berber, die zur gleichen Zeit dort weilt. Schnell habe Sussin ein Hörigkeitsverhältnis zu der Tänzerin entwickelt, und als ihre Mutter Anita auffordert, sich von dem Mädchen fernzuhalten, habe diese sie als Antwort mit Kaffeetassen beworfen. Schließlich sei die Tochter mit Anita (und Sebastian Droste, so heißt es in dem Artikel – der aber vermutlich schon in New York war) nach München gereist, woraus die Zeitungen eine »Entführung« machen. Ihrer Mutter schreibt die Tochter einen Brief, in dem sie ihr mitteilt, sie sei nicht gewillt, sich jemals wieder von Anita zu trennen. Darauf erstattet die Mutter in Berlin bei der Polizei Anzeige – und die nimmt Berber prompt für einige Stunden in Haft. Doch da die junge »Entführte« volljährig ist, sind juristische Schritte nicht möglich. Daraufhin schalten die ehemals Erziehungsberechtigten einen Anwalt ein, der ein Entmündigungsverfahren einleitet. Schließlich gelingt es den Eltern, ihre Tochter dazu zu bewegen, wieder mit ihnen nach Wien zu kommen. Abschließend weiß *Die Stunde* zu berichten: »Die junge Frau ist infolge der Aufregungen, denen sie in den letzten Wochen ausgesetzt war, erkrankt und es wird besonderer Pflege bedürfen, um sie wieder vollständig herzustellen.«

Längst wirkt sich das Leben, das sie führt, auch auf Anitas Gemütszustand und ihre Gesundheit aus. Der ausbleibende Erfolg beginnt an ihr zu nagen. Nicht jeden kann sie mit all der Schminke, die ihr Gesicht zur Maske erstarren lässt, täuschen. In der Öffentlichkeit ist sie ausschließlich die *femme scandaleuse*, über die man sich so herrlich echauffieren kann. Aber immer noch gibt es manche, denen zumindest ein kurzer Blick hinter die Fassade gelingt. Zu ihnen gehört Fritz Hildenbrandt. Dabei wird ein kleiner Zusatz seiner Erzählung über das Gespräch in Anitas Garderobe in der *Weißen Maus* gerne unterschlagen. Sein erster Eindruck, als er den Raum betritt und Anita vor ihrem Spiegel sitzen sieht, will so recht zum Image der Frau, die über Leichen geht, nicht passen, und auch nicht zur »starken Frau«. Er schreibt: »Da saß verschüchtert ein blasses, in tiefe Gedanken versunkenes Backfischchen, das mir mit trüben Blicken entgegensah.« Diese knappe Beschreibung bietet womöglich einen Einblick in Anitas andere Welt – die einer verunsicherten Frau, die nur nach außen hin vor Selbstbewusstsein strotzt.

Nicht anders steht es um ihre körperliche Gesundheit, wie eine Episode aus dem Herbst 1923, also während oder kurz nach dem tumultuösen Höhepunkt der Hyperinflation in Deutschland, zeigt. Anita reist nach Nizza. Dort trifft sie zufällig auf den Arzt Ludwig Levy-Lenz, der 1925 Assistent von Magnus Hirschfeld werden soll. Lenz gilt unter anderem als Experte für Gynäkologie, kosmetische Medizin und Sexualwissenschaft und hat sich 1919 einen umstrittenen Ruf erworben, als er die Broschüre *Wie schütze ich mich vor Geschlechtskrankheiten* veröffentlicht, die in öffentlichen Toiletten verkauft wird. Es ist anzunehmen, dass er Anita Berber bereits aus Berlin kennt. In seinen Memoiren berichtet Levy-Lenz von einem langen Gespräch mit einer offensichtlich verzweifelten und desillusionierten Anita, die ihm offenbart, dass sie keinerlei körperliche Lust mehr empfinden kann. Sie fühlt sich kalt, frigide, beschreibt sich als unfähig, etwas zu fühlen. Der Arzt gibt zu bedenken, diese Probleme könnten vom regelmäßigen Konsum von Kokain und anderen Drogen herrühren und vielleicht auch in ihrer Einsamkeit begründet sein. Denn obwohl sie stets von vielen Menschen umschwärmt wird, ist Anita wohl genau das: einsam. Ebenso glaubt Levy-Lenz, gerade im Drogenkonsum und in der Einsamkeit liege auch der Grund für ihr große Anziehungskraft auf andere.

Anita schildert ihm fast die ganze Nacht hindurch ihr Leben, und immer wieder kommen dieselben Worte über ihre Lippen: »Warum bin ich unfähig zu lieben?« Levy-Lenz rät ihr, sich hinsichtlich der Drogen zurückzuhalten und nach Hause zu fahren. Weihnachten ist sie, deprimiert, wieder in Berlin und zieht für eine Weile zu ihrer Mutter in die Zähringer Straße.

Levy-Lenz schreibt später rückblickend: »Das Kokain war für sie die letzte Zuflucht, nachdem Männer und Partner sie enttäuscht hatten. Diese so außergewöhnlich sinnlich wirkende Frau, die man für einen Ausbund der Unmoral hielt, war in Wirklichkeit sexuell kalt und unempfindlich, aber – vielleicht deshalb – ständig auf der Suche nach neuen Sensationen.« Sie sei das gewesen, was man eine frigide Frau nenne, »und sie hat aus ihrem Leiden – denn es ist ein wirkliches Leiden – kein Hehl gemacht.« So erzählt sie Levy-Lenz, sie wolle einen »Club der Eisigen Frauen« gründen.

1923 ist das Jahr, in dem sich die Reichsregierung im November endlich zu Maßnahmen für die Stabilisierung der Mark entschließt, das Leben der Menschen kommt langsam wieder in normale Bahnen. Man atmet auf, entspannt sich. »Berlin, diese Stadt der angeborenen Pessimisten, trägt jetzt einen Schimmer der Zuversicht im Antlitz«, heißt es im *Berliner Tageblatt* eine Woche vor Weihnachten. Der Autor des Artikels stellt fest: »Wenn man zwischen fünf und sieben durch die Straßen geht, spürt man diese Wandlung am deutlichsten. Es ist, als wäre diese Gesellschaft nach schwerster Krankheit noch nicht genesen, aber auf dem Wege dahin; als seien die ersten Ausgehstunden ärztlich verordnet worden.« Seit den Menschen das Pflaster der stabilen Währung auf die Wunden geklebt worden sei, habe das Fieber nachgelassen »und die

Angst vor dem Morgen ist einer ruhigeren, selbstverständlicheren Disposition gewichen«.

Die Probleme der Menschen werden allmählich wieder banaler, wie ein Artikel des Journalisten Paul Schlesinger aus der *Vossischen Zeitung* zeigt: Der arme Mann ist von seiner Frau losgeschickt worden, um einen Weihnachtsbaum zu kaufen, aber in der ganzen großen Stadt ist keiner zu bekommen. Stattdessen ersteht er schließlich drei Karpfen und bringt sie stolz nach Hause – nur um sich von der Gattin einen Rüffel einzufangen.

Der Arzt und Schriftsteller Alfred Döblin stellt fest: »Eine Sehenswürdigkeit, auch eine Hörenswürdigkeit, der Potsdamer und Leipziger Platz, der Alexanderplatz. Buden, üppiger Straßenhandel, alle Artikel. Denn plötzlich gibt es alles, sogar Apfelsinen – ja, das war eine Rarität die Jahre; man durfte sie nur hinter Schaufenstern angucken. Bücher sind über Nacht billig, kaufbar. Man kann im Café Kuchen essen, ohne die Grundlage seiner Existenz zu vernichten; man kann skrupellos Elektrische fahren. Der Krieg ist überstanden; der Feind ist außer Landes: die Valuta.«

Während das Land und seine Menschen gesunden und es ihnen allmählich besser geht, ist der Raubbau durch den jahrelangen ungesunden Lebenswandel, den permanenten Konsum verschiedenster Drogen bei Anita Berber nicht mehr zu übersehen. War sie bisher ein Spiegelbild ihrer Zeit, so kehren sich die Verhältnisse ab Anfang 1924 allmählich mehr und mehr um. Anita wird zu einer Person der Vergangenheit. Es gelingt ihr nicht, sich von diesem Image zu lösen.

Kapitel 18

NIEDERGANG IN DEN GOLDENEN ZWANZIGERN

Berlins nächtliches Großstadtleben nimmt einen neuen Anlauf. Wenn es mehr Menschen besser geht, können sich mehr Besuche in den Kabaretts, Varietés, Theatern und Bars oder zu den Fünf-Uhr-Tees leisten. Auch Anita tummelt sich weiter in der Szene, und zwar sowohl als Künstlerin wie als Gast. Kurz nach Silvester, im Januar 1924, tritt sie in der Lesbenbar *Himmel und Hölle* auf. Die einschlägige Hamburger Zeitschrift *Der Pranger* macht sie in ihrer Februarausgabe zum Cover-Girl und bezeichnet sie als einen »vergessenen Genius«. Zwei Monate später tanzt sie im *Hotel Esplanade,* wo sie eine weitgehend nackte *Astarte* auf der Bühne gibt. Den Kritiker »Rumpelstilzchen« erinnert das Publikum an diesem Abend an eine sabbernde Menge, die wie ein Rudel Wölfe um das Schaf eines Bauern kreist. Aus der ambitionierten Künstlerin, der ernst genommenen Schauspielerin wird in den Augen des unerbittlichen Publikums immer mehr eine skurrile, geile Absonderlichkeit.

Der neueste angesagte Ort in den Berliner Lesbenkreisen ist der »Lotterieverein Pyramide«, der zunächst montags, später täglich im *Toppkeller* in der Schöneberger Schwerinstraße veranstaltet wird. Gegründet von älteren lesbischen Frauen und geleitet von der »Zigeunerlotte« und der »Rheinischen Käthe«, entwickelt sich der Club rasch zum überfüllten Treffpunkt der lesbischen Szene der Stadt, an dem ein bunter Haufen gleichgeschlechtlich gesinnter Frauen von der Akademikerin bis zur Verkäuferin zusammenkommt und in dem man sich laut Claire Waldoff eher eingesperrt als sicher fühlt, wenn die Tür erst einmal verschlossen ist. Es handelt sich um ein für seine Zeit typisches Etablissement, das wie so viele andere versteckt liegt vor den Augen der Öffentlichkeit. Waldoff: »Man musste durch drei Haustore gehen, bis man ins verschwiegene Eldorado der Frauen kam, Entree 30 Pfennig. Vier Musiker mit Blasinstrumenten spielten die verbotenen Vereinslieder.« Die Frauen leben sich in dem schäbig wirkenden Laden aus; Prostituierte knüpfen Kontakte, denn Männer werden in einige Bereiche vorgelassen – bei ihnen erfreut sich der »Lotterieverein« in erster Linie aus voyeuristischen Gründen großer Beliebtheit. Oder es handelt sich um Homosexuelle, die ihre Freundinnen ins Nachtleben begleiten. Die damals noch sehr junge Malerin Gertrude Sandmann schreibt: »Tanz, laute Musik, unvergeßliche Stimmung der Lebenslust, Gemeinsamkeit und Freiheit. {…} Vielleicht war auch dieses Elementare, Losgelassene, Gefährliche das, was die besondere Anziehungskraft des Toppkellers ausmachte.« Auch Größen des Kabaretts wie Claire Waldoff und Celly de Rheidt finden sich hier ein, Anitas Ex Susi Wanowski – und natürlich Anita Berber selbst. Maskuliner Look ist hier besonders angesagt, und Anita dürfte mehr als einmal ihren Smoking aus dem Kleiderschrank geholt und ihr Monokel ins rechte Auge geklemmt haben.

Auch sonst mischt sie sich unters Nachtvolk. Im Gespräch zu bleiben ist nun für sie wichtiger denn je. Auf Bällen, Künstler- und Kostümfesten und zahlreichen anderen Veranstaltungen sieht man sie, und immer wieder bemüht sie sich, aus der Schar der schrillen Nachtvögel herauszustechen. Auf dem »Ball der Moden« im *Admiralspalast* erscheint sie in Begleitung bekannter Stars wie der Schauspielerin Lil Dagover. Auch auf der Bühne steht sie weiterhin. Ihre spezielle Kreativität hat sie nicht verloren, wie eine Erinnerung des Tänzers Gene van Grona zeigt: »Anita Berber tanzte Eric Satie. Nackt. Nur Sterne auf den Körper geklebt, ohne obszön zu wirken. Sie zog ein Knie bis zum Kinn, und langsam ohne besondere Anstrengung streckte sie dieses Bein aus dem Standspagat. Ich war damals gerade 18 Jahre. Das hat auf mich großen Eindruck gemacht.« In diesem Jahr 1924 wird Anita in das Ehrenkomitee der »academie der farbe« berufen, einer Künstlergruppe, die unter anderem Kostümfeste veranstaltet. Dem Ehrenkomitee gehören auch Valeska Gert, Max Pechstein, Fritzi Massary und Conrad Veidt an. Anitas Berufung zeigt, dass sie zu dieser Zeit in Berlin noch »dazugehört«, trotz der Wiener Ereignisse.

Doch es wird immer schwieriger für sie, Auftrittsorte zu finden. Das liegt einerseits an ihrem Ruf, aber auch daran, dass sich der Geschmack des Publikums radikal wandelt. Das anzüglich-erotische, das oftmals mit wohligem Grusel als »pervers« beschriebene Auftreten der Berber verliert allmählich seinen Reiz. Anita war das Gesicht einer turbulenten, enthemmten Zeit, sie schien das Düstere, Hoffnungslose der Inflationsjahre zu repräsentieren wie niemand sonst. Doch das ist vorbei. Das Leben geht wider Erwarten doch weiter und Optimismus macht sich breit. Lechzten viele Berlinerinnen und Berliner in den ersten Jahren nach dem Krieg nach einer Ablenkung vom drohenden Weltuntergang, nach frivolen »Schönheitsabenden«, so suchen sie jetzt nach purem »Amüsemang«. Spaß wird großgeschrieben, die Menschen sehnen sich nach Glitter und Glamour. Der Zeitgeist will Lachen und Lebenslust, nicht mehr düstere Visionen. Slapstick, Boxkämpfe, Autorennen kommen gut an, aufwendige und teure Revuen statt bedeutungsschwangerem oder auch skandalträchtigem Nackttanz in düster-schwüler Atmosphäre. Fröhlich tanzende junge Frauen wie die Tiller Girls sind auf der Bühne gefragt, die ihre entblößten Brüste zeigen und ihre langen nackten Beine gekonnt in die Luft werfen, aber doch ansonsten einigermaßen züchtig bekleidet sind. Es geschieht das, was wir aus der modernen Pop-Kultur kennen: Die avantgardistischen Wurzeln einer Strömung finden abgeschwächt Eingang in den Mainstream. Die Vorreiter des Avantgardismus bleiben zurück, verlieren an Einfluss und Popularität – es sei denn, es gelingt ihnen oder sie sind bereit, sich anzupassen.

In Berlin wird es schwieriger für sie, und so versucht Anita Berber, noch einmal in Wien Fuß zu fassen, dieser Stadt, die sie so mag, in der ihr aber Auftritte verboten sind.

Sie fährt im April 1924 an die Donau und will erreichen, dass die Behörden das Aufenthaltsverbot aufheben, damit sie in der Stadt, in der sie so bekannt ist wie sonst nur in Berlin, wieder auftreten kann. Geplant sind, wie sie Freunden erzählt, drei Abende gemeinsam mit dem Hypnotiseur Erik Jan Hanussen. Sie reist in Begleitung einer Freundin, einer Prinzessin Marietta Croy, mit dem Auto von Berlin an und steigt unter falschem Namen in einem Hotel in der Inneren Stadt ab. Der Versuch, die Auftrittsgenehmigung zu bekommen, ist aussichtslos, machen ihr Freunde klar und raten ihr auch von einem geplanten Besuch bei Leonie von Puttkamer dringend ab. So reist sie gleich doppelt erfolglos nach nur einem Tag wieder mit dem Auto nach Berlin zurück.

Im Sommer 1924 trifft Anita in Berlin einen jungen Amerikaner: Henri Châtin-Hofmann. Wenn Berbers Biograf Lothar Fischer schreibt, die beiden hätten sich nach einem Tanzabend Henris am 28. August im *Blüthner-Saal* kennengelernt, kann das nicht stimmen. Es ist durchaus möglich, dass Anita an diesem Abend Henri auf der Bühne sieht und auch begeistert ist, wie Fischer schreibt. Aber zu diesem Zeitpunkt sind Anita und Henri schon seit mehr als zwei Monaten verheiratet. Zumindest berichten mehrere Zeitungen bereits am 14. Juni 1924, einem Freitag, dass das Paar am »nächsten Samstag« heiraten werde.

Wie und wo die beiden sich kennenlernen, ist damit unbekannt, aber da sie sich in den gleichen Kreisen bewegen, kann es kaum ausbleiben, dass sie sich irgendwann über den Weg laufen. Henri ist ein schlanker, sportlicher, zarter junger Mann aus den USA, ohne das Düstere, das Sebastian Droste kultiviert hat. Klaus Mann beschreibt ihn als sanften Charakter mit lachendem Gesicht. Gleichwohl hat er sich längst auch vom besonderen Berliner Rhythmus anstecken lassen. Vor allem aber ist er ein guter Tänzer, fast zwanzig Jahre später wird ihn die *Baltimore Sun* »den größten der modernen Tänzer« nennen. Das mag übertrieben sein, zeigt aber, dass er durchaus einen Ruf hat. Henri ist der Sohn eines deutsch-amerikanischen Pastors der Religionsgemeinschaft Zionskirche. Den Mittelnamen Châtin, den Geburtsnamen seiner Mutter, nimmt er bei seiner Konfirmation mit fünfzehn Jahren an. Mit neunzehn Jahren steht er 1913 in New York das erste Mal auf der Bühne. Sarah Bernhardt, die damals 69 Jahre alte berühmte französische Schauspielerin, sieht ihn an diesem Abend und sagt angeblich voller Begeisterung: »Henri beginnt dort, wo andere aufhören.«

Warum Châtin-Hofmann, der nur wenige Brocken Deutsch spricht, nach Berlin kommt, ist unbekannt. Vielleicht hat ihn einfach der Ruf der Stadt angezogen. Berlin ist 1923 ein magischer Ort für viele Amerikaner, die an der Spree mit ihren Dollars wie Könige leben können. Hier trifft Henri Baronin Elsa von Freytag-Loringhoven wieder, die er aus New York kennt, wo sie zehn Jahre gelebt hat. Die Baronin ist eine recht unkonventionelle Dada-Künstlerin, doch ihr Wirken als Malerin, Tänzerin, Bildhauerin, Aktmodell und Muse bringt kaum genug ein, um ihren Lebensunterhalt zu finanzieren. Frauen haben es in der Kunst damals noch schwer, und Dada ist nur sehr bedingt

Der Tänzer Henri Châtin-Hofmann

massenkompatibel. Trotz ihres adeligen Namens, den sie in ihrer dritten Ehe angenommen hat, lebt die Baronin daher in recht ärmlichen Verhältnissen. Nach Berlin kommt sie 1923, kurz bevor Henri hier im Spätsommer oder Herbst desselben Jahres eintrifft. Sie bezieht eine kleine Hinterhauswohnung und nimmt den jungen Amerikaner trotz der Enge eine Weile auf, da er in Berlin weder Beziehungen hat noch nach der Stabilisierung der Mark über ausreichend Geld verfügt. Aber Henri hat Talent als Tänzer, sieht gut aus und passt sich als charmanter Dandy rasch an das Leben in der Hauptstadt an, in der nach dem Ende der Hyperinflation gerade so etwas wie Normalität einkehrt.

Sein Ziel ist es, als Tänzer Karriere zu machen. Laut Max Herrmann-Neiße debütiert er am 12. Oktober 1923 im *Blüthner-Saal* mit einem *Tanzabend der modernen Musik*, und dieser Auftritt wird ein voller Erfolg. Zwei Wochen später tanzt er nach der Musik von Ravel, Strawinsky und zu einem modernen Ragtime. Im Sommer 1924 gastiert »Henri der Tänzer«, wie er sich nennt, mit einem pantomimischen Stück, aufgeführt zu moderner Musik, in München.

Lothar Fischer beschreibt, wie Anita Berber den fröhlichen jungen Amerikaner nach einer Aufführung gemeinsam mit dem bekannten Arzt Heinrich Klapper, eine häufig gesehene Persönlichkeit im Berliner Nachtleben, der sich oft in Anitas Gefolge findet, abfängt. Es muss sich um einen Auftritt Henris Ende Mai oder Anfang Juni 1924 handeln. Anita sieht vermutlich in ihm ihren neuen Tanzpartner, die Auftritte mit der Mädchentruppe sind auf Dauer nicht das, wonach sie strebt. Trotz der raschen Heirat mit Châtin-Hofmann wird es von ihrer Seite kaum um Liebe gehen. Wohl aber bei Henri. Er scheint Anita wirklich zu lieben, wie Klaus Mann berichtet, der die beiden etwas später kennenlernt. »Hätte man es für möglich gehalten? Er liebte sie wie der sentimentalste Bräutigam seine Auserwählte. Er glaubte an sie, in seinem stockenden Englisch-Deutsch sagte er mühsam: ›Niemand kann Anita verstehen.‹ Er saß mit nacktem Oberkörper im Bett, die Knie hochgezogen, auf den Knien den Teller. ›Sie ist wunderbar, über alle Begriffe‹, sagte er stockend. Ich wusste: Er war mit großen Chancen aus Amerika gekommen, er hatte viel geopfert. Welche Kraft des Herzens gehörte dazu, die Frau, die für verrucht galt, in ihrem eigentlichen Wesen zu erkennen, das eigene junge Schicksal ihrem katastrophalen zu verbinden. Ich liebte und bewunderte Henri.« Er ist in den Augen des jungen Klaus Mann der sanftere, sensiblere Teil des Paars. Aber er arbeitet doch zielgerichtet an seiner Karriere, und Anita Berber bietet sich dabei als Tanzpartnerin an – trotz oder vielleicht auch wegen ihres Rufs. Bei der Hochzeit, wahrscheinlich nur zwei Wochen nach dem Kennenlernen (so Fischer), ist Heinrich Klapper Trauzeuge. Während der Zeremonie muss er den aufgeregten Henri an den Namen seines Vaters erinnern, den er vergessen hat.

Henri Châtin-Hofmann könnte positiven Einfluss auf Anita nehmen, gerade was ihren täglichen Drogenkonsum betrifft. Aber ihr Einfluss auf ihn ist stärker als umgekehrt, und sicher üben Kokain und andere Rauschmittel auf den jungen Mann ebenfalls eine Faszination aus. Und so geschieht, was geschehen muss: Er lernt über Anita all die Drogen kennen, die sie sich einverleibt, und sie verfehlen auf den lebenslustigen Henri ihre Wirkung nicht. Das Paar schlägt sich die Nächte in den Bars der Stadt um die Ohren.

Ist Anitas Hochzeit mit dem jungen Amerikaner im Grunde genommen eine Art Hilfeschrei, der Versuch, in einen sicheren Hafen zu fliehen? Sehnt sie sich nach einer Stütze, nach einem verlässlichen Halt an ihrer Seite? Ahnt sie, dass sie auf Dauer nicht weitermachen kann wie bisher? Oder sieht sie in Henri ausschließlich den passenden Tanzpartner für ihr Programm? Fragen, die unbeantwortet bleiben müssen. Sie hat finanzielle Sorgen, Engagements sind zunehmend schwer zu bekommen. Gleichwohl trägt sie immer noch teure Kleider; man frage sich, wo sie das Geld dafür hernehme, schreibt eine Zeitung. Im Sommer 1924 arbeitet sie im Kabarett *Rampe* am Kurfürstendamm. Sie tanzt nicht nur, sondern mixt vor und nach ihren Auftritten auch Cocktails hinterm Tresen. Das ist ungewöhnlich für eine Frau außerhalb der Lesbenbars, aber Nachtschwärmer erzählen sich, dass die Berber bessere Drinks mixt als die meisten Barmänner der Stadt.

Im Juli kommt es in der *Rampe* zu einem Vorkommnis, das so aufsehenerregend ist, dass ihm selbst die Wiener Zeitung *Der Tag* eine Notiz auf Seite eins und einen Artikel weiter hinten im Blatt widmet. Während eines Auftritts von Anita und Henri werden Beschimpfungen aus dem Publikum laut, weil Anita nackt tanzt. So eine Frechheit will sich Henri nicht gefallen lassen und pöbelt zurück. Daraufhin ergreifen einige Zuschauer Teller, Aschenbecher und andere Gegenstände und bewerfen das Paar auf der Bühne, sodass die zwei sich in Sicherheit bringen müssen. Unter den Zuschauern, die sich von Henri wüste Beleidigungen anhören müssen, ist auch der Militärattaché einer auslän-

»Anita Berber und Henry tanzen«, Plakat 1925

dischen Macht, der daraufhin eine Anzeige wegen Beleidigung erhebt. Just zu dieser Zeit gehen bei der Berliner Polizei auch eine Reihe weiterer Beschwerden über die unbekleidet tanzende Berber ein.

Anita ist nicht bereit, an ihren Auftritten etwas zu ändern. Sie tanzt weiter ihre bedeutungsschwangeren Tänze, die der größte Teil des Publikums nie verstanden hat und auch gar nicht zu verstehen bereit ist. Sie will den Zuschauern ihren Tanz, ihre dunklen Visionen, ihre Welt aufzwingen, aber das funktioniert umso weniger, als sich der Zeitgeist und der Geschmack des Publikums gewandelt haben. Gemeinsam mit Henri tanzt sie im Herbst 1924 in Rudolf Nelsons *Confetti*. Das Stück nimmt Einflüsse der neuen Revuen auf, lässt den beiden aber zugleich Raum für ihre Darbietungen. Es geht in *Confetti* um einen Lehrer aus einer deutschen Provinzstadt, der davon träumt, an den wilden Berliner Ausschweifungen teilzuhaben. Anita springt auf einen Schultisch und tanzt einen Flapper, Henri eine dämonische Nummer mit dem Titel *Die Kerze*. Aber *Confetti* floppt und wird alsbald abgesetzt. Das Paar ist ohne Engagement. Ein Jahr später stellt der Fotograf Alex Binder eine Szene aus *Die Kerze* in seinem Atelier nach. Henri steht auf der Umrandung eines Brunnens in einem eigenwilligen Netzhemd, das eine Seite des Oberkörpers frei lässt, darunter eine nicht ganz knielange Hose. Die Beine sind überkreuzt, die Arme hat er über dem Kopf in die Höhe gestreckt. Anita liegt ihm hingegeben zu Füßen.

Etwa zu dieser Zeit lernt der junge Klaus Mann das Paar kennen und freundet sich mit den beiden an. Anita

Berber und Henri Châtin-Hofmann logieren im *Excelsior*. Leisten können sie sich dieses teure Hotel schon längst nicht mehr, aber die Direktion lässt sie offenbar kostenlos dort wohnen und erhofft sich wohl, ein wenig von der skandalträchtigen Berber als Gast zu profitieren. Der Konkurrenzkampf unter den Berliner Hotels ist groß, Publicity daher willkommen, und Anita ist immer noch ein beliebtes Thema des hauptstädtischen Klatsches. Der Frauenarzt Ludwig Levy-Lenz erinnert sich später: »Anita Berber war damals für die von erotischen Schlagzeilen lebenden Presseorgane ein beliebtes und vielgejagtes Wild. Ihre unbezahlten Rechnungen, ihre intimsten Geheimnisse, ihre mannigfachen Perversitäten, ihre Prozesse mit der Sittenpolizei, ihre Auftrittsverbote, ihre privaten Orgien, ihre Rauschgiftsucht – alles musste herhalten, um einem sensationslüsternen Publikum den Groschen für die Abendzeitung herauszulocken.«

Anita braucht den Skandal, um im Gespräch zu bleiben, aber sie ist dadurch den Zeitungen, dem Gerücht, dem Klatsch ausgeliefert. Sie braucht den Skandal wohl aber auch, weil sie sich durch die Aufmerksamkeit, die er ihr beschert, lebendig fühlt. »Um nicht zu erstarren, trieb sie es immer radikaler. Alles wurde zum Skandal um sie herum. Auch andere Schauspielerinnen bekommen in einem Nachtlokal gelegentlich Streit mit einem Kollegen; sie aber prügelte sich. Sie schlug sich mit einem berühmten Darsteller, der auch körperlich schweres Kaliber war. Er musste stärker sein als sie, die Frau, war sie auch noch trainiert. – Sie brauchte nicht nur den moralischen Skandal, sondern auch die körperliche Gefahr. Auf der Straße biss sie einer Dame, die mit dem Finger nach ihrer deutete, beinahe den ganzen Finger ab«, schreibt Klaus Mann.

Den permanenten Wirbel, den Anita Berber auslöst, schildert der mit ihr befreundete Tänzer und Choreograph Joe Jencík kurz nach ihrem Tod: »Soweit ich mich erinnern kann, gab es nie so viel Aufregung und erweckte nichts in Theaterkreisen so viel Aufruhr, wie wenn die Bulletins der Tanzclubs die Ankunft und eine Gastvorstellung von Anita Berber ankündigten. Nie wurden so viel Klatsch und Tratsch, Lügen und Fiktionen aus dem Leben hinter den Kulissen oder dem privaten Umfeld einer Tänzerin in so starkem Maße verbreitet wie gerade in diesem Fall. Die Gerissenheit der Agenten, Impresarios, Unternehmer und Möchtegernjournalisten war ein wahres Gebräu, das dem sensationssüchtigen kleinbürgerlichen Publikum als miserabler Wein eingegossen und von ihm in vollen Zügen getrunken wurde.« Doch Anita ist keineswegs ausschließlich das Opfer, als das sie in diesem Zitat erscheint. Sie schenkt Publikum und Journalisten, und darunter sind auch viele seriöse, selbst oft, um in Jencíks Bild zu bleiben, sauren Wein ein. Sie sorgt, auch ohne Grund und Not, bei ihren Auftritten für Skandale, weil sie nicht kritikfähig ist. Immer wieder bietet sie Gesprächsstoff, und man muss kein Spießbürger sein, um es nicht passend zu finden, dass sie nackt im Speisesaal des *Adlon* sitzt. Und sie erzählt zum Teil blanke Lügen, wie zum Beispiel in einem Interview, dass ihre Mutter (die in Masuren geboren wurde) Russin sei. Es ist wohl eher so, dass Anita Skandal und Gerücht zum Atmen braucht, so wie das Publikum beides gierig aufsaugt.

Wenn Joe Jencík schreibt, niemand habe sie als Tänzerin des Grauens, sondern als grauenerregende Tänzerin gesehen, so will er damit nicht sagen, dass sie nicht tanzen konnte; sondern dass es dem Publikum nicht um den Tanz ging, vielmehr um das Ereignis an sich. Den Zuschauern, so Jencík weiter, wäre es nie eingefallen, Anitas künstlerischen Ausdruck zu bewerten; es bewertete ihr ziviles Auftreten, mit dem sie gegen das Gesetz der unüberschreitbaren Trennlinie zwischen Bühne und Zuschauerraum verstieß. Das Publikum, oder zumindest viele im Zuschauerraum, hoffen bei jedem Auftritt auf einen Skandal, ohne selbst darin verwickelt zu werden, so Jencík.

Es folgen weitere Vorkommnisse. So wird Anita einmal beim Verlassen einer Bar nachts von der Polizei verhaftet, weil sie die Zahlung für ein Mietauto nicht geleistet hat. Auch in der Silvesternacht 1924/25 wird sie von der Polizei abgeführt, diesmal wegen nicht bezahlter Schulden. Schon im Oktober zuvor gibt es Krach bei *Schwanecke,* einem Restaurant in der Rankestraße gleich bei der Gedächtniskirche. Diesmal ist die Sache ärgerlich, weil *Schwanecke* als eine der bevorzugten Anlaufstellen Berlins für Künstlerkreise gilt, und so ist es immer gut, sich hier zu zeigen. Anita und ihre Begleiter, darunter Henri, die Schauspieler Albert Steinrück, Anni Trautner, Megerle von Mühlfeld, der Schriftsteller Hans Behrendt und Gustav Ricke, Chef der Deutschen Schauspielerorganisation, werden nicht eingelassen, wohl weil nicht alle aus der

Gruppe Mitglieder sind. Um die Sperrstunde zu umgehen, ist *Schwanecke* ein Club, zu dem nur Mitglieder Zugang haben, denn als private Einrichtung kann das Lokal so lange öffnen, wie der Besitzer es wünscht. *Schwanecke* ist jeden Abend nach Theaterschluss so überlaufen, dass der Türsteher irgendwann dichtmachen muss. »Schwanecke wurde zur Seuche, der man rettungslos verfallen war«, erinnert sich der Feuilletonchef des *Berliner Tageblattes,* Fred Hildenbrandt. »Das heißt, einen Abend nicht dort gewesen zu sein, war ein verlorener Abend. Ewige gute Laune! Ungeheure Stimmung! Freundschaften wurden geschlossen und wieder zertrümmert. Bekanntschaften wurden gemacht und wieder vergessen. Liebschaften erblühten zu Hunderten, führten manchmal vor den Altar, meistens aber vor den Scheidungsrichter, Feindschaften wurden ausgetragen und endeten in Umarmungen und Küssen, und jahrelange Intimitäten verwandelten sich plötzlich in Bitternis, Abscheu und jahrelange Trennung.«

Dieses Schicksal ereilt auch Anita. Ist sie nicht stets eine Frau gewesen, ein Star der Nacht, mit dem sich jedes Lokal gerne rühmt, der man den roten Teppich ausrollt, auch wenn hin und wieder Gläser oder Stühle zu Bruch gehen? Sind nicht die Geschichten, die man sich über sie erzählt, Gold wert für das Lokal, in dem sie sich ereignet haben? Geht man nicht erst recht dorthin, wenn sich die Berber wieder einen ihrer Auftritte jenseits der Bühnen geleistet hat? Diese Zeit scheint sich nun dem Ende zuzuneigen. Und natürlich spricht es sich herum, wenn Anita Berber nicht in das *Schwanecke* eingelassen wird.

Dass sich ihr Ansehen selbst in den Kreisen ändert, die ihr jahrelang gehuldigt haben, zeigt eine andere Begebenheit aus dieser Zeit, die sich im Haus des bekannten Kunsthändlers und Verlegers Alfred Flechtheim ereignet und bei Anita einen tiefen Schock auslöst. Über den Eklat bei Flechtheim gibt es mindestens zwei Berichte, sodass er als verbrieft angesehen werden kann. Henri hat den in der Berliner Kunstszene wichtigen Flechtheim gleich nach seiner Ankunft in Berlin kennengelernt, und in seiner ersten Zeit an der Spree gehört er zu dessen Kreis. Die Bildhauerin Renée Sintenis fertigt für Flechtheims Zeitschrift *Querschnitt* zwei Zeichnungen von Henri an. Er ist angekommen in der Berliner Kunstszene. Aber Flechtheim, der avantgardistische Kunst fördert, lehnt Anita ab. Ob das schon immer so war und warum, ist nicht überliefert. Vielleicht weil sie als Tänzerin in Kabaretts seinen künstlerischen Ansprüchen nicht gerecht wird, vielleicht aber gibt es für den homosexuellen Mittvierziger auch einen anderen Grund. Auf jeden Fall gehört er zu den Berliner Kreisen, die sich von Anita Berber abwenden, ja sie regelrecht ächten. Das macht das Ereignis deutlich, über das nicht nur der Journalist Paul Marcus, besser bekannt unter seinem Kürzel PEM, berichtet, sondern auch Klaus Mann, der ihm als Augenzeuge beiwohnt.

Eines Abends findet bei Flechtheim eine große Gesellschaft statt, zu der Henri eingeladen ist, Anita aber nicht – schon das ein Affront, schließlich sind die beiden ein Ehepaar. Anita und Henri haben an diesem Abend einen Auftritt und entschließen sich, anschließend das Fest zu besuchen. Vermutlich gehen sie davon aus, dass die Einladung auch für Anita gilt. Beide tragen noch ihre Bühnenkostüme, was viele Anwesende ebenso wie der Hausherr offenbar als unpassend empfinden. Allerdings haben die Kostüme nichts Anzügliches. Sie ist in ein weißes Biedermeierkleid gekleidet und trägt ihr übliches unheimlich wirkendes, stark geschminktes Maskengesicht, er einen schwarzen Samtanzug.

Was dann passiert, berichtet Klaus Mann: »Eine Gasse tat sich zwischen den Tanzenden auf, die sie lächelnd und grüßend durchschritten. Man feierte sie, aber in die Begrüßung mischte sich auch Spott. Als man sie aufforderte, vorzutanzen, zierte sich hold-verschämt die grelle Anita. Man merkte, wie sie sich freute. Nach kurzem Sich-Bitten-Lassen gab sie dem Pianisten Weisung, einen Brahms-Walzer zu spielen; Henri verneigte sich altfränkisch, sie wiegte sich lieblich, da sah man einen Diener ihr von hinten leise, doch scharf etwas zuflüstern. Sie zuckte zusammen. ›Das ist nicht wahr! Das hat Ihr Herr nicht gesagt!‹ Schon stand vor ihr der Hausherr. ›Sie sind nicht eingeladen, gnädige Frau.‹« Als Flechtheim hinzufügt, der Abend sei außerdem kein Maskenball, kann Anita ihre Wut und Empörung nicht mehr bändigen und schlägt zu. Flechtheim schlägt zurück. Er sieht in Anita keine Dame; wenn sie ihn schlägt, darf er sie auch schlagen. Genau das scheint Anita im selben Augenblick zu begreifen. Sie fängt an zu weinen. Die vorgeblich so starke und selbstbewusste Anita Berber weinend und gedemütigt – die Umstehenden sind fassungslos. Weiter erinnert sich Klaus Mann: »Ich sehe noch Henri, wie er ihr den Arm um die Schulter legte, wie er sie fortführte. ›Die Menschen sind schlecht‹, rief er immer wieder in seinem mühsamen Deutsch, während er die Salons durchschritt, wo die Leute vor dem verfemten Paar zurückwichen.«

Vielleicht gibt es den einen oder anderen Augenzeugen, unter ihnen vermutlich einige, die Anita Berber kennen, der wie der junge Klaus Mann eher Mitleid mit ihr hat. Aber für viele wird sie allmählich zur Ausgestoßenen, zu einer Person, die man verspotten darf. Jeglicher Respekt schwindet. Schon immer haben sich viele das Maul über sie zerrissen, aber wenn sie das Tagesgespräch war, schwang doch stets auch Respekt mit. Spott aber ist gegen eine Frau wie Anita Berber die schlimmste Waffe, vielleicht gleich nach Ignoranz. Sie muss die Erfahrung machen, dass sie selbst in Berlin für einen Teil der ihr bisher freundlich gesonnen Kreise zu einer Unperson wird, mit der man bestenfalls Mitleid hat.

Von den einen wird sie noch bewundert, von den anderen schon verachtet, gleichgültig aber ist sie kaum jemandem. Doch sie wird nun auch verhöhnt, und Schlimmeres kann ihr nicht passieren. Selbst auf den Bühnen der Kabaretts, in Berlin wie in Wien, fängt man an, über Anita zu spotten. Der Kabarettist Hermann Vallentin, kein Mann der ersten, aber doch immerhin der zweiten Reihe, singt gemeinsam mit seiner Schwester Rosa Valetti: »Hunger, Elend, Not von Millionen / daß Tausende im Zuchthaus verrecken / interessiert es das Publikum / i wo, der nackte Hintern der Anita Berber / das interessiert das Publikum!« Anita geht persönlich in die Aufführung und hört sich das Spottlied an – ihre Reaktion ist nicht überliefert. Trude Hesterberg singt eine Persiflage aus der Feder von Kurt Tucholsky auf den Nackttanz allgemein, bei der jeder sofort an die Berber denkt: »Trag du als Iphigenie / Dessous, jedoch recht wenige / denn du darfst nicht larmoyant sein / denn nur so wirst du bekannt sein / und es jubelt bald das ganze Haus / Zieh dich aus, Petronella, zieh dich aus!« Der Filmkritiker Hans Feld befindet im Rückblick: »Man nimmt sie nicht mehr ernst. Man beginnt – das ist das Schlimmste – sich über ihre Lasterhaftigkeit zu mokieren.« Und schließlich habe die Öffentlichkeit das Interesse an ihr verloren.

Klaus Mann beschreibt 1928 in seinem Nachruf auf Anita Berber für die Zeitschrift *Die Bühne* einen Tag in ihrem Leben aus dieser Zeit. Um zwei Uhr nachts nehmen sie und Henri ihn und einen »Kavalier« mit in ihre Suite im *Excelsior.* »Sie sprach ununterbrochen und log furchtbar. Es war klar, dass sie sehr viel Kokain genommen hatte; sie bot auch mir welches an. Henri döste irgendwo im Hintergrund. Sie erzählte mit ihrer heiseren Stimme die unglaubhaftesten Abenteuer; von Tieren, die sie hypnotisiert, von Mördern, denen sie geschickt ausgewichen. Dabei blieb die bittere Maske, die ihr Gesicht war, im Halbdunkel unbewegt.«

Irgendwann in der Nacht verlässt Mann das Hotel, kehrt aber am nächsten Mittag noch einmal zurück. Anita ist weg, aber Henri liegt noch im Bett. »Im Zimmer hantierte ein ältliches Wesen, sächsisch plaudernd, ein Faktotum, das ihnen treu blieb. Henri im Bett sagte, dass er Hunger habe. Ich fragte treuherzig, warum er nicht nach dem Kellner klingele. Er lächelte bitter: sie bekämen nichts mehr serviert, nur aus Gnade ließe man ihnen das Zimmer. Ich gab dem Faktotum meine letzten fünf Mark, sie lief zur nächsten Kneipe und holte ein Wiener Schnitzel. Es machte mich Achtzehnjährigen stolz, dass Henri in seinem Bett auf meine Kosten Wiener Schnitzel aß.« Klaus Mann, Anita und Henri waren in der nächsten Zeit häufig zusammen.

Im Frühjahr 1925 bringt das Paar ein neues Programm auf die Bühne, ihr erstes gemeinsames: *Tänze der Erotik und Ekstase*. Der Zuspruch in Berlin ist mäßig. Kurz nach der Premiere treten Anita und Henri im *Schall und Rauch* auf, doch auch hier ist der Erfolg nicht durchschlagend. Was noch vor zwei, drei Jahren als der letzte Schrei galt, wirkt jetzt abgestanden, wie eine unliebsame Erinnerung an ein Gestern, das man lieber vergessen möchte. Berlins Künstler- und Nachtszene, so scheint es, steht allem, was an die Inflationsjahre erinnert, ablehnend gegenüber. Der früher dominante Expressionismus wird abgelöst durch eine Strömung, die den aktuellen Zeitgeist abbildet: die Neue Sachlichkeit. Dieser Stil erstreckt sich auf alle künstlerischen Bereiche, auf Malerei, Literatur, Film, Fotografie, und bedeutet die Abkehr vom Expressionismus. Jetzt ist Realismus gefragt, eine nüchterne und objektive Darstellung der Realität. Vor allem wird jegliche Idealisierung abgelehnt. Die Künstlerinnen und Künstler reagieren damit auf die Unsicherheiten ihrer Zeit.

»Sachlich« ist der Tanz von Anita und Henri nicht. Beide begreifen, dass sie in diesem künstlerischen Umfeld keinen Erfolg mehr erzielen können, und sie beschließen, die Konsequenz zu ziehen und außerhalb Berlins aufzutreten. Schließlich gibt es in Deutschland eine ganze Reihe anderer Großstädte, die zwar nicht die Ausstrahlung und den Glamour der Metropole des Vergnügens haben, aber doch ein aufgeschlossenes Publikum, das noch nicht unbedingt unterrichtet ist, wie sich der Geschmack der Hauptstädter gewandelt hat.

Anita Berber und Henri Châtin-Hofmann gehen mit *Tänze der Erotik und Ekstase* auf Deutschland-Tournee. Erste Station ist Stuttgart, wo sie am 14. April 1925 im *Künstlerhaus* auftreten. In ihrem Tanz *Shipwrecked* geht es um zwei verlorene, ausgestoßene Seelen, und man hat das Gefühl, dass Anita und Henri ihr eigenes Schicksal thematisieren. Sie befinden sich auf einer einsamen Insel, ein Grammophon spielt moderne Schlager und amerikanische Hits. Die zwei Protagonisten tanzen schamlos, sie zeigt ihre nackten Brüste und streichelt ihren Körper, er jongliert mit imaginären Bällen und scheint sie vollkommen zu ignorieren. Beide scheinen auf ihren Tod zu warten. Auch Henri streichelt sich selbst. Groteske Mimik beschwört ein Bild der Hoffnungslosigkeit herauf, der Selbstmord des Paares liegt in der Luft. Sie werden mit dem Tod bestraft für all die Dinge, die sie in der Vergangenheit getan haben. In der Provinz kommt diese düstere Selbstdarstellung durchaus noch an. Im Herbst tritt das Paar in Köln und Düsseldorf auf, wo es als »Sensationsgastspiel« angekündigt wird – dort ein echtes Ereignis, vom Publikum sehnsüchtig erwartet.

Einen Einblick in die Bühnenpräsenz Anita Berbers in dieser Zeit gibt der Komponist und Kapellmeister Nico Dostal, der mit dem Programm *Die Welt im Spiegel* auf Tournee geht – eine große Show, modern, mit tanzenden Mädchen und einem großen Orchester auf der Bühne, ganz nach dem neuen Geschmack des Publikums. Die Tournee soll durch Deutschland, Österreich und die Schweiz führen, und mit von der Partie sind auch Anita und Henri. Bietet sich hier endlich die Chance, wieder anzuknüpfen an die früheren Erfolge? Jetzt ist Professionalität gefragt und auch ein bisschen Glück. Beides hat Anita nicht. In seinen Memoiren erinnert sich Dostal fast sechzig Jahre später: »Für unsere Revue hatte Anita sich … etwas ganz Exzeptionelles ausgedacht, das uns manchmal zur Verzweiflung brachte: Bevor sie nicht eine Flasche Cognac oder dergleichen stark Alkoholisches ausgetrunken hatte, kam sie nicht auf die Bühne. Da musste dann die nächste Darbietung vorgezogen werden. Vom Stand der Dinge wurde ich durch Boten oder Bühnentelefon am Dirigentenpult in Kenntnis gesetzt; mit dem Orchester hatte ich schon ein Handzeichen zum vorzeitigen Notenwechsel verabredet. Anita Berber war dann aber nicht etwa betrunken. Sie führte ihre Tänze erfolgreich durch, und niemand konnte ahnen, dass sie sich durch die ganze Flasche Dujardin hatte inspirieren lassen.«

Nur weil alle auf sie Rücksicht nehmen, läuft die Tournee. Aber dann geht doch noch etwas schief, und diesmal ist es nicht einmal ihre Schuld. Der Manager der

Tour macht sich heimlich mit den Einnahmen aus dem Staub und lässt eine konsternierte Truppe zurück. Vermutlich bekommen Anita, Henri und die anderen einen Teil der vereinbarten Gagen, denn es finden noch ein paar Auftritte statt. Aber Dostal geht leer aus, weil er bei einer Reihe von Aufführungen aufgrund eines vierwöchigen Krankenhausaufenthaltes nicht mitwirken kann. Was nach dem Gespräch mit dem Direktor folgt, berichtet er so: »Das war für mich eine geradezu niederschmetternde Nachricht. Ich machte kehrt, ging die Treppe runter und traf auf Anita Berber und ihren Henri, die gerade ihre Tanzgarderobe verpackten. ›Was machst du denn für ein Gesicht?‹, rief Anita. ›Ich war eben beim Direktor‹, sagte ich, ›und er will mir die Gage nicht zahlen, da ich krank war und nicht dirigiert habe. Ich soll zur Fürsorge oder so etwas ähnlichem, meinte er.‹ Ich weiß nicht, ob Anita bereits wieder Dujardin getrunken hatte, jedenfalls nahm sie mich wild entschlossen beim Arm: ›Komm mal mit zum Direktor.‹ Sie schleppte mich die Treppe hinauf wieder ins Direktorenbüro, trat dort, die Sekretärin beiseite schubsend, ein: ›Sie wollen dem armen Kerl von Kapellmeister keine Gage zahlen, Sie Geizhals?!‹ Und schon hob sie die am Tisch stehende Schreibmaschine hoch und schmetterte sie zu Boden, dass die Typen davonsprangen. Des Direktors Protest nicht achtend, hob sie die Schreibtischkante hoch, kippte den Tisch mit allem, was drauf stand, um, so dass der etwas klein geratene Direktor mit seinem Stuhl nach rückwärts fiel und hinter seinem Schreibtisch eingeklemmt war. Er schrie Zeter und Mordio, während Anita die Gardinen samt den Stangen herunterriss. Das Büro sah grausig aus, die Sekretärin und ich standen perplex da. ›So‹, rief Anita nun aus, ›soll es jedem Theaterdirektor gehen, der keine Gagen zahlen will!‹ Flugs verließ sie den Raum, ich schnell hinter ihr her, um allen Weiterungen dieses Ereignisses zu entkommen.« Dostal erhält sein Geld trotzdem nicht. Aber solche Eskapaden sprechen sich ebenso herum wie Anitas Unzuverlässigkeit, sodass ihr Verhalten kaum das Interesse an einer Verpflichtung steigert.

Aber noch wird sie gebucht, noch lebt sie von ihrem früheren Ruhm, von ihren immer wiederkehrenden Skandalen, von der Lasterhaftigkeit, die sie vor allem auf das Publikum außerhalb Berlins noch immer ausstrahlt. In Düsseldorf wartet ein ganz besonderer Mann auf Anita: Otto Dix. Der aufstrebende Maler hat sie sicher schon in Berlin auf der Bühne gesehen, aber den persönlichen Kontakt knüpft er, als sie im Sommer 1925 in der Düsseldorfer *Jungmühle* auftritt. Als Max Pechstein sie Jahre zuvor gefragt hat, ob er sie malen darf, hat sie abgelehnt, aber Dix bekommt eine Zusage. Vorher möchte er sie nochmals auf der Bühne studieren, und so begleitet er gemeinsam mit seiner Frau Martha Koch Anita und Henri zu einem Auftritt nach Wiesbaden, wo die vier gemeinsam nachts durch die Stadt bummeln. Hier lernt Martha Koch die Anita Berber kennen, die in Berlin seit Jahren immer wieder für Aufsehen sorgt. Als sich ihr auf der Straße ein Mann nähert, bietet Anita ihm an, für 200 Mark mit ihr zu schlafen. Martha Koch findet das nicht weiter aufregend, schließlich braucht Anita Geld, sie muss ihre Shows und ihre teuren Kostüme finanzieren und verdient offenbar nicht genug. Für Koch ist Anita in dieser Situation »charmant, so süß, einfach, total natürlich und entzückend«. Nach Wiesbaden stehen als weitere Stationen Leipzig und Breslau auf dem Programm.

Zurück in Düsseldorf, fertigt Dix zunächst eine Pastellkreidezeichnung an. Das Bild zeigt die rothaarige Anita grell geschminkt, aber wer es nicht besser weiß, kann schnell auf den Gedanken verfallen, es handele sich um eine Frau mittleren Alters und nicht um eine 26-Jährige. Doch Dix will mehr, und so malt er das *Bildnis der Tänzerin Anita Berber*: ein berühmtes Gemälde, dessen Schöpfer verehrt wird, während die Dargestellte heute weitgehend unbekannt ist. Tatsächlich aber sagt das Bild mehr über Anita aus, als man im ersten Augenblick vermutet.

Das vielleicht Auffälligste ist, dass Dix sie nicht nackt malt, sondern vollständig bekleidet. Das legt nahe, dass er in ihr mehr sieht als eine Tänzerin, die sich auf der Bühne enthüllt. Das knallrote, enganliegende Kleid legt auf raffinierte Weise gleichwohl ihren Körper gewissermaßen frei, vielleicht mehr, als wäre sie völlig enthüllt. Ihre Pose, eine Hand auf die Hüfte gestützt, wirkt scheinbar auffordernd, ganz so, wie die Öffentlichkeit Anita sieht. Das Gesicht ist stark geschminkt, die Augen mandelförmig, groß und dunkel, der Mund klein und spitz, geschwungen und knallrot. Auch auf diesem Bild stellt Dix sie deutlich älter dar, als sie in Wirklichkeit ist. Ihr Blick wirkt traurig-abwesend, drückt Bitterkeit aus und nicht die selbstgefällige und aggressive Überheblichkeit, die sie so oft zur Schau trägt. Auf diesem Bild wirkt Anita so nackt, so unverhüllt wie auf keinem ihrer

Otto Dix, Bildnis der Tänzerin Anita Berber, 1925

Nacktfotos, wie bei keinem ihrer Tänze, denn es gelingt Otto Dix, ihr Innerstes offenzulegen. Das Gemälde offenbart eine schwache, gedemütigte, verzweifelte, im wahrsten Sinn des Wortes von ihrem exzentrischen Leben gezeichnete Frau, wie in einen Käfig eingesperrt oder in einem Teufelskreis, aus dem es kein Entrinnen zu geben scheint. Das Bild gefällt Anita. Und gern sonnt sie sich in der Bekanntheit von Dix. Als die beiden in einer Zeitschrift auf einem Foto abgedruckt werden, schreibt sie ihm: »Mein lieber Otto! Hast du das Bild von Dir u. mir im Illustrierten Blatt gesehen, ich habe mich so gefreut.«

Im Herbst 1925 aber spitzt sich die Situation für Anita und Henri zu. An Otto Dix schreibt sie: »Uns geht es besch… kein Engagement, kein Geld. Ich wollte dich daher fragen, ob du mir eventuell 200 M pumpen kannst. Mitte August sind wir in Leipzig, dann kann ich es dir wiedergeben. Bitte sei mir nicht böse, aber du bist Künstler und kannst verstehen, wenn man den Dalles hat {in Geldnöten steckt; A.F.}. Die anderen glauben immer, man schwimmt in Geld.« Zu dieser Zeit hält sie sich gerade in Breslau auf, anschließend ist ein Gastspiel im *Eden Palast* in Leipzig geplant. Ob Dix ihr Geld schickt, ist nicht überliefert, ebenso wenig, ob Anita auch andere anpumpt. Aber da der Maler nicht zu ihren engsten Freunden gehört und sie ihn gerade erst kennengelernt hat, ist eher davon auszugehen, dass sie in Berlin bereits eine Reihe von Freunden und Bekannten abgegrast hat. Und dass offenbar die Zahl der Unterstützer kleiner wird.

Kapitel 19

ABSTURZ UND TOD

Anfang 1926 muss Anita endgültig erkennen, dass sie mit ihren düsteren Darbietungen nicht mehr *up to date* ist. Eine andere Tänzerin erobert Berlin im Sturm: Josephine Baker. Die Amerikanerin, aufgewachsen in den Slums von St. Louis, ist mit ihren gerade mal neunzehn Jahren seit einiger Zeit die Sensation in Paris. Und nun in Berlin. Die schwarze Schönheit mit den großen Augen strahlt eine exotische Erotik aus, wenn sie barbusig, bekleidet nur mit einem Bananenröckchen, aufreizend die Hüften schwenkend auf der Bühne tanzt. Sie entspricht dem Geschmack der Zeit – sie ist sexy, lustig, freundlich, und ihr Tanz ist ohne tieferen Sinn. Als sie am 14. Januar 1926 das erste Mal in Rudolf Nelsons *Theater am Kurfürstendamm* auftritt, liegt Berlin ihr zu Füßen. Mag sein, dass Anita ihr in gewisser Weise den Weg geebnet hat, aber jetzt wirkt sie wie die perfekte Alternative; sie befreit das Anzügliche von der dunklen Aura, die Anita Berbers Tanz umgibt. Nacktheit ist zum massenkompatiblen Mainstream geworden, es geht ausschließlich um das Amüsement, um Lust und gute Laune – also das, was das Publikum in den Kabaretts auch bei Anita seit Jahren sucht, aber nicht findet. Nicht mehr ein Nach-außen-Kehren der innersten Erfahrungen, der ureigensten, intimsten Empfindungen wird hier zum Ausdruck gebracht. Josephine Baker gibt dem Publikum nackte Haut, Nacktheit ohne Aggression. Anders als Anita Berber wird Josephine Baker auch von den Größen der Berliner Kulturszene hofiert, so von dem Schriftsteller und Dramatiker Karl Gustav Vollmoeller, der sie in sein Haus am Pariser Platz einlädt. Dass Josephine wie Anita ihre bisexuellen Neigungen offen auslebt (und mit der sehr jungen Freundin Vollmoellers, Ruth Landshoff anbändelt, einem frühen *It-Girl*, das sich kleidet wie Anita), beide Probleme damit haben, Verträge einzuhalten, und dass Nationalkonservative gegen ihre Auftritte protestieren, verbindet die beiden immerhin.

Wenigstens im Ausland ist Anita nach wie vor gefragt; längst hat sich der Ruf Berlins als Hure Babylon herumgesprochen und Anita Berber gilt hier noch als ihre Hohepriesterin. Immer wieder erfüllt sie die Erwartungen des Publikums, das auch in der Hoffnung auf neue Skandale in ihre Vorstellungen kommt. Man will dabei sein, aber möglichst nicht selbst Teil eines solchen Vorkommnisses werden, wie Joe Jencík schreibt. Und es scheint ohne Skandal einfach nicht zu gehen. Wie im März 1926, als Anita und Henri in Prag im *Rokoko* gastieren. In einer Bar wird Henri in eine Schlägerei verwickelt. Laut Polizei verlangt ein Mann von Anita, dass sie mit ihm tanzen soll, und sie folgt der Aufforderung sogar. Während des Tanzes soll ein anderer Gast laut gerufen haben, sie möge sich ausziehen. Darauf begibt sich Anita zum Tisch des Mannes und spuckt

Die amerikanische Tänzerin Josephine Baker, Mitte der Zwanzigerjahre

ihm ins Gesicht, worauf er sie so heftig schubst, dass sie zu Boden stürzt. Das wollen Henri und ein Begleiter nicht hinnehmen, und beide stürzen sich auf den Gast. Das Personal greift ein und geleitet Henri, Anita und den Bekannten nach draußen. Anita behauptet, dass Henri in den Keller verschleppt und dort verprügelt worden sei, wobei er zwei Zähne verloren habe. Der Polizeibericht dagegen hält fest, dass niemand im Lokal die angebliche Aufforderung, sich auszuziehen, gehört habe, und schließt: Bereits in anderen Städten habe sich Ähnliches ereignet. Anita Berber habe mehrfach Skandale provoziert, damit die Zeitungen über sie schreiben sollten.

Und so geht es weiter, als Anita und Henri im Juni für zwei Abende in Zagreb gebucht sind. An einem Sonntagmorgen bummelt sie durch die schöne Altstadt, als sie an einer Kirche vorbeikommt, aus der gerade eine Reihe Offiziere nach der Messe heraustreten. Die Menschen machen ehrfürchtig Platz. Nur eine bleibt mitten im Weg stehen: Anita. Ohnedies fällt sie auf mit ihrem Monokel im Gesicht. Ein Offizier tritt an sie heran und begrüßt sie auf Serbokroatisch. Worauf sie ihm in einem unfreundlichen Tonfall antwortet: »Ich verstehe Ihre barbarische Sprache nicht.« Ihr Gegenüber wirkt eher erschrocken als wütend. Anita hat keine Ahnung, wer vor ihr steht: König Peter II. von Jugoslawien. Der König wechselt ins Französische; die Angelegenheit endet damit, dass Anita inhaftiert wird und volle sechs Wochen im Gefängnis bleiben muss, bis es Henri gelingt, sie mit Hilfe der US-amerikanischen Botschaft herauszuholen. Die beiden werden von Soldaten bis zur ungarischen Grenze gebracht und dort ausgewiesen. Die jugoslawische Presse stürzt sich mit großer Lust auf die Geschichte. Anita wird als »serbische Pompadour« bezeichnet und steht unter dem Verdacht, eine deutsche Spionin zu sein.

Zu dieser Zeit ist sie völlig desillusioniert. Die Zeitschrift *Das Magazin* veröffentlicht ein Bild von ihr, auf dem sie in einer Küche steht und offenbar Hausfrauenarbeiten erledigt. Nur die zwei schwarzen Hände, die auf ihrem Schürzenkleid in Höhe der Brüste zu sehen sind, geben dem Bild einen leicht verruchten Touch. Die Frage, die sich stellt: Will sich Anita Berber wirklich ins Privatleben zurückziehen? Oder ist dieses Foto ein Trick, mit dem sie versucht, sich ein neues Image zu verschaffen? Die moderne Frau ist jetzt nicht mehr wild und lasterhaft, sondern geht tagsüber ins Büro oder ins Kaufhaus oder steht für Mann und Kinder am Herd, darf aber durchaus abends auch das Amüsement suchen. Zufällig finden sich in derselben Ausgabe der Zeitschrift auch Gedichte von Sebastian Droste. Es ist kaum anzunehmen, dass Anita sie nicht gelesen hat.

Doch bald steht das nächste Programm zur Aufführung an, und schon der Titel ist kein Hinweis darauf, dass Anita wirklich etwas an ihrem Image ändern will: *Tänze von Sex und Ekstase*. Getanzt wird es in Hamburg im *Alkazar* auf der Vergnügungsmeile Reeperbahn, die gerade so richtig zum Leben erweckt wird. (Mel Gordon nennt das *Alkazar*; laut Lothar Fischer fand die Vorstellung in der *Alhambra* statt, wo auch Sebastian Droste kurz vor seinem

Tod noch einmal aufgetreten sein soll.) Anita zeigt eine leicht abgemilderte Version des *Morphium*-Tanzes.

Im Sommer 1926 gerät sie ins Visier der Polizei, diesmal im heimischen Berlin. Das ist vor ihr auch schon anderen Tänzerinnen wie Celly de Rheidt und Lola Bach passiert, und natürlich ist Anita selbst schon lange keine Unbekannte mehr bei der Behörde. Die Sache kommt ins Rollen, als ein Berliner Anfang August in einem Brief den Polizeipräsidenten bittet, »im Namen vieler Deutscher (sic!) Frauen und Männer, umgehend einem großen Skandal ein Ende zu machen.« Der Mann erregt sich über einen Auftritt Berbers im *Metropol-Theater*, wo sie sich in fast allen ihren Tänzen nackt präsentiere. Das verletzt das Anstandsempfinden des Briefeschreibers schon genug, aber besonders anstößig findet er ihre letzte Darbietung, den *Tanz der Schiffbrüchigen*, der allem anderen an »gemeinster Schamlosigkeit« die Krone aufsetze. Empört berichtet er: »Sie ist fast nackt und vollführt durch Reiben und Streichen an ihren nackten Brustwarzen sinnlich aufreizende Posen.« Dieser Tanz gefährde unzweifelhaft ganz erheblich die Sittlichkeit und verletze das Schamgefühl in unerhörtester Weise; solche Schamlosigkeiten vergifteten die Seele des Volkes und vor allem der Jugend. Es sei ihm empfohlen worden, eine Beschwerde an den Preußischen Landtag zu richten, aber er vertraue auf den Berliner Polizeipräsidenten.

Dem Verfasser dieser Zeilen ist bekannt, dass Anita Berber schon ein paar Jahre zuvor aus Österreich ausgewiesen wurde; er findet es erstaunlich, dass eine so renommierte Bühne wie *das Metropol-Theater* eine solche Darbietung zulasse. Es sei Eile geboten, erklärt er, denn jede weitere Aufführung bedeute weiteren moralischen Schaden für das deutsche Volk. Es stellt sich aber doch die Frage: Warum geht Hermann Wilde aus der Potsdamer Straße in Berlin überhaupt zu einem Auftritt von Anita Berber, wenn er doch genau weiß, was ihn erwartet, und er das Programm empörend findet?

Der Polizeipräsident reagiert umgehend. Er beauftragt einen Regierungsrat, mit dem Verfasser des Briefes zu telefonieren, und übermittelt diesem unverzüglich ein Schreiben mit der Zusicherung, dass er sich der Sache annehmen werde. Wie immer in solchen Fällen schickt er zunächst am 7. August einen Polizeibeamten ins *Metropol,* wo an diesem Abend wieder eine Aufführung von Anita und Henri stattfindet. Und siehe da: Tatsächlich stellt der amtliche Beobachter kritisch fest, dass Anita in drei Tänzen »zum Teil in ganz durchsichtigem Gewande mit völlig entblößter Brust, unbekleidetem Gesäß, den (sic!) Geschlechtsteil nur mangelhaft durch ein schmales Band bedeckt«, tanzt. Henri präsentiere dem Publikum während eines Tanzes eine entblößte Gesäßhälfte. Der Polizeipräsident hat beim Lesen dieses Berichts volles Verständnis für die Beschwerde des empörten Bürgers. Unverzüglich schreibt er an den Betreiber des *Metropol,* Salomon Weber, dass diese Art der Kostümierung seinen allgemein durchgeführten Anordnungen bezüglich einer einwandfreien Bekleidung der Mitglieder des Balletts und anderen Tanzdarbietungen widerspreche.

Auch wie diese auszusehen habe, macht er Weber klar: »Allgemein müssen bei Tänzerinnen und Tänzern Gesäß, Schamteile und Bauchnabel mit einer undurchsichtigen Stoffhülle vollständig bekleidet sein, sodass auch während der Tanzbewegung diese Körperteile nicht in nacktem Zustande gesehen werden. Ferner müssen die Brüste der Tänzerinnen mindestens so verhüllt sein, dass sie auch während der Tanzbewegung bedeckt sind und durch die Verhüllung nicht gesehen werden können.« Das gelte insbesondere für die Brustwarzen. Im Übrigen verletze der vierte Tanz das Schamempfinden der Zuschauer auf das Gröbste. In diesem Tanz sinkt Anita vor Henri auf die Knie, wirft sich auf den Rücken und liegt mit gespreizten Beinen und gekrümmten Knien vor ihrem Partner. Der Polizeipräsident kündigt an, gegen die Tänzer und gegen Weber als Betreiber der Bühne ein Strafverfahren einzuleiten. Für den Fall, dass Weber nicht unverzüglich für eine weniger freizügige Bekleidung sorge, werde die Polizei die nächste Vorführung zwangsweise beenden.

Die Sache wird publik, als das *8 Uhr Abendblatt* und andere Zeitungen darüber berichten und sich darüber amüsieren, dass der Polizeipräsident sich auf das Preußische Landrecht beruft, das aus dem Jahr 1792 stammt – das könne nur ein Kopfschütteln modern empfindender Menschen erregen. Anitas Rechtsanwalt Adolf Hamburger legt unverzüglich Beschwerde ein. Der *Berliner Lokal-Anzeiger* will erfahren haben, dass der Polizeipräsident ein vollständiges Auftrittsverbot für Berber anstrebe. »Anita will aber nicht mehr anziehen«, glaubt der Autor des Artikels. Sie habe sich lediglich zu sehr leichten Konzessionen bereit erklärt. Die *Tägliche Rundschau* scheint eher Verständnis für den Schritt des Polizeipräsidenten aufzubringen. Unter der Überschrift »Ein neuer Berber-Skandal« erinnert sie die Leser daran, dass Anitas Auftritte im *Metropol* schon mehrmals zu Kritik geführt haben. Die Bezeichnung Tänzerin setzt das Blatt in Anführungszeichen.

Der Brief Hermann Wildes bleibt nicht der einzige, der in dieser Sache den Polizeipräsidenten erreicht. »Ein Berliner für Viele« schreibt ihm sarkastisch: »Als ein unbekannter Verehrer ihrer Tätigkeiten bedauere ich es, heute Abend im ›8 Uhr-Abendblatt‹ lesen zu müssen, dass Sie lächerlich zu werden anfangen.« Der Mann ist offensichtlich kein Fan von Anita Berber, aber er ist der Ansicht, dass man die Zurschaustellung ihres nackten Körpers aushalten müsse. Und wenn »die olle Anita Berber ihre Hängetitten zeigt« und das für strafbar gehalten werde, dann müsse das auch für die Tänzerinnen in den Revuen gelten. Auch die *Neue Berliner Zeitung* weist auf diesen Punkt hin, der nicht von der Hand zu weisen ist – dass nämlich die Polizei nur gegen Berber vorgeht, aber nicht gegen die Revuen, in denen ebenfalls nackte Brüste zu sehen sind. »Hinzu kommt noch, dass ihren Tänzen nach der Beurkundung des beeideten gerichtlichen Sachverständigen Willy Bredschneider und des Schriftstellers Leo Heller unstreitig künstlerischer Charakter zukommt.« Die Akten verraten nicht, wie die Sache ausgegangen ist.

Im August 1926 reisen Anita und Henri nach Amsterdam, froh, aus Berlin fortzukommen. Sie folgen einer

Einladung des jungen niederländischen Komponisten und Pianisten Franz Bruinier und seines Bruders August. Die beiden schlagen ihnen vor, eine neue Revue auf die Beine zu stellen, eine Mischung aus klassischem und modernem Tanz. Doch offenbar wird man sich nicht einig. Aber die Besucher aus Berlin knüpfen Kontakt zu Max van Geldern, dem früheren Leiter des Amsterdamer *Centraal Theaters,* der sich inzwischen auf die Vermittlung ausländischer Künstler spezialisiert hat, und vereinbaren mit ihm ein Programm für den Oktober, das ausschließlich aus modernen Tänzen bestehen soll. Im Oktober kehren sie in die Niederlande zurück, um ihr Programm aufzuführen. Zwei neue Musikstücke steuert der Komponist Cyril Scott bei. Dem 47 Jahre alten Briten, der in Verbindung mit einer Reihe bekannter Persönlichkeiten steht, war vor dem Krieg eine große Zukunft als Komponist vorhergesagt worden, Claude Debussy hatte ihn einen der großen Ausnahmekünstler seiner Generation genannt. Aber dann stockte seine Karriere und Scott konzentrierte sich auf das Komponieren von Klavierstücken. Er ist erst vor kurzem aus den USA zurückgekehrt, wo er Gast im Clarkstown Country Club war, just zu der Zeit, als Sebastian Droste dort seine satanische Messe zelebrierte.

Das Programm, das im *Centraal Theater* aufgeführt wird, heißt *The World in Reflection* und setzt sich aus Tänzen wie *Die Legende von Dagobah, März Opus 33, Morphium, Lotus Land* und *Salomé, Prinzessin von Judah* zusammen. Natürlich handelt es sich um erotische Tänze, aber Anita und Henri unterstreichen mit dieser Darbietung noch einmal ihren künstlerischen Anspruch. Nach dem Ende des Gastspiels reisen sie weiter, vermutlich unter anderem nach Prag, Bukarest und Salzburg. Nach Berlin zieht sie erst einmal nichts zurück.

Mit Anitas Gesundheit geht es inzwischen rapide bergab. Unter der Maske verbirgt sich ein aufgedunsenes Gesicht, sie nimmt zu, wie ein Journalist feststellt, als er sie interviewt. Er traut sich allerdings nicht, ihr das ins Gesicht zu sagen. Überhaupt scheint niemand mit Anita zu sprechen, ihr ins Gewissen zu reden und sie auf ihren Zustand aufmerksam zu machen. Falls Henri das versucht, gelingt es ihm nicht, unter ihren Panzer zu dringen und Einfluss auszuüben auf seine Partnerin, die er offenbar ehrlich liebt.

Und doch ist der Verfall nicht zu übersehen, wie auch Johannes Kessler, Anitas früherer Pfarrer aus Dresdner Kindertagen, zu dem sie als Kind und Jugendliche so großes Vertrauen hatte, erschreckt erkennen muss. Er ist zufällig in Berlin und liest ein Plakat mit der Ankündigung eines Auftritts. Kurzerhand beschließt er hinzugehen und setzt sich so weit nach hinten, dass Anita ihn nicht entdecken kann. »Dann trat sie auf; mir traten die Tränen in die Augen, denn alle Schminke, aller Flitter konnten mir nicht verbergen, wie krank sie war. Ihr Tanz wurde wilder und wilder. Ein Kleidungsstück nach dem anderen warf sie ab. Das Publikum raste – vor Begeisterung? Vor Sinnlichkeit –, vor Trunkenheit? Ich ging hinaus; ich brachte es nicht übers Herz, sie jetzt zu sprechen. Aber in einem nahen Restaurant schrieb ich ihr ein paar Zeilen: ›Mein liebes Konfirmandenkind, du tanzest in den Abgrund!

Fang ein neues Leben an! Ich bin dein Freund, wie ich es dir versprochen. Ich helfe dir!‹ Ich blieb ohne Antwort.« Einige Jahre zuvor war es Anita noch wichtig gewesen, sich vor Kessler zu rechtfertigen. Jetzt hat er jeden Einfluss auf sie verloren.

Vor Auftritten trinkt sie nach wie vor eine Flasche Cognac, ohne dass, wie manche ihrer Beobachter festhalten, jemand merkt, welche Mengen an Alkohol sie zu sich nimmt. Auch die Tatsache, dass sie stets Kokain genommen hat, wenn sie die Bühne betritt, entgeht dem Publikum. Es scheint eher so, als könne sie ohne Drogen nicht mehr tanzen. Die davon wissen, sind immer wieder erstaunt, dass sie ihre Auftritte in ihrem Zustand überhaupt durchsteht, ohne dass das Publikum etwas davon mitbekommt.

Als es mit ihrem Gesundheitszustand weiter abwärts geht und wohl auch die Hotels keinen Kredit mehr gewähren, ziehen Anita und Henri eine Weile zu einem Freund – dem Sexualforscher Magnus Hirschfeld. In seinem Institut bekommen sie ein Zimmer, das, wie sich Klaus Mann erinnert, eher wie ein Krankenzimmer wirkt. Vermutlich hier trifft Anita Berber den Arzt Ludwig Levy-Lenz wieder, der ihr schon drei Jahre zuvor in Nizza dringend geraten hat, von den Drogen abzulassen. Jetzt muss er erkennen, dass sie seinem Rat nicht gefolgt ist. »Der Stern der großen Tänzerin stand kurz vor dem Erlöschen. Ihr Geist war unschöpferisch geworden, ihr Wille schwach, ihr Aussehen krank, ihr Können erlahmte. Sie zehrte kaum noch vom alten Ruhm. Nacht für Nacht stand sie an der Bar des Transvestitenlokals Eldorado in der Lutherstraße, trank und nahm Kokain.« Zu dieser Zeit ist auch Klaus Mann wieder in Berlin und besucht Anita. Er ist entsetzt über ihre Erscheinung: »Ich sah sie das erste Mal ungeschminkt. Ihr Gesicht war verquollen, Mitleid erregend; dabei fiel auf, dass sie bei aller Mitgenommenheit immer noch kindlich war. Das eine Auge war besonders geschwollen, es verschwand beinahe in einem blauen Fleck. ›Ich habe gestern ein bisschen mit Henri getrunken‹, erzählte sie uns unverdrossen. Wahrscheinlich war dabei wieder mit Geschirr geworfen worden.«

Dass Anita inzwischen aber selbst nachdenklich geworden ist, zeigt ein langes Interview, das sie im August 1927 der ungarischen Zeitung *Pesti Napló* gibt. Sie führt dieses Gespräch wenige Woche nach dem Tod Sebastian Drostes und setzt sich darin auch mit ihrem gemeinsamen Drogenkonsum auseinander: »Ich wundere mich, dass wir beide nie nach den übermäßigen Dosen Morphium, die wir manchmal nahmen, in die Ewigkeit entschlummert sind.« Jetzt glaube sie, dass »auch die alte Nackttänzerin, die alte Anita Berber, nicht mehr lebt«. Möglicherweise sieht sie sich selbst an einem Scheidepunkt angekommen. Es sei »möglich, daß Sie in Kürze die Nachricht vernehmen, ich habe mich vergiftet«, sagt sie dem Journalisten. Aber dann fügt sie optimistischer hinzu, es sei doch wahrscheinlicher, »daß sie eine Notiz lesen, ich habe einen Modesalon eröffnet«. Und sie fragt: »Kommt Ihnen das nicht komisch vor? Droste wollte sich um jeden Preis und mit aller Kraft vom bürgerlichen Leben und von der bürgerlichen Moral befreien, und ich hingegen wünsche sie mir heute … ich weiß nicht … sehr, sehr. Ein ruhiges Leben, arbeiten, kleine Vergnügungen und einmal in der Woche ein bisschen Tanz beim Fünf-Uhr-Tee im Bristol oder Adlon … Kommt es Ihnen nicht vor, als sei ich korrupt, derart banale Wünsche zu haben und dermaßen simple Dinge zu verlangen, dermaßen dumm und auch sehr sublim?« Anita Berber, das wird hier deutlich spürbar, ist müde, ihres wilden Lebens überdrüssig. Aber auch ein ruhiges Leben kostet Geld, zumal die Eröffnung eines Modesalons, von der sie verschiedentlich gesprochen hat. Und so stellt sich die Frage, ob die große Auslandstournee, die sie und Henri gerade planen, nicht nur einer Flucht aus Berlin gleichkommt, sondern vielleicht auch die nötigen Mittel für eine bürgerliche Existenz einbringen soll. Will sie danach Schluss machen mit ihrem wilden Leben? Hat sie vielleicht Celly de Rheidt, ihre frühere Chefin, vor Augen, die inzwischen zurückgezogen in Wien als Gattin eines Theaterdirektors lebt?

Kurz nach dem Interview mit der ungarischen Zeitung macht Anita eine Erfahrung, die sie aus der Bahn wirft. Auf der Durchreise sieht sie in München per Zufall ein Plakat, das einen Auftritt ihres Vaters Felix Berber ankündigt. Seit Jahren hat sie keinen Kontakt mehr zu ihm gehabt. Dass er ihre Karriere verfolgt hat, ist nicht unwahrscheinlich, schließlich berichten die Zeitungen immer wieder über seine Tochter. Anita beschließt, ihn aufzusuchen, besucht das Konzert und klopft anschließend an die Garderobentür ihres Vaters. Vielleicht soll dieser Schritt ein erster Versuch sein, mit ihm ins Reine zu kommen. Aber Felix Berber reagiert so, wie sie es offenbar nicht erwartet

Felix Berber, um 1911

hat: Er weist seine Tochter ab, zeigt ihr die kalte Schulter. Sie ist am Boden zerstört. Und muss abreisen, ohne mit ihrem Vater gesprochen zu haben.

Anita und Henri wissen, dass ihre Zukunft nicht in Berlin liegt, vielleicht nicht einmal mehr in Europa. So trifft Châtin-Hofmann im Sommer 1927 Arrangements für eine Tour, die nach Südeuropa und in den Nahen Osten führen soll. Beide planen, die kalte Jahreszeit dort unter der südlichen Sonne zu verbringen und mit Auftritten in Ferienresorts, Bars, Kabaretts und Theatern ihren Lebensunterhalt zu bestreiten. Ihre Hoffnung ist sicher, dass sie mit ihren Tänzen, die etwas vom Flair Berlins, das sich längst auch nach Athen, Kairo oder Beirut herumgesprochen hat, mit Erfolg in diese Städte bringen.

Erste Station im Herbst ist Athen, später geht es weiter nach Kairo, wo das Paar den Jahreswechsel verbringt. Die nächste Station ist Bagdad, im Frühling dann Alexandria, wo sie in einem bekannten Hotel engagiert werden. Über größere Zwischenfälle wird nicht berichtet, aber Anita eckt an, weil sie Arm in Arm mit den Kellnern flaniert, ein Unding in Ägypten. Sie reisen weiter nach Beirut, das nicht umsonst das Paris des Nahen Ostens genannt wird. Ein quirliges, freizügiges Nachtleben gibt es hier, und so ist das Interesse an den beiden Tänzern aus dem fernen Berlin groß. Gleich in zwölf Nachtclubs und Bars treten Anita und Henri auf. Ob und inwieweit die beiden sich in Beirut auf der Bühne entblößen, ist nicht bekannt, aber es ist kaum vorstellbar, dass Anita sich an mögliche behördliche Verbote hält. Die große Zahl ihrer Auftritte und Auftrittsorte in Beirut deutet darauf hin, dass ihre Nackttänze toleriert werden.

Über das Verhältnis von Anita Berber und Henri Châtin-Hofmann ist wenig bekannt. Aber er scheint einen weit positiveren Einfluss auf seine Partnerin zu haben als Sebastian, der sie immer tiefer in die Welt der harten Drogen eingeführt hat. Henri drängt darauf, dass sie mit dem Trinken aufhört – noch immer konsumiert sie Alkohol in großen Mengen.

Im Laufe der Tournee wird Anita immer schwächer und kränklicher. Henri macht sich ernsthafte Sorgen. Während ihres Aufenthalts in Damaskus wird ihr Zustand besorgniserregend, auf der Rückreise nach Beirut, wo es beiden wohl besonders gut gefällt, bricht Anita zusammen. Sie fällt ins Delirium, spuckt Blut. Ihr Körper wehrt sich gegen die jahrelangen Belastungen mit Drogen und Alkohol. Der Schwächeanfall ereignet sich außerhalb von Städten, mitten in den Bergen, und die beiden müssen unter freiem Himmel kampieren, weil Anita nicht mehr reisen kann.

Nach Beirut zurückgekehrt, erholt sie sich scheinbar nochmals. Am 13. Juli 1928 tritt das Paar wieder auf, sogar mit einem neu einstudierten Stück *Tanz in Weiß*. Anita betritt die Bühne in einem weißen Umhang, der sie wie einen großen Vogel aussehen lässt. Doch kaum hat sie mit ihrer Vorführung begonnen, stürzt sie zu Boden und bleibt regungslos liegen. Die Ärzte stellen eine fortgeschrittene Tuberkulose fest. In Anitas Zustand ist das praktisch ein Todesurteil. Aber sie will den Ärzten partout nicht glauben, obwohl sie spätestens seit dem langsamen Tod Sebastians weiß, was auf sie zuzukommen droht. Sie entscheidet sich, nach Berlin zurückzukehren. Falls Henri ihr davon abrät, so hat er gegen ihren starken Willen keine Chance. Die beiden brechen bald zu der beschwerlichen Fahrt auf.

Die Reise ist teuer, und Anita und Henri verfügen nur noch über wenig Geld. Vier Monate dauert es, bis sie endlich wieder an der Spree sind. Es geht, zunächst noch komfortabel, mit einem Luxusliner von Beirut nach Athen, dann weiter mit dem Orient-Express. Aber Anitas Zustand verschlechtert sich zusehends, und bei jedem Stopp müssen sie eine Pause einlegen, damit sie wieder etwas zu Kräften kommt. Auch die Übernachtungen in Hotels sind teuer. 4000 Mark wird die Rückreise am Ende kosten und ihre Tourneeeinnahmen vollständig verschlingen. Zusätzlich muss Anita ihren Schmuck verkaufen. Doch selbst das Geld aus diesen Verkäufen reicht nicht aus. Henri hat Kontakt zu den alten Bekannten in Berlin aufgenommen, und einige alte Freunde um den Schauspieler Willy Karzin und den Journalisten Paul Marcus starten im Berliner Nachtleben eine Sammlung, bei der genug zusammenkommt, um Anita und Henri ihre Weiterreise zu ermöglichen. Als sie endlich am 1. oder 2. November in Berlin ankommen, wird Anita direkt vom Stettiner Bahnhof ins Bethanien-Krankenhaus in Kreuzberg gebracht.

Sie ist in einem schrecklichen Zustand, aber aufgeben will sie nicht. Sie schmiedet Pläne für die Zukunft, zum Beispiel für eine Reise nach Italien, und sorgt sich um ihr Aussehen. Ein kleiner Kreis von Vertrauten, vor allem Henri, wohl ihre Mutter Lucie, die Tanten und Leo Lania, besucht sie regelmäßig, um sie aufzumuntern. Später erinnert sich Lania: »Sie war dünn wie ein Skelett; unfähig, sich zu bewegen, die Knie bis an das Kinn angezogen. Unter schlimmen Schmerzen hustete sie sich die Lungen aus dem Leib. Trotz ihrer Agonie wollte Anita nicht daran glauben, dass sie starb. ›Wenn nur meine Beine nicht so hässlich wären. Sie machen mir Angst‹, sagte sie zu mir. Sie lachte und versuchte, sich einen roten Mund in ihr Gesicht zu malen. Ihre Hände zitterten und es kostete sie eine schreckliche Anstrengung. Sie sah aus, als habe sie eine Maske wie eine alte Hexe.« In ihrem Bett liegen kleine Figuren von Jesus und Maria und anderen Heiligen, eine Kiste mit Glücksbringern – und ihre Morphiumspritzen. Sie bittet darum, dass ihr alter Pfarrer Johannes Kessler zu ihr kommt, den sie zwei Jahre zuvor ohne Antwort gelassen hat. Er soll ihr den Segen erteilen. Aber es stellt sich heraus, dass Kessler sich gerade im Ausland aufhält.

Am 10. November 1928 stirbt Anita Berber. Henri ist im Moment des Todes nicht bei ihr. Er hat inzwischen mit Helena Schelda eine neue Tanzpartnerin gefunden, und die beiden haben just an diesem Abend im *Weidenhof-Casino* ihre Premiere. Später wird er Schelda heiraten.

Anita wird vier Tage später auf dem Friedhof St. Thomas in Berlin-Neukölln begraben. Ein Pfarrer findet sich für die Grabrede, Willy Karzin gibt ein paar lustige Anekdoten aus Anitas Leben zum Besten. Lania: »Es war so feierlich und würdig, wie sie es sich immer gewünscht hatte, sie, die für den kirchlichen Pomp viel übrig gehabt und stets darauf Wert gelegt hatte, sich ihre gute Bürgerlichkeit bestätigen zu lassen. Aber das Begräbnis war andererseits unbürgerlich genug, um sich dem Stil von Anitas Leben anzupassen. Da marschierten neben den prominenten Filmregisseuren die Huren der Friedrichstraße auf, Strichjungen und Hermaphroditen aus dem Eldorado, berühmte Künstler neben Bar-Mixern, Herren in Zylinder neben den bekanntesten Transvestiten Berlins.«

Henri kommt zu spät, nämlich erst, als der Sarg im strömenden Regen schon in die Erde gelassen wurde. Er ist stockbetrunken und hat eine Geranie zwischen den Zähnen. Durch seinen Aufzug und sein Benehmen verursacht er Unruhe unter den Trauergästen; er beginnt plötzlich, laut zu schluchzen und zu weinen, so Lania. Auch die Tänzerin Grit Hegesa erinnert sich an diese Szene, nur dass in ihrer Erzählung Henri mit einer Kokotte in jedem Arm erscheint. Er ist tief verzweifelt, hatte er doch ohne jeden Zweifel eine tiefe Bindung zu Anita. Die Schriftstellerin und Malerin Djavidan Hanoum, die Anita vermutlich Anfang der Zwanzigerjahre in Berlin kennengelernt und eine engere Bekanntschaft zu ihr geknüpft hat, berichtet, sie habe ihn ohne Mantel wie einen Schlafwandler im strömenden Regen auf dem Friedhof angetroffen.

Von dieser Begegnung erzählt Hanoum in einem langen Artikel zum Gedenken an Anita Berber im *Berliner Tageblatt,* der am Tag nach ihrer Beerdigung erscheint. In diesen Tagen und Wochen werden viele Nachrufe gedruckt, in Tageszeitungen, Filmmagazinen, Zeitschriften. Sie zeigen, dass Anita Berber keineswegs vergessen ist, ja, dass ihr Tod sie sogar noch einmal zum Leben erweckt. Viele der Autoren nehmen sie als eine tragische Figur wahr. Hans Feld, ein Filmkritiker, schreibt im *Film-Kurier*: »Die Repräsentantin einer ganzen Generation – Anita Berber: Selten hat eine Frau – unter ungewöhnlich günstigen Umständen populär geworden – ihr Leben so zerstört, wie diese von einem Dämon getriebene, gehetzte Tänzerin. Es ist, als ob sie alles, was ein Menschenleben ausmacht, in eine Spanne von zehn, zwölf Jahren bewusst hineingepresst hat.«

Hat Feld recht? Dass Anita die vielen kleinen und großen Skandale genoss, die sie auslöste, daran kann kaum Zweifel bestehen. Dass sie irgendwann die Spießbürger nicht mehr aufregte, sondern langweilte, war sicher schmerzhaft für sie. Das gilt noch mehr für das Desinteresse, das ihr in Berlin zuletzt entgegengebracht wurde.

Feld beschreibt ihren Abstieg weiter: »Vor zehn Jahren bedeutete sie unserer Generation noch die Inkarnation des Perversen. Man sprach von ihr mit einem leisen Frösteln, mit entschiedener Ablehnung dieser Art der Mentalität. Acht Jahre später sah man sie in einer Bar, nicht mehr so gestrafft, sicher wie früher. Das Laster mehr aufgetragen als glaubhaft. Nicht mehr aktuell, nicht mehr im Mittelpunkt. Dann vergaß man sie.«

Aber Feld legt auch Wert auf die Bedeutung, die Anita Berber einst hatte, denn: »Die Generation der Anita Berber war eine Avantgarde. Sie waren die ersten, die in das bürgerliche Heim einen frischen Luftzug brachten. In sich noch nicht gefestigt, waren sie doch die ersten, die das Recht aufs eigene Leben verfochten, für uns Nachfolgende durchfochten. Dass sie dieses eigene Leben sich später verpfuscht haben, dürfen gerade wir ihnen nicht zum Vorwurf machen, die wir, auf ihren Schultern, den Kampf aufgenommen und, unter ungleich günstigeren Bedingungen, fortgeführt haben.«

Anita Berber war nicht das unschuldige Opfer einer feindlichen Gesellschaft, zu dem sie manche Feministinnen heute machen wollen. Die meisten ihrer als Skandale empfundenen Auftritte auf und jenseits der Bühne hat sie selbst erdacht oder verschuldet, wenn nicht bewusst provoziert. Sie hat Bewunderung auf sich gezogen und Hass, aber ihre wichtigste Rolle war die des Spiegelbilds ihrer exzentrischen Zeit. Als sich die Zeiten änderten, als die wilde Inflationsphase in eine ruhigere, weniger aufgeregte überging, wurde ihr der Boden entzogen. In normaleren, ruhigen Zeiten konnte eine Frau wie sie wohl keinen Erfolg haben.

Anita Berber war auch nicht die starke Frau, zu der sie heute gerne gemacht wird. Jenseits ihres enthemmten, von offenbar schierem Selbstbewusstsein gelenkten Auftretens war sie ein unsicherer Mensch, ein schwacher Charakter. Dieses Auftreten wirkt wie eine Verteidigungsmauer, die zwar feindliche Angriffe abwehrte, es aber auch Gutmeinenden schwer machte, wirklich an sie heranzukommen. Ihre Stärke in den Augen der anderen resultierte gerade aus ihrer größten Schwäche, die sie selbst bitter empfand: Sie konnte keine tiefen Gefühle aufbringen, für nichts und niemanden. Das galt auch für die Männer und Frauen, auf die sie eine unwiderstehliche sexuelle Ausstrahlung ausübte. Da sie selbst nach eigener Aussage keine Leidenschaft verspürte, wirkte sie umso unwiderstehlicher auf andere. Die Ambivalenz von als offen zur Schau gestellter Sexualität und innerer Teilnahmslosigkeit, die anderen wie eine brutal und gezielt eingesetzte Waffe vorkam, erschien vielen wie der Ausdruck einer großen Stärke, eines durch nichts zu erschütternden Selbstbewusstseins. Anita Berber wäre nicht der erste Mensch, der seine Verletzlichkeit auf diese Weise versteckt. Zumal sie es als Frau in der Welt, in der sie sich bewegte, grundsätzlich schwer hatte.

Die Sehnsucht, die sie lenkte, war die Sehnsucht nach großen Gefühlen. Sie hoffte auf die starke Emotion, den Rausch – aber stets nur um der Emotion und des Rausches willen, nicht weil sie sie wirklich spürte. Zu Rausch,

Ekstase, sinnlichem Erleben, wie sie es neidvoll bei anderen beobachtete, war sie selbst nicht fähig. Wohl kaum jemand wusste damals um diese Schwäche, und nur wenige derjenigen, die uns ihre Erinnerungen an Anita Berber hinterlassen haben, sind so weit zu ihr durchgedrungen. Den ersehnten Rausch fand sie bald nur noch im Cognac, im Kokain und in anderen Drogen. Und so ist es doch ein Paradoxon, dass ausgerechnet diese als so sinnlich, als so sexuell hungrig und hemmungslos geltende Frau, die sich doch nahm, wen sie wollte, in Wahrheit unter ihrer Gefühllosigkeit litt.

War sie eine gute Tänzerin? Darüber gehen die Meinungen weit auseinander. Auch in ihren letzten zwei, drei Jahren gab es professionelle Anhänger ihres Tanzes, aber ebenso scharfe Kritiker. Anita Berber hat früh den Fehler gemacht, die Bühnen der hohen Kunst gegen die niederen Bühnen des Kabaretts zu tauschen. So wurde aus dem künstlerischen Ausdruckstanz mit und ohne Hüllen in den Augen des größten Teils des Publikums bald der bloße Nackttanz. Sie tanzte allzu oft vor einem Publikum, das sie nicht ernst nahm und das nicht verstand, dass sie Kunst bieten wollte. Anstatt zu versuchen, ihr Image zu verändern, suchte sie ihr Heil in der Provokation der Provokateure, die während ihrer Auftritte lauthals forderten, dass sie sich ausziehen solle. Auch dass sie auf der Leinwand Rollen übernahm, über die das an Kunst interessierte Publikum die Nase rümpfte, kam ihr nicht zugute. Dennoch war sie vermutlich als Schauspielerin ein Naturtalent. Aber hinsichtlich einer Karriere als Schauspielerin stand sie sich durch ihre Unzuverlässigkeit und nicht zuletzt durch ihren Drogenkonsum selbst im Weg.

War sie eine queere Vorkämpferin? Fraglos war sie der erste Star, der sich offen lesbisch oder bisexuell in der Öffentlichkeit präsentierte, mehr noch: der seine Queerness für seine Karriere nutzte, quasi ein Geschäftsmodell daraus machte. Selbst in den Zwanzigerjahren, in denen zumindest in großen Städten relativ offen mit dem Thema umgegangen wurde, dürfte sie homosexuellen Frauen und Männern eine Art Vorbild gewesen sein. Das mag auch für Transmenschen gelten, betonte sie doch in manchen Tänzen ihre »Übergeschlechtlichkeit«. Aber eine bewusste Vorkämpferin für die queere Szene war Anita Berber nur bedingt – durch ihre bloße Existenz und ihr Auftreten, aber nicht, weil sie bewusst für die Rechte Homosexueller und Lesben eintrat. Zwar hat sie in dem Film *Anders als die Anderen* mitgewirkt, aber es scheint doch so, als sei ihre Rolle eben eine Rolle gewesen und der Film kein Herzensprojekt.

Anita Berber lebte ihr Leben, so wie sie es wollte und es für richtig hielt, ganz gleich, was andere dachten oder ob sie gegen bürgerliche Konventionen verstieß. Das verbindet sie mit Josephine Baker, die ebenfalls lebte, wie sie es wollte, ohne bewusst für ihre Rechte als Bisexuelle einzutreten. Beide Frauen haben auf diese Weise gleichwohl etwas für die, wie wir heute sagen, queere Community und ebenso für die Emanzipation der Frauen getan. Sie haben schon vor langer Zeit gezeigt, dass Frauen diesen Kampf auch leicht bekleidet oder sogar nackt führen können. Vielleicht war das sogar ihre größte Provokation. Zweifellos sind Stars wie Madonna und Lady Gaga Jahrzehnte später in ihre Fußstapfen getreten. Unter Künstlern ist sie nicht vergessen. Rosa von Praunheim hat über sie 1987 den Film *Anita – Tänze des Lasters* gedreht.

Wer also war Anita Berber? Sie war der Ausdruck ihrer Zeit, das Spiegelbild eines Berlin, das, stets mit großer Geste, aber tief verunsichert, hin- und hergerissen war zwischen Hunger und Ekstase, das am Abgrund taumelte und tanzte. Doch Berlin rappelte sich auf und erlebte die sogenannten Goldenen Zwanziger. Anita aber entzog das Ende des Chaos der Nachkriegs- und Inflationsjahre, die scheinbare Rückkehr zur Normalisierung den Boden. Sie konnte nur im Chaos Erfolg haben. Schließlich aber kam für beide das Ende: für Anita mit ihrem frühen Tod am 10. November 1928, für Berlin mit der Machtübernahme Adolf Hitlers am 30. Januar 1933.

Für eine kurze Epoche Anfang der Zwanzigerjahre gehörten Anita Berber und Berlin untrennbar zusammen. Aber Anita Berber war noch etwas anderes, wie der Filmkritiker Walter Kaul 1928 in seinem Nachruf schrieb: »Sie war im Grunde ein einfaches Mädchen, das von dunklen Lebensgestalten und Mächten gehetzt und getrieben wurde, die sie nicht beherrschte, wie sie es sich und anderen vorgegaukelt haben mag. Sie war nie die große Lebenskünstlerin, die sie sein wollte.«

ANHANG

LITERATUR

Zahlreiche zeitgenössische Zeitungsartikel und Zeitschriftenaufsätze wurden in diese Liste ebenso wenig aufgenommen wie Beiträge aus wissenschaftlichen Veröffentlichungen.

Belyi, Andrej: Im Reich der Schatten. Berlin 1921–1923. Frankfurt am Main 1987

Bisky, Jens: Berlin. Biografie einer großen Stadt. Berlin 2019

Craig, Gordon: Deutsche Geschichte 1866–1945. Vom Norddeutschen Bund bis zum Ende des Dritten Reiches. München 1993

Dostal, Nico: Ans Ende deiner Träume kommst du nie. Berichte, Bekenntnisse, Betrachtungen. Innsbruck 1982

Engelbrecht, Ernst: 15 Jahre Kriminalkommissar. Ernstes und Heiteres aus meiner kriminalistischen Berufsarbeit. Berlin o. J.

Fischer, Lothar: Anita Berber. Ein getanztes Leben. Berlin 2014

Friedrich, Otto: Morgen ist Weltuntergang. Berlin in den Zwanziger Jahren. Berlin 1998

Fuhrer, Armin: Hunger & Ekstase. Berlin 2022

Gordon, Mel: The Seven Addictions and Five Professions of Anita Berber. Weimar Berlin's Priestess of Depravity. Port Townsend 2006

Heller, Leo: Berliner Razzien. Reportagen aus der Unterwelt der 1920er Jahre. Berlin 2021

Hildenbrandt, Fred: … ich soll Sie schön grüßen von Berlin. 1922–1932. München 1966

Jarrett, Lucinda: Striptease. Die Geschichte der erotischen Entkleidung. Berlin 1999

Jelavich, Peter: Berlin Cabaret. Harvard 1993

Jencík, Joe: Anita Berber Studie. Hrsg. Von Martin Stiefermann. München 2014 (Original 1930)

Karcher, Eva: Otto Dix. Bonn 2010

Kettelhut, Erich: Der Schatten des Architekten, München 2009

Kroll, Frank-Lothar: Geburt der Moderne. Politik, Gesellschaft und Kultur vor dem Ersten Weltkrieg. Bonn 2013

Lange, Annemarie: Berlin in der Weimarer Republik. Berlin (Ost) 1967

Lania, Leo: Der Tanz ins Dunkel. Berlin 1929

Ders.: Today We are Brothers. A Biography of a Generation. Boston 1942

Merz, Kai-Uwe: Vulkan Berlin. Eine Kulturgeschichte der 1920er Jahre. Berlin 2020

Meyerinck, Hubert von: Meine berühmten Freundinnen. Erinnerungen. Düsseldorf und Wien 1976

Mommsen, Hans: Aufstieg und Fall der Republik von Weimar 1918–1933. 3. Auflage, Berlin 2009

Moreck, Curt: Kultur- und Sittengeschichte der neuesten Zeit. Geschlechtsleben und Erotik in der Gesellschaft der Gegenwart. Dresden 1928

Ders.: Ein Führer durch das lasterhafte Berlin. Das deutsche Babylon. Berlin 2018 (Erstausgabe 1931)

Ostwald, Hans: Sittengeschichte der Inflation. Ein Kulturdokument aus den Jahren des Marksturzes. Berlin 1931

Scheub, Ute: Verrückt nach Leben. Berliner Szenen in den Zwanziger Jahren. Reinbek 2000

Soden, Kristine von und Schmidt, Maruta: Neue Frauen. Die Zwanziger Jahre. Berlin 1988

Stürickow, Regina: Pistolen-Franz & Muskel-Adolf: Ringvereine und organisiertes Verbrechen 1920–1960. Berlin 2019

Suhr, Werner: Der künstlerische Tanz. Leipzig 1922

Vukovic, Magdalena (Hg.): Tänze des Lasters, des Grauens und der Ekstase. Anita Berber in Wien 1922. Beiträge zur Geschichte der Fotografie in Österreich. Wien 2023

Zweig, Stefan: Die Welt von gestern. Erinnerungen eines Europäers. Frankfurt am Main 1981

LEBENSDATEN ANITA BERBER

1899: 10. Juni Geburt in Leipzig. Mutter ist die Chanteuse Lucie Berber, Vater der Geigenvirtuose Felix Berber.

1902: Scheidung der Eltern.

1906: Umzug nach Dresden, Anita wohnt bei ihrer Großmutter.

1914: Umzug nach Berlin wenige Monate nach dem Beginn des Ersten Weltkriegs.

1915: Tanzunterricht bei Rita Sacchetto.

1916: Erster Auftritt mit der Tanzgruppe Sacchetto im Blüthner-Saal.

1918: Erster Solo-Auftritt im Blüthner-Saal. Tournee durch die Schweiz, Österreich und Ungarn.

1918: Erster Film *Das Dreimädlerhaus.* In schneller Folge mehrere weitere Filme mit dem Regisseur Richard Oswald und anderen Regisseuren.

1919: Hochzeit mit Eberhard von Nathusius.

1922: Anita verlässt ihren Mann für eine Beziehung mit Susi Wanowski.

1922: Begegnung mit dem Tänzer Sebastian Droste, Beginn der Zusammenarbeit.

1922: Gastspiel in Wien: *Die Tänze des Lasters, des Grauens und der Ekstase* mit Sebastian Droste.

1923: Ausweisung aus Österreich. Trennung von Droste.

1924: Hochzeit mit dem Tänzer Henri Châtin-Hoffmann. Gemeinsame Auftritte.

1925: Gastspiele in vielen deutschen Städten. Otto Dix malt Anita Berber.

1927: Tournee durch den Nahen Osten.

1928: Anita Berber stirbt am 10. November in Berlin.

BILDNACHWEIS

akg-images: S. 27, 78, 151, 205, 269 (© VG Bild-Kunst, Bonn 2024), 285

akg-images / brandstaetter images / Austrian Archives: S. 215

akg-images / brandstaetter images / Madame d'Ora: Umschlagabbildung

akg-images / D'Ora-Benda, Atelier / ÖNB-Bildarchiv / picturedesk.com: S. 133

akg-images / IAM / World History Archive: S. 85

akg-images / Peter Weiss: S. 273

Deutsches Tanzarchiv Köln / SK Stiftung Kultur: S. 33, 95, 103, 217

Gemeinfrei: S. 49, 77, 106, 119, 220, 221, 223, 224, 249, 253

Museum für Kunst und Gewerbe Hamburg / Nachlass Madame d'Ora: S. 233

picture alliance: S. 69

picture alliance / Bildagentur-online / UIG: S. 186

picture alliance / Sammlung Richter: S. 99

picture alliance / ullstein bild: / Atelier Binder S. 129

picture alliance / ullstein bild: S. 197

Stiftung Deutsche Kinemathek: S. 163, 166, 296

ullstein bild / Atelier Binder: S. 43

ullstein bild / Süddeutsche Zeitung Photo / Scherl: S. 127

DER AUTOR

Armin Fuhrer, Jahrgang 1963, ist freier Journalist und Autor zahlreicher Bücher zur Zeitgeschichte. Nach dem Studium der Geschichte und Politikwissenschaft besuchte er die Axel-Springer-Journalistenschule und arbeitete danach bei der Tageszeitung »Die Welt« und beim Nachrichtenmagazin »FOCUS«. Zuletzt erschien von ihm das Buch »Hunger & Ekstase. Berlin 1922/23«.

MIX
Papier | Fördert gute Waldnutzung
FSC® C014496
www.fsc.org

Bibliografische Information der Deutschen Nationalbibliothek
Die Deutsche Nationalbibliothek verzeichnet diese Publikation in der Deutschen Nationalbibliografie; detaillierte bibliografische Daten sind im Internet über http://dnb.d-nb.de abrufbar.

Asternplatz 3, 12203 Berlin
post@bebraverlag.de
Lektorat: Gabriele Dietz, Berlin
Umschlag: Goscha Nowak, Berlin
Satz: typegerecht berlin
Schriften: Arno Pro, Mendl Sans
Druck und Bindung: GGP Media GmbH, Pößneck
ISBN 978-3-8148-0303-6

www.bebraverlag.de